Conectando
con mi herencia:
lengua y cultura

An introductory course for
heritage learners of Spanish

Third Edition

Delia Méndez Montesinos
The University of Texas at Austin

Kendall Hunt
publishing company

www.kendallhunt.com
Send all inquiries to:
4050 Westmark Drive
Dubuque, IA 52004-1840

Contents at a Glance

Preface

Who are heritage learners of Spanish? In essence these learners have been exposed to varying degrees of Spanish but live in an environment in which another language is dominant. Their familiarity with and use of Spanish varies from full oral fluency and literacy to an inadequate inferential and interactional proficiency. The latter learners are generally third- and fourth-generation Spanish speakers whose uptake and limited end state are the result of a decrease in Spanish input, a disuse of the language, and a reliance on familiar oral interactions within an informal social interface. While they may perform well in beginning L2 Spanish classes because of the focus on elementary interpersonal communicative skills, in more advanced classes with a focus on both oral fluency and literacy they can be at a disadvantage, not only because of their skills but more importantly because the objectives and materials of the courses are not designed to fill the gaps in a heritage speaker's learning.

Based on personal experience in working with heritage learners as well as that of colleagues, both theoretical and experiential, the content of this book has been designed to a) engage heritage learners of Spanish with a methodology more attuned to language arts in order to progressively develop their literacy as well as their aural and oral skills, and b) develop and enhance their critical thinking skills. In so doing learners will not only develop an understanding of and appreciation for their inherited language, but their confidence in using it will augment. To reach these objectives, several approaches are used throughout the text.

A guided inductive and critical-thinking approach. Through various engaging activities learners are first prompted to tap into their implicit knowledge; then they are progressively guided to create hypotheses about oral and written language structures and cultural meanings before analyzing Spanish using a critical-thinking approach. Afterwards they apply and practice their knowledge explicitly in different contexts that develop inferential, interactional, and presentational skills. At the same time, learner-centered understanding is encouraged through the learners' individual re-acquaintance with and analysis of Spanish rather than dependence on random assumptions that do not further their language mastery. Likewise comparisons are made with English structures and vocabulary to integrate or contrast structures and enrich their skills in both languages while regaining implicit knowledge of their heritage language and making it explicit. Emphasis is placed on metalinguistic knowledge to provide essential terminology that will allow learners to actively interact with the language and their peers. In addition despite the fact that all four language skills are encompassed in the units, stress has been placed in those areas in which learners' Spanish can be affected by interference from English.

A systematized reprocessing of materials is also an integral component of the content. Recognizing that a single presentation of a language structure generally does not ensure mastery, particularly if it deviates from the learners' everyday speech or has not been acquired previously, essential structures or concepts are consistently and frequently recycled throughout the book. They are often in connection with other materials to enrich the learners' ability to apply and reinforce their knowledge. Different learning styles have also been taken into consideration throughout the materials, and it is especially noteworthy in activities that reprocess to allow learners to recall and internalize knowledge by using their own particular ways of learning.

A cultural integration. While it is difficult to do justice to the cultures of such a diverse geographical and ethnic population, thoughtful care has been taken to offer heritage learners of Spanish insight to both their rich cultural heritage as well as the unique cultures of heritage Spanish speakers in countries where English, or another language, is dominant. Language variations, calques, loan words, Spanish in Equatorial Guinea and the Philippines, are just a few of the presences. While the materials target achieving a standard Spanish as a basis for a global communication, nonstandard varieties receive the respect they deserve. In addition, throughout the units the short reading selections and excerpts from literary works provide learners with historical and cultural insights to the Spanish-speaking world and age-defying or current topics of interest to them. As a result, learners expand their knowledge of their cultural heritage while developing their bilingual skills.

The National Standards. If there is a population that embraces the essence of language and communication in the human experience it is heritage learners. For that reason including the five goal areas (Communication, Cultures, Connections, Comparisons, and Communities) was a natural consequence of designing content with these learners in mind. Communication is emphasized through functional language; cultures appear not only in the readings but throughout the activities in each unit; connections are present as learners appreciate other disciplines such as history, literature, geography, to name a few; comparisons are made not only between English and Spanish but also within cultural and generational perspectives; communities are formed as learners' link their own experiences to those of others within and outside the Spanish-speaking communities.

Acknowledgments

Undoubtedly being bilingual and bicultural is a gift that heritage learners have been given and it should be valued and preserved. It is the aim of this book to contribute to reaching this goal. I wish to thank Prof. Lydia Huerta for her insightful commentary in the initial stages of designing the content, Prof. Kenya Dworkin Méndez for suggesting a title that embraces the essence of this book, and Professors Jocelly G. Meiners and María Luisa Echavarría for their close reading of the text. Most importantly I want to thank the heritage learners I have had the pleasure of working with for many years, both at the secondary and university levels.

CONTENIDO	Temas y repasos	

UNIT OPENING PAGES

The unit opening pages have been designed to visually engage learners and introduce them to the contents. The overarching unit theme appears in the heading, and the bottom section offers a brief table of contents divided into the objectives: appreciation, application and contextualization of the learners' heritage language and culture.

SECTION OPENING PAGES

Each unit consists of three sections that are introduced with readings, surveys or graphs related to the topic of the section and the unit. The section opening pages are followed by reading comprehension questions and often include other activities to prepare students for the thematic focus of the section. Through careful reading students increase vocabulary in meaningful ways.

SECTION CONTENT

Each section focuses on language varieties and usage, orthography, and grammar. Brief cultural or practical readings are integrated. A variety of progressive activities that draw on the learners' implicit knowledge and address different learning styles guide the learners from presentation to analysis. Moreover, they encourage self responsibility for learning.

ASSESSING UNDERSTANDING

The units and sections provide opportunities to practice and recycle content. However, realizing it is essential for both learners and instructors to assess understanding, "Sintetizar" boxes follow key concepts while they are fresh to allow learners to briefly check their understanding of the concept before continuing to other topics. At the end of each unit section the activity "Recapitular, analizar y editar" once again reprocesses the main concepts of the unit to assess learners' understanding and mastery. In addition learners analyze key concepts and edit sentences and paragraphs that focus on common mistakes in order to discourage random guessing.

READINGS

Readings in *Conectando con mi herencia: lengua y cultura* include short, informative readings, informal personal reflections, and journalistic and literary selections all centered on the thematic focus of the unit. By interspersing the readings throughout the sections and units, learners are consistently exposed to written language in a variety of formats. Where appropriate pre– and post-reading activities have been applied. However, even when the activities are not included, the reading selections are incorporated within the section topic in which they are appear. For heritage learners, ample reading is an effective strategy to increase vocabulary, and oral reading improves fluency and pronunciation while building sentence structure.

ENTRE DOS LENGUAS

This section brings to forefront the reality of the heritage learner's experience: living in two different languages and two cultures. The approach is more enticing and relaxed; however it serves the purpose of recycling, analyzing, and applying. Students complete crossword puzzles using both languages and then move to selecting the most correct translation of a sentence in English. Finally, they translate a short selection taken from the readings in the unit to English; then they inversely translate what they wrote back into Spanish.

WRITING

Although the final section of each unit focuses on writing, the writing process is present throughout all the sections. The various activities in the book progressively take learners from recognition of correct written forms within sentences, to formation of sentences using skeletal structures, to informal responses to blogs and other prompts, to guided formal and informal letters, to combining sentences, and then to the culminating short essay or narrative writing at the end of each unit.

"Escritura" guides students to write paragraphs, focusing on purpose, organization, and sentence structure. Immediately after, three versions of a same essay that anticipate the type of writing they will undertake are presented. Each progressively improved version includes a table of the required elements to examine so learners can develop and enhance their writing skills by applying what they have analyzed.

"En la comunidad" is the culminating writing activity. As the title implies, students actively engage with the Hispanic community to gather data and ideas for their writings. Following various *pasos*, they take that information, apply skills and write about it, and then edit their work before submitting their final version.

What's new in the Third Edition?

Input from instructors and students has been essential for the additions and revisions we have made for this third edition. Some of the materials from previous editions have been reworked, others have been moved, and still others have been replaced. But all have been done with the sole intention of helping the students take possession of their language and strengthen their esteem of being Hispanic. Below are a few of the new and revised materials.

NEW ACTIVITY: KHQ

New with this edition is KHQ, a user-friendly, mobile application that students can use at any time to review and analyze a series of grammar points. Besides helping students gauge and ensure their understanding of important concepts, KHQ is also an excellent tool to prepare for quizzes and exams. This mobile app enhances the textbook reviews in *Repaso final,* which appears at the end of Unidad Tres, and *Recordar y repasar* at the end of the book that offers students a place to write down things they have questions about as they progress through the units and then be able to return to them to see if their doubts still exist.

Still fresh from the second edition, *¿Sabías que…* continues to offer brief and sometimes surprising informative readings as does *Mi mundo hispano* with interesting informational snippets to pique student interest in the Hispanic world. Likewise, *Tu opinión en un minuto* and short directed conversations encourage and guide students to spontaneously talk on a topic for about a minute and help build their confidence to speak with and respond to others in Spanish.

ENHANCED ACTIVITIES

Several activities have new inclusions or revised content. Among them *Recapitular* now has short inserts so students can readily assess their understanding of the reviewed material, and in Unidad Tres the *editar* activities progressively address students' ability to edit short paragraphs with specific errors. A *Retroalimentación* activity has also been added to the three *Tarea Final* to ensure students include all the necessary elements in their writing.

UNIDAD 1: MI LENGUA DE HERENCIA

Matyas Rehak / Shutterstock.com

Paolo Gallo / Shutterstock.com

Vincent St. Thomas / Shutterstock.com

Apreciar	Aplicar	Contextualizar
La lengua y la cultura	El alfabeto y los números	Combinar y formar oraciones
La lengua y sus variaciones	La puntuación	El párrafo expositivo: El
La lengua formal e informal	El acento y la tilde	reporte
Entre dos lenguas	Las clases de palabras	Lectura: *Cuando era*
	Cognados	*puertorriqueña*
	Los tipos de oraciones	En la comunidad: Una encuesta
	Verbos personales, no	
	personales e impersonales	
	La concordancia	
	Las comparaciones	
	Tiempo y modo verbal	

La lengua y la identidad

Si estás tomando este curso, seguramente es porque te has identificado o te han identificado como *estudiante de herencia, estudiante bilingüe* o *estudiante bicultural*. Sea cual sea la etiqueta que te identifica, lo importante es que aprecies la ventaja que tienes al hablar o conocer dos lenguas. Tal como vayas adelantando tu estudio del español y ampliando tus conocimientos apreciarás aún más esta ventaja.

Pero, antes de empezar a conectarte con tu lengua y herencia, completa dos encuestas introspectivas: La primera se trata de cómo te sientes en el ambiente estadounidense en el que vives; la segunda de por qué has decidido estudiar español. Durante el curso, vuelve a las encuestas para ver si sigues con las mismas opiniones o si has cambiado de parecer.

"¿Cómo me considero?"

Completa la siguiente encuesta. Luego hazles las mismas preguntas a dos compañeros y registra sus opiniones. Después comparte y comenta las opiniones con el resto de la clase. Finalmente, en una o dos oraciones resume tu opinión revisada sobre lo que es ser bilingüe.

Opinión	Yo opino: sí / no	_____ :sí / no	_____ : sí / no
1. A veces me parece que he vivido dos infancias: una hispana y una anglosajona.			
2. Siento emociones diferentes hacia ciertas palabras según si están en español o en inglés.			
3. A veces me parece que veo el mundo desde dos perspectivas: una hispana y una anglosajona.			
4. Al hablar español me siento diferente de cómo me siento cuando hablo inglés.			
5. Comparto y entiendo las formas sociales hispanas y anglosajonas.			
6. Comparto prejuicios hispanos y anglosajones.			
7. Me siento mal cuando veo que algunas personas no nativas escriben en español mejor que yo.			
8. Siento que el conocimiento de mi lengua de herencia está infravalorado.			

Mi idea de ser bilingüe: _____

La idea de la clase: _____

"Si ya lo hablo, ¿por qué debo estudiar español?"

Probablemente te has hecho esta pregunta. En la siguiente tabla, pon una ✓ en las razones con las que estás de acuerdo. Luego, habla con cuatro compañeros e indica cuáles son sus razones. Después, comparte y comenta las razones con el resto de la clase y añade tres más. Finalmente escribe por qué tú y dos de tus compañeros estudian español.

Razón	Estoy de acuerdo	está de acuerdo	está de acuerdo	está de acuerdo	está de acuerdo
1. Es un requisito para graduarme.					
2. Me interesa saber más del español.					
3. Pienso que puedo sacar una A fácil.					
4. Mi novia/o habla español muy bien y quiero ser igual.					
5. Quiero mostrarles a mis parientes hispanos que puedo hablar "bien".					
6. A veces, me da vergüenza cuando hablo español y quiero remediarlo.					
7. Como soy hispana/o la gente piensa que lo sé todo sobre la lengua.					
8.					
9.					
10.					

Estudio español porque _____

Un compañero estudia español porque _____

Otro compañero estudia español porque _____

Lee la selección y luego haz las actividades. No trates de entender cada palabra; lee para un entendimiento general de lo que dice. Tal como vayas avanzando en el curso, tu habilidad lectora aumentará.

¿Hispanic o Latino?

Hace casi cuarenta años el gobierno de Estados Unidos mandó que se usaran las etiquetas *Hispanic* o *Latino* para clasificar a los ciudadanos con raíces en países de habla hispana. Pero una encuesta reciente ha encontrado que estas designaciones no han tenido una buena acogida entre los adultos de ascendencia hispana. Un 51 por ciento prefiere identificarse con el país de origen de su familia, y más de uno de cada dos considera que los *Hispanics* tienen culturas diversas en vez de una en común. No obstante expresaron una fuerte conexión compartida en su lengua, el español. Ocho de cada diez latinos dicen que hablan español y casi todos consideran que es importante que las futuras generaciones también lo puedan hacer.

Actividad 1 Si tuvieras que rellenar el siguiente formulario, ¿qué marcarías: *Hispanic* o *Latino*? ¿y tus padres? ¿y tus amigos de ascendencia hispana? Indica las preferencias abajo.

5. Please indicate your ethnic origin. In no way will this information affect your application for a position with our company. It will be used solely to gather data.

☐ African
☐ African American
☐ Aleutian
☐ Asian
☐ European

☐ Filipino
☐ Hispanic
☐ Latino
☐ Mexican American
☐ Middle Eastern

1. Yo marcaría (Hispanic / Latino / Mexican American) porque _____

_____

2. Mis padres marcarían (Hispanic / Latino / Mexican American) porque _____

_____

3. Mis amigos marcarían (Hispanic / Latino / Mexican American) porque _____

_____

Actividad 2 a. Lee lo que una española escribió acerca de su confusión con estos términos. Luego, completa lo que se te pide.

Hispanic? Latina? Soy de España pero por muchos años he vivido en Estados Unidos donde soy maestra de matemáticas. Aparte de todas las novedades de estar en un lugar tan diferente, durante estos años han salido a colación varios temas que nunca me había planteado en España. Uno de ellos tiene que ver con mi identidad, o sea si soy latina o hispana. Curiosamente, aunque soy española, para muchas personas no soy *Hispanic* sino *Latina*, y cuando les pregunto por qué piensan así, no tienen contestación. Cuando decidí indagar acerca de estas etiquetas, topé con lo que ya desde hace tiempo es una amplia polémica particularmente entre las personas que proceden de países americanos colonizados por España.

Parece que la raíz de este debate se remonta al año 1973 cuando los Departamentos de Salud, Bienestar y Educación de los Estados Unidos buscaban un término para designar a todas aquellas personas que vivían en EEUU pero cuyo origen era latinoamericano. Optaron por usar *Hispanic* como término inclusivo, pero tan pronto se empezó a usar, surgieron problemas y protestas. Algunos dijeron que *Hispanic* no se aplicaba a los latinoamericanos porque algunos no tenían ni una gota de sangre española. Otros dijeron que era una medida racista y negativa. Lo mismo pasó luego al empezar a usarse *Latino*: algunos lo acogieron por ser una adaptación del español al inglés, pero otros lo rechazaron por ser sexista, prefiriendo *Hispanic* porque acoge tanto a hombres como a mujeres a un mismo nivel. A casi cincuenta años desde aquellos debates todavía no se ha resuelto nada en concreto. Igual se topa uno con alguien que se refiere a sí mismo como latino y al rato hay alguien de ascendencia parecida que se autodenomina hispano. Mis hijos en particular se encontraron con el dilema al rellenar formularios. Eran *Hispanic* por mi parte, pero su padre era *Mexican* y ellos habían nacido en Estados Unidos. Entonces, ¿qué eran? Finalmente optaron por rellenar los formularios con varias de las opciones que aparecían.

b. En cada uno de los dos párrafos, elige la oración que consideras que es esencial para entender el contenido de ese párrafo. Escríbelas abajo.

1. _____
_____

2. _____
_____

c. ¿Estás de acuerdo con lo que decidieron hacer los hijos de la autora? Explica.

_____
_____

d. Vuelve a las lecturas. En la columna de la izquierda escribe seis palabras que no conocías. ¿Las adivinaste del contexto o tuviste que buscarlas en el diccionario? En la columna de la derecha escribe un sinónimo (palabra que significa lo mismo) para cada una. Si es necesario, usa el diccionario.

Palabra que no conocía	Usé el diccionario: sí / no	Sinónimo	Usé el diccionario: sí / no

Actividad 3 Los haiku, poemas breves de tres versos con una estructura de 5/7/5 silabas, procuran capturar una imagen o sentimiento. De origen japonés esta forma poética ha sido adaptada universalmente.

Abajo se ofrecen dos ejemplos de haikus. Usando estos ejemplos y tu propia experiencia, escribe un haiku. Luego ilústralo y comparte tu haiku e ilustración con el resto de la clase. Para saber cómo contar la sílabas pon "contar sílabas métricas" en tu buscador.

	Mi haiku
Dos son los mundos Que encaminan mi vida, Que hacen mi ser. Como dos ríos Fluyendo van en mí, Mis dos culturas.	_____ _____ _____ _____ _____ _____

¿*Sabías que* actualmente hay más de cuatro millones de latinoamericanos asiáticos, o sea, aproximadamente el uno por ciento de la población latinoamericana? Las ascendencias predominantes son china y japonesa; otras son filipina, coreana e india. Aunque Brasil ostenta la mayor población de latinoamericanos asiáticos (unos dos millones), la mayor proporción se encuentra en Perú (aproximadamente el cinco por ciento). Estos últimos años ha habido una migración significativa de estas comunidades latinoamericanas asiáticas hacia Estados Unidos.

La lengua y la cultura: Los cognados

El ser bilingüe no es nada nuevo. En cualquier momento en el que se han encontrado dos culturas con lenguas diferentes, el bilingüismo ha surgido de la necesidad de comunicarse. Cuando los romanos llegaron a lo que hoy es España, su lengua se mezcló con la de los habitantes primitivos. Luego, cuando llegaron los árabes ocurrió lo mismo. Y no hay qué decir de cuando los españoles llegaron al continente americano: de ese encuentro, con gentes y cosas nuevas, surgió una gran necesidad de ser bilingüe para poder comunicarse e interactuar. Hoy en día, con la globalización se ve más y más el bilingüismo como parte de una lengua y su cultura.

| Antes de leer |

Los cognados (*cognates*) son palabras parecidas en dos lenguas que tienen el mismo significado (*favorito / favorite; universidad / university*). Pero también hay **cognados falsos** que se parecen pero no tienen el mismo significado (*parientes / parents; groserías / groceries*) y **cognados parciales** que a veces sí lo tienen (*arena / arena y sand; blanco / blank y white*). El contexto te dirá si son iguales.

Rellena la siguiente tabla con el cognado de cada palabra. Luego, mientras lees, usa el contexto para decidir si es un cognado verdadero en la siguiente lectura. Sigue el modelo.

Palabra	En inglés	Cognado: Sí / No	Palabra	En inglés	Cognado: Sí/ No
orígenes	origins	sí	familiar		
diversidad			relaciones		
eventualmente			moderna		
nuevo			comercio		
transformaron			entre		
particular			inmigrantes		

| Lectura |

Lee la siguiente selección y luego haz las actividades.

¿De dónde viene la lengua que hablamos?

Los orígenes de nuestra lengua se **remontan** muchos siglos antes de nuestra era. En lo que hoy es la península ibérica (España y Portugal), llegaron y se mezclaron gentes con distintas lenguas, originando una gran diversidad lingüística. Aunque las lenguas de los primeros habitantes eventualmente desaparecerían, dejaron **huellas** tanto en el **léxico** como probablemente en la pronunciación, tonos y ritmos del habla. En el siglo III antes de la edad moderna, llegaron los romanos y transformaron todos los órdenes de la vida de Hispania, como le llamaron a la península. En particular **impusieron** el latín como idioma lo cual impulsó la desaparición de las lenguas primitivas. No obstante hubo un periodo de bilingüismo en el cual estas convivieron con el latín. Pero poco a poco los hispanos, o sea los habitantes de Hispania, comenzaron a usar más y más el latín en sus relaciones con los romanos, y las lenguas primitivas se fueron **relegando** a la conversación familiar.

En el año 711 los árabes invadieron la península. Llegaron con una nueva cultura que **abarcaba** muchas ramas del saber: filosofía, medicina, matemáticas, química, botánica, arte, agricultura, entre otras. Como es de esperar, trajeron también nuevas palabras que enriquecieron la lengua. Junto al latín, la influencia del árabe es la más importante del vocabulario español; de hecho hay más de cuatro mil palabras de origen árabe como *almohada, azúcar, algodón, nuca, jarabe, ojalá, ajedrez.*

Cuando Cristóbal Colón llegó a tierras americanas en 1492, la lengua (llamada *español* a partir del siglo XVI) ya se había consolidado en España. Durante los siglos XV y XVI se había producido una revolución consonántica que afectó en particular a las llamadas *sibilantes* que se redujeron; fue esa variedad la que se llevó al Nuevo Mundo y que hoy se conoce como español de América. Claro está que la lengua de América incluye muchos

vocablos indígenas pues en su intento por comunicarse con los nativos, los colonizadores europeos incorporaron cantidad de nombres locales, tal como habían hecho los colonizadores de la península ibérica en su día. Además, en ocasiones los conquistadores y misioneros **fomentaron** el uso de *lenguas generales* que utilizaban los diferentes pueblos indígenas para el comercio entre ellos.

Pero, así como la población indígena era heterogénea, la hispana también lo era porque provenía de distintas regiones de España, especialmente de Andalucía. Estos andaluces se **afincaron** sobre todo en la zona caribeña y antillana **legando** características fonéticas particulares al español americano. Algunos ejemplos son pérdida de la *d* entre vocales (*comío* por *comido*) y final de palabra (*usté* por *usted*), confusión entre *l* y *r* (*pol favor* por *por favor*) o aspiración de la *s* final de sílaba (*rehtoh* por *restos*). A su vez, antes de embarcarse para América, los grupos de inmigrantes españoles se reunían en Sevilla y de camino hacia el nuevo continente pasaban por las islas Canarias. Se supone que estas personas conocieron y empezaron a usar ciertos rasgos lingüísticos de esas islas atlánticas en la lengua que trajeron al Nuevo Mundo y que forma parte del español americano.

| Actividad 1 | Vuelve a la lectura y fíjate en las palabras subrayadas. Luego, según el contexto, completa la tabla. Si tienes alguna dificultad, busca la palabra en www.rae.es |

Palabra	En inglés	Sinónimo	Palabra	En inglés	Sinónimo
se remontan	*begin*	*empiezan*	abarcaba		
huellas			vocablos		
léxico			fomentaron		
impusieron			afincaron		
relegando			legando		

Actividad 2 Elige la mejor opción para contestar o completar cada pregunta según la lectura.

1. La gran diversidad lingüística de la península ibérica se debe a
   a. los primeros habitantes
   b. la mezcla de gentes con distintas lenguas
   c. la llegada de los romanos en la época moderna

2. Lo que impulsó la desaparición de las lenguas primitivas en Hispania fue
   a. la pérdida de la conversación familiar
   b. la pronunciación y los ritmos del habla
   c. la imposición del latín como idioma

3. En la oración "No obstante hubo un periodo de bilingüismo en el cual estas convivieron con el latín", la palabra *estas* ese refiere a
   a. las huellas en el léxico
   b. las lenguas primitivas
   c. las relaciones entre hispanos y romanos

4. ¿Quiénes le dieron el nombre *Hispania* a lo que hoy es España y Portugal?
   a. Los pueblos primitivos
   b. Los romanos
   c. Los árabes

5. ¿Cuál de las siguientes palabras será de origen árabe?
   a. Alhaja
   b. Chocolate
   c. Familiar

6. El término *español* se empezó a usar
   a. desde las épocas primitiva y romana
   b. durante y después de la invasión árabe
   c. después de la llegada de Colón a América

7. ¿A qué se refiere la frase *español de América*?
   a. A la pronunciación
   b. A los españoles que viven allí
   c. Al español de los indígenas

8. ¿A qué se refiere la frase *lenguas generales*?
   a. A una lengua que usaban los pueblos indígenas para comunicarse
   b. A la lengua que trajeron los misioneros y conquistadores a América
   c. A una pronunciación particular de la zona andaluza de España

9. Si al llegar los romanos a Hispania hubo bilingüismo, posiblemente también lo hubo cuando
   a. los inmigrantes españoles se reunían con la gente de su zona
   b. los conquistadores y misioneros se afincaron en América
   c. una familia española decidía embarcarse

10. Si escucho a alguien decir "No he salío polque estoy cansao", seguramente es
    a. español   b. caribeño   c. árabe

11. El tono de esta lectura es
    a. informativo
    b. humorístico
    c. amenazante

> *Para recordar y repasar.* Al final de la última unidad tienes varias páginas para ir anotando términos, conceptos, etc. que piensas que debes repasar o aclarar para un buen entendimiento de tu lengua de herencia. Apunta los que quieres recordar y vuelve a esas páginas con frecuencia.

La ortografía: El alfabeto y los números

¿Qué palabra te suena más familiar: *abecedario* o *alfabeto*? ¿Crees que tiene que ver con el hecho que aprendiste el término *alphabet* en inglés? Lee acerca del abecedario y haz las actividades.

Innovaciones en la ortografía española

El 17 de diciembre de 2010, en una sesión conjunta del pleno de la RAE (Real Academia Española) y de la ASALE (Asociación de Academias de la Lengua Española), se presentó la nueva edición de la *Ortografía de la lengua española* que sustituyó a la ortografía de 1999 anteriormente vigente. Entre los cambios se encuentran novedades en los nombres recomendados de las letras del alfabeto. Pero no por ello se pretende interferir en la libertad de cada hablante de seguir utilizando el nombre al que esté acostumbrado.

- La letra *b* se llamará *be*. Sin embargo no se consideran incorrectos los nombres *be alta*, *be grande* o *be larga*.
- La *ch* se ha eliminado del inventario de letras del abecedario, pero seguirá utilizándose como hasta ahora en la escritura; solo deja de contarse entre las letras del abecedario.
- La letra *i* se llamará *i*. No se considera incorrecto el nombre *i latina*, que se usa para distinguirla de la letra *y* cuando para esta última se emplea la denominación tradicional de *i griega*.
- La *ll* se ha eliminado del inventario de letras del abecedario, pero no ha desaparecido; solo deja de contarse entre las letras del abecedario.
- La letra *r* se llamará *erre*. Se considera incorrecto el nombre *ere* para la *r* y se desecha definitivamente.
- La letra *v* se llamará *uve*. No se consideran incorrectos los nombres *ve baja*, *ve chica*, *ve chiquita*, *ve corta* o *ve pequeña*.
- La letra *w* se llamará *uve doble*. No se consideran incorrectos los nombres *doble uve*, *doble u*, *doble ve*, *u doble*, *ve doble*.
- La letra *y* se llamará *ye*; no se prohíbe el nombre *i griega*.
- La *z* se llamará *zeta*. Se consideran incorrectos los nombres *ceta*, *ceda* y *zeda* y se desechan definitivamente.

Actividad 1   Abajo escribe los nombres de las letras. Sigue los modelos. Si no sabes alguno, intenta adivinarlo o pregúntale a un amigo.

a. ____*a*____   g. _____   n. _____   t. _____

b. ____*be*____   h. _____   ñ. _____   u. _____

c. _____   i. _____   o. _____   v. _____

d. _____   j. _____   p. _____   w. _____

e. _____   k. _____   q. _____   x. _____

f. _____   l. _____   r. _____   y. _____

     m. _____   s. _____   z. _____

Actividad 2   Vuelve a la lectura y elige tres palabras que contengan por lo menos cinco letras. Escríbelas abajo usando el nombre de las letras. Ejemplo: latina = ele, a, te, i, ene, a

1. _____

2. _____

3. _____

| | | Actividad 3 | Abajo hay una lista de veinte palabras. Con un compañero, primero lean las palabras en silencio y "grábenlas" mentalmente. Luego, uno leerá las primeras cinco palabras en voz alta y el compañero "verá" la palabra en su mente y la deletreará en voz alta. Luego el otro compañero hará lo mismo con las últimas cinco. Finalmente los dos escribirán los nombres de las letras. Sigan el ejemplo. |

Ejemplo: Lean las palabras de la columna A (dijeron, alcohol, etc.) y grábenlas en su mente.

- El Estudiante A lee en voz alta la primera palabra de la columna A (*dijeron*).
- El Estudiante B la visualiza mentalmente y la deletrea: *de i jota e erre o ene*.
- Los estudiantes A y B escriben los nombres de la letras que dijo el Estudiante B en la columna B.

Columna A	Columna B	Columna A	Columna B
palabra	palabra deletreada	palabra	palabra deletreada
dijeron	*de i jota e erre o ene*	exhibir	
alcohol		cuestiones	
gente		sistema	
frecuente		fuerza	
oyen		escrito	
traen		garaje	
cruces		quince	
hielo		almohada	
roto		zacate	
recoger		huella	

¿Sabías que al desarrollarse el conocimiento humano se hizo necesaria la escritura para comunicar información? La primera escritura fue pictográfica para representar objetos; luego se desarrollaron elementos ideográficos para representar ideas y cualidades. Pero aunque esta escritura contenía significado no fue hasta más tarde que contuvo el sonido de las palabras.

En América, la escritura maya se compone de un complejo conjunto de símbolos individuales llamados *glifos*. Estos pueden representar un ente o concepto, como *balam* (jaguar) o *ha* (agua). Normalmente los mayas escribían en bloques organizados en dos columnas. Al pasar el tiempo los glifos fueron adquiriendo elementos fonéticos.

Vladimir Korostyshevskiy / Shutterstock.com

Actividad 4

Escribe la letra correspondiente a cada nombre de letra. La primera y última letras ya están en su lugar. Luego, ordena las demás para formar una palabra. Sigue el ejemplo.

1. ce ene u ene i te ce e a _____cnunitcea_____ _____cincuenta_____

2. ce erre ce u e _____ _____

3. cu i ene u ce e _____ _____

4. hache ce a e erre _____ _____

5. a be a ene de a ene _____ _____

6. ese equis e te a _____ _____

7. uve e ene i te e _____ _____

8. te ce e erre e _____ _____

9. ce ene erre u te a e a _____ _____

10. i a te eme de i ene e o _____ _____

Actividad 5

Sopa de letras. Primero deletrea en voz alta las palabras de la lista. Luego búscalas en la tabla.

A	X	B	P	R	E	C	I	E	N	T	E	M	Q	L	K
L	Q	R	M	N	Z	K	H	J	P	N	Y	Y	L	C	H
F	W	S	R	T	Y	G	U	I	O	P	G	C	A	V	S
A	S	I	D	E	N	T	I	D	A	D	D	F	T	H	J
B	K	G	L	Z	X	C	V	B	N	M	Q	W	I	E	R
E	T	U	Y	U	I	C	R	U	Z	A	B	A	N	O	P
T	A	I	S	D	F	G	H	J	K	L	Z	X	O	C	V
O	B	E	N	P	O	I	U	T	R	E	W	Q	L	K	H
G	F	N	D	S	A	N	B	V	C	X	Z	Z	A	Q	C
W	S	T	X	E	D	C	R	F	V	E	T	G	B	Y	U
H	N	E	U	J	M	I	K	O	Ü	L	P	I	O	P	E
Q	W	E	R	T	Y	U	I	G	D	F	U	Y	E	R	S
O	P	L	K	J	H	G	N	P	D	C	E	S	G	H	T
F	D	S	A	Z	H	I	S	P	A	N	O	W	N	C	I
N	B	V	C	X	L	Ü	M	H	R	N	K	L	D	R	O
W	N	J	K	I	D	S	A	W	E	G	J	L	V	O	N
O	L	K	B	C	S	I	M	B	O	L	I	Z	A	Q	E
L	O	N	T	R	F	V	C	D	F	B	J	X	Z	S	S

IDENTIDAD

BILINGÜE

HISPANO

LATINO

ALFABETO

SIGUIENTE

CUESTIONES

CRUZABAN

RECIENTE

SIMBOLIZA

Actividad 6 — Transcribe los nombres de las letras a la letra. Luego, escribe el número que has deletreado. Sigue el ejemplo. Finalmente, completa los números que faltan.

u ene o	uno	1		o ene ce e		
de o ese						12
te erre e ese						13
ce u a te erre o				ce a te o erre ce e		
ce i ene ce o				cu u i ene ce e		
ese e i ese					dieciséis	
ese i e te e					diecisiete	
o ce hache o						18
ene u e uve e						19
de i e zeta				uve e i ene te e		

Actividad 7 — ¿Recuerdas tus números romanos? Al lado de cada número, escríbelo. Sigue el ejemplo y rellena todos los espacios.

XXI	veintiuno	XXXI	treinta y uno
XXII		XLII	cuarenta y dos
XXIII		L	
XXIV		LX	
XXV		LXX	
XXVI	veintiséis	LXXX	
XXVII		XC	
XXVIII			cien
XXIX		CI	ciento uno

Actividad 8 — Contando de cien en cien, escribe los números 200 a 1000 en palabras.

_____

_____

Las clases de palabras

Durante todo este curso con frecuencia vamos a referirnos a las clases de palabras: verbo, sustantivo, adjetivo, etc. que ya conoces del inglés (*verb, noun, adjective*, etc.).

Para poder seguir bien nuestras conversaciones en clase debes aprender y poder aplicar estas etiquetas.

Fíjate en lo que hace cada palabra de la oración: "Es la lengua oficial".

- *es* comunica un estado,
- *la* indica que el sustantivo *lengua* es conocido,
- *lengua* designa una cosa,
- *oficial* describe el sustantivo *lengua*.

Entonces, según lo que hace cada palabra,

- *es* es un *verbo*,
- *la* es un *artículo*,
- *lengua* es un *sustantivo*,
- *oficial* es un *adjetivo*.

Todas las palabras trabajan juntas para formar una oración. ¿Te parece confuso? No te preocupes; poco a poco vas a ir aprendiendo y repasando las clases de palabras. Por ahora completa las actividades para irlas aprendiendo.

Actividad 1 Lee la siguiente oración. Después, del recuadro elige lo que hace cada una de las palabras de la lista. Todas las razones se usarán, y algunas ya han sido identificadas.

Los habitantes peninsulares usaron más y más el latín entre ellos.

__e__ 1. Los

_____ 2. habitantes

_____ 3. peninsulares

_____ 4. usaron

__f__ 5. más

_____ 6. y

_____ 7. más

_____ 8. el

__b__ 9. latín

_____ 10. entre

__c__ 11. ellos

a. Comunica una acción o un estado.

b. Designa o identifica personas, criaturas vivas, cosas, ideas, cualidades.

c. Toma el lugar de un sustantivo.

d. Describe un sustantivo.

e. Indica si el sustantivo es conocido o general (vago).

f. Describe un verbo, adjetivo u otro adverbio.

g. Une palabras o secuencias equivalentes, o encabeza diversos tipos de cláusulas subordinadas.

h. Relaciona un sustantivo o un pronombre al resto de la oración.

Vuelve a la lista y según lo que hace cada palabra de la lista, colócala junto a su clase. Si todavía no estás seguro, consulta el *Diccionario* de la RAE en internet *www.rae.es* para comprobar la clase de palabras. Sigue el ejemplo.

Clase de palabras	Part of speech	Lo que hace	Ejemplo(s) de la lista
verbo	verb	comunica una acción o un estado	usaron
sustantivo		designa o identifica personas, criaturas vivas, cosas, ideas, cualidades	
pronombre		toma el lugar de un sustantivo	
adjetivo		describe un sustantivo	
artículo		indica si el sustantivo es conocido o general	
adverbio		describe un verbo, adjetivo u otro adverbio	
conjunción		une palabras o secuencias equivalentes	
preposición		relaciona un sustantivo o un pronombre al resto de la oración	

Actividad 3

Fíjate en la palabra resaltada en las oraciones abajo y la etiqueta de la clase de palabras que le corresponde. Usando la tabla arriba, en la raya escribe la función de la palabra (lo que hace). Usa la etiqueta de la tabla para ayudarte.

1. Los muchachos escriben los números. = *Escriben* es un **verbo** porque _____
_____

2. Los alumnos hablan de las letras. = *Alumnos* es un **sustantivo** porque _____
_____

3. La escritura maya es muy interesante. = *Maya* es un **adjetivo** porque _____
_____

4. La profesora descifra los glifos. = *La* es un **artículo** porque _____
_____

5. Ella nos ayuda a entenderlos. = *Ella* es un **pronombre** porque _____
_____

6. Me gusta mucho la clase. = *Mucho* es un **adverbio** porque _____
_____

7. Asisto a clase los lunes **y** martes. = *Y* es una conjunción porque _____

_____

6. ¿Tu clase es **por** la tarde? = *Por* es una preposición porque _____

_____

Actividad 4 Usando la letra y el icono de la función de la palabra subrayada en las siguientes oraciones, escribe la etiqueta correspondiente de la palabra. Sigue el ejemplo.

1. Todos están **en** [f ↝] clase. _ *preposición* _

2. <u>Ellos</u> [g ↻] estudian mucho._____

3. Llegaron <u>temprano</u> [a ↴]._____

4. Vimos a <u>Luis</u> [d ☺]._____

5. <u>Escribí</u> [b 🏃] un ensayo._____

6. <u>La</u> [e 🎯] clase empezó._____

7. El libro es <u>nuevo</u> [c ↴]._____

8. Son dos <u>o</u> [h 🔗] tres._____

9. Adolfo <u>es</u> [b 🏃] estudioso._____

10. <u>Lo</u> [g ↻] trajeron._____

11. Es <u>de</u> [f ↝] Elena._____

↴ a. Describe un verbo, adjetivo u otro adverbio.

🏃 b. Comunica una acción o estado.

↴ c. Describe un sustantivo.

☺ d. Designa o identifica personas y cosas animadas e inanimadas.

🎯 e. Indica si un sustantivo es conocido o general.

↝ f. Relaciona un sustantivo o pronombre al resto de la oración.

↻ g. Toma el lugar de un sustantivo.

🔗 h. Une palabras o secuencias equivalentes.

Sintetizar: Refiriéndote a lo que has estudiado, completa la tabla para resumir lo que has aprendido.

- En inglés el equivalente de *la clase de palabras* es _____.

- La palabra que comunica un estado o una acción es el (**sustantivo / verbo**). 🏃

- La palabra que describe un verbo, un adjetivo u otro adverbio es el (**artículo / adverbio**). ↴

- El (**sustantivo / verbo**) ☺ puede identificar a una persona o una cosa.

- "Yo" es ejemplo de (**sustantivo / pronombre**). ↻

- Las palabras *y*, *pero*, *o* son ejemplos de (**conjunciones / preposiciones**). 🔗

- Un adjetivo (**describe / une**) un sustantivo. ↴

- Si una palabra relaciona un sustantivo o un pronombre al resto de la oración, es una (**conjunción / preposición**). ↝

- *Un* y *los* son ejemplos de _____. 🎯

- La frase *el estudiante aplicado* contiene un _____, 🎯 un _____ ☺ y un _____. ↴

[Escribe la clase de palabras.]

Lee la siguiente selección y busca dos ejemplos para cada clase de palabras entre las palabras subrayadas

La fusión de las lenguas

La **fusión** del inglés con el español que ha resultado en *pochismo o espanglish* es de uso **coloquial**. Aunque hay escritores reconocidos que **lo** usan, casi **siempre** es con fines de caracterizar a un grupo. El término *espanglish* ya **aparece** en el Diccionario de la Real Academia Española, **y** para las personas de ascendencia hispana o que se identifican **culturalmente** con lo hispano, esta asimilación del español al inglés o viceversa, es **un** hecho cotidiano. Pero no se limita a los Estados Unidos. Un fenómeno semejante se registra en países **hispanohablantes** como Panamá (por la presencia estadounidense en el Canal) **y** también en Australia entre las poblaciones hispanas.

El reconocimiento de las fusiones de las **lenguas** ha empezado a tener más impacto **con** la explosión de internet y la gran cantidad de nuevos vocablos que se han introducido en **la** lengua, como *browser, link, cookie, chat, mail*, etc. En algunos casos extremos su uso **es** ahora tan común y extendido que incluso verbos como *chatear* han sido aceptados por la Real Academia. No obstante **estos** han ido cediendo frente a la palabra en español: por ejemplo hoy es más común *navegar* en vez de *surfear* o *enlace* o *liga* en vez de *link*.

Ahora busca otro ejemplo para cada clase de palabras y compara tus respuestas con un compañero. En la tabla escribe lo que dijo.

Clase de palabras	Ejemplos de la selección	Ejemplos míos	Ejemplos de mi compañero	Ejemplos de la clase
verbo	aparece es	ha resultado	se identifican	hay, se registra, se limita
sustantivo				
pronombre				
adjetivo				
artículo				
adverbio				
conjunción				
preposición				

Tu turno Imagina que un compañero te pide que le expliques lo que es *clases de palabras*. Brevemente escribe lo que le dirías. En tu explicación incluye *etiqueta* y *función*.

_____

_____

_____

Gramática: 🏃 Los verbos personales, no personales e impersonales

Antes viste que los verbos comunican una acción o un estado. Además los verbos pueden ser **personales, no personales** o **impersonales**, dependiendo de si se les puede adjudicar un pronombre (*yo, tú, ustedes*, etc.). A las formas personales de los verbos también se les refiere como *conjugados* o *conjugación* porque al conjugar un verbo le damos sentido en un tiempo (*presente, pasado, futuro*) y para una persona o cosa. Por ejemplo: *estudiamos*.

Actividad 1 En las siguientes tablas subraya los pronombres (*toman el lugar de un sustantivo*) que se pueden usar con cada verbo. Si no hay ninguno, subraya *No hay*. Sigue el ejemplo. Luego, usando la información, contesta las preguntas de *cierto o falso*.

Personal	Pronombre	
tenemos	yo, tú, él, ella, usted, <u>nosotros</u>, vosotros, ellos, ellas, ustedes	No hay.
aludieron	yo, tú, él, ella, usted, nosotros, vosotros, ellos, ellas, ustedes	No hay.
considera	yo, tú, él, ella, usted, nosotros, vosotros, ellos, ellas, ustedes	No hay.
sea	yo, tú, él, ella, usted, nosotros, vosotros, ellos, ellas, ustedes	No hay.

No personal	Pronombre	
tener	yo, tú, él, ella, usted, nosotros, vosotros, ellos, ellas, ustedes	No hay.
aludiendo	yo, tú, él, ella, usted, nosotros, vosotros, ellos, ellas, ustedes	No hay.
considerado	yo, tú, él, ella, usted, nosotros, vosotros, ellos, ellas, ustedes	No hay.
ser	yo, tú, él, ella, usted, nosotros, vosotros, ellos, ellas, ustedes	No hay.

Impersonal	Pronombre	
hay	yo, tú, él, ella, usted, nosotros, vosotros, ellos, ellas, ustedes	No hay.
hace calor	yo, tú, él, ella, usted, nosotros, vosotros, ellos, ellas, ustedes	No hay.
nieva	yo, tú, él, ella, usted, nosotros, vosotros, ellos, ellas, ustedes	No hay.
es imposible	yo, tú, él, ella, usted, nosotros, vosotros, ellos, ellas, ustedes	No hay.

1. Cierto o falso   Un <u>verbo personal</u> es lo mismo que un verbo conjugado (*conjugated verb*).

2. Cierto o falso   Un <u>verbo impersonal</u> se parece a los conjugados pero no tiene pronombre.

3. Cierto o falso   Un <u>verbo no personal</u> tiene un pronombre correspondiente.

4. Cierto o falso   Los <u>verbos personales</u> tienen pronombres correspondientes.

Para recordar y repasar. Al final de la última unidad no olvides anotar dudas o cosas para repasar.

En la siguiente tabla, coloca todos los posibles pronombres correspondientes para las formas verbales. Usando esa información, indica si el verbo es personal, no personal o impersonal. Sigue el ejemplo.

Verbo	Pronombre(s) correspondiente(s)	Personal, no personal, impersonal
1. buscado		
2. llueve	No hay.	Impersonal
3. cayendo		
4. simulamos		
5. andar		

Sintetizar: Refiriéndote a lo que has estudiado, completa la tabla para resumir lo que has aprendido.

- Si un verbo tiene un pronombre correspondiente para comunicar una acción o un estado, es un verbo (**personal / no personal / impersonal**). [Elige uno.]

- Si un verbo **no** tiene un pronombre correspondiente para comunicar una acción o un estado, pero se parece a los verbos personales, es verbo (**personal / no personal / impersonal**). [Elige uno.]

- Si un verbo **no** tiene un pronombre correspondiente para comunicar una acción o un estado, y no se parece a un verbo personal es un verbo (**no personal / impersonal**). [Elige una.]

Actividad 3 En las siguientes lecturas, indica si los **verbos en negrilla** son personales (P), no personales (NP) o impersonales (I). Sigue el ejemplo.

Hay (_I_) cosas que a veces nos **sorprenden** (_P_). Por ejemplo, ¿qué **sabes** (___) de tus antepasados, **es** (___) **decir** (___) de tus bisabuelos o tatarabuelos? La verdad hasta anoche no **sabía** (___) nada, pero mientras **cenábamos** (___) mi hermanita **preguntó** (___) por qué **se llama** (___) Silvia Isaura. Mi mamá le **explicó** (___) que le **pusieron** (___) Isaura por nuestra bisabuela. Entonces yo le **pregunté** (___) qué **quiere** (___) **decir** (___) "bisabuela" y me **explicó** (___) que **es** (___) la mamá de una abuela.

Ayer **vino** (___) a **hablarnos** (___) un señor de unos ochenta años. Nos **contó** (___) cosas interesantísimas de su vida. **Dijo** (___) que **vino** (___) a EEUU cuando **tenía** (___) quince años **buscando** (___) a sus padres. **Cruzó** (___) la frontera **nadando** (___); luego un ranchero que lo **vio** (___) **caminando** (___) lo **llevó** (___) hasta San Antonio. Allí lo **ayudó** a (___) **dar** (___) con unos familiares. **Se quedó** (___) con ellos unos días y luego **se fue** (___) a Houston donde por fin **se reunió** (___) con sus padres. **Trabajó** (___) unos cuarenta años y después **cumplió** (___) uno de sus sueños. **Solicitó** (___) **ingresar** (___) a la universidad y cuatro años más tarde **recibió** (___) su diploma.

Actividad 4   Elige si las siguientes afirmaciones son ciertas o falsas. Subraya la respuesta.

Cierto o falso   1. La palabra *recapitular* es una forma verbal no personal.

Cierto o falso   2. La palabra *nieva* es una forma verbal no personal.

Cierto o falso   3. La palabra *aprendido* es una forma verbal personal.

Cierto o falso   4. La palabra *entiendo* es una forma verbal no personal.

Cierto o falso   5. A las formas personales de los verbos también se les llama *conjugado*.

Actividad 5   Completa las siguientes oraciones / definiciones.

1. *Entiendo* es un verbo personal porque _se le puede adjudicar un pronombre personal: yo._

2. *Comiendo* es un verbo no personal porque _____

3. *Vive* es un verbo personal porque _____

4. *Llueve* es un verbo impersonal porque _____

_____

Actividad 6   En parejas van a escribir dos oraciones para cada uno de los siguientes verbos. Uno de los dos usará el verbo en **forma personal** y el otro, en **forma no personal**. Sigan el ejemplo pero usen oraciones originales y lógicas. Subraya los verbos.

1. recoger _____ Siempre <u>recojo</u> mi cuarto._____

_____ Para las ocho, mi cuarto <u>está recogido</u>. _____

2. conseguir _____

_____

3. abrir _____

_____

4. pagar _____

_____

5. poner _____

_____

Tu turno   Explícale a un compañero lo que son <u>verbo</u>, <u>verbo personal</u> y <u>verbo no personal</u>. Usa las formas del verbo *hablar* como ejemplo de tu explicación. Luego explica por qué *nieva* es un <u>verbo impersonal</u>.

_____

_____

_____

1. Cierto o falso   El bilingüismo ha surgido de la necesidad de comunicarse.

2. Cierto o falso   Los cognados son palabras parecidas en dos lenguas con el mismo significado.

3. Si una palabra comunica una acción o un estado, es un

    a. adjetivo   b. sustantivo   c. verbo

    Ejemplo: _____ (Escribe un ejemplo.)

4. Si una palabra designa o identifica seres animados o inanimados es un

    a. sustantivo   b. artículo   c. adverbio

    Ejemplo: _____

5. Si una palabra toma el lugar de un sustantivo para evitar la repetición es un

    a. artículo   b. pronombre   c. adjetivo

    Ejemplo: _____

6. Si una palabra describe o complementa un sustantivo es un

    a. adjetivo   b. sustantivo   c. pronombre

    Ejemplo: _____

7. Si una palabra indica que el sustantivo es conocido o general es un

    a. sustantivo   b. artículo   c. adverbio

    Ejemplo: _____

8. Si una palabra complementa la significación de un verbo, un adjetivo u otro adverbio es

    a. sustantivo   b. artículo   c. adverbio

    Ejemplo: _____

9. Las palabras que **unen** vocablos o secuencias equivalentes son _____.

    Ejemplo: _____

10. Las palabras que **relacionan** un sustantivo o pronombre al resto de la oración son

    _____. Ejemplo: _____

Repasar. Conecta la definición con la clase de palabra.

    a. Describe un verbo, adjetivo u otro adverbio.

    b. Comunica una acción o estado.

    c. Describe un sustantivo.

    d. Designa o identifica personas y cosas animadas e inanimadas.

    e. Indica si un sustantivo es conocido o general.

    f. Relaciona un sustantivo o pronombre al resto de la oración.

    g. Toma el lugar de un sustantivo.

    h. Une palabras o secuencias equivalentes.

___1. verbo

___2. sustantivo

___3. pronombre

___4. adjetivo

___5. artículo

___6. adverbio

___7. preposición

___8. conjunción

Mi entendimiento de	Excelente	Bueno	Débil	Para perfeccionar necesito...
lo que es un cognado es...				
las clases de palabras es...				

11. Cierto o falso Los verbos pueden ser **personales, no personales** o **impersonales**, dependiendo de si se les puede adjudicar un pronombre.

12. Cierto o falso A la forma personal de los verbos también se le llama "conjugado".

13. La palabra *recapitular* es una forma verbal

     a. personal   b. no personal   c. impersonal

     Otro ejemplo: _____

14. La palabra *nieva* es una forma verbal

     a. personal   b. no personal   c. impersonal

     Otro ejemplo: _____

15. La palabra *aprendido* es una forma verbal

     a. personal   b. no personal   c. impersonal

     Otro ejemplo: _____

16. La palabra *entendiendo* es una forma verbal

     a. personal   b. no personal   c. impersonal

     Otro ejemplo: _____

Repasar. Conecta el tipo de verbo con el ejemplo.

    a. personal   ____ 1. comiendo   ____ 5. subieron   9. llueve

    b. impersonal   ____ 2. estamos   ____ 6. escuchado   ____10. Es importante

    c. no personal   ____ 3. dibujar   ____ 7. sienten   ____11. roto

                       ____ 4. brincaba   ____ 8. hay   ____12. ganaron

Mi entendimiento de	Excelente	Bueno	Débil	Para perfeccionar necesito...
lo que son las formas de los verbos es...				

Analizar

Actividad 1   En los siguientes grupos de opción múltiple todas las respuestas son correctas pero hay una mejor. Encuentra la mejor y justifica tu respuesta.

1. Un cognado es una palabra que
   a. se parece a otra palabra que se deletrea de manera parecida
   b. se parece a una palabra en otra lengua y tiene el mismo significado
   c. se parece a una palabra en otra lengua y casi se deletrea igual

   B es la mejor porque es importante que sea en otra lengua y tenga el mismo significado.

2. La oración *Miguel corre mucho* contiene
   a. un sustantivo y un adverbio que complementa el verbo *corre*
   b. un sustantivo, un verbo y una palabra que complementa el verbo
   c. un sustantivo y una palabra que comunica acción

3. Se puede decir que *tenemos* es un verbo personal porque
   a. comunica acción
   b. comunica la acción de alguien
   c. tiene un pronombre correspondiente

4. *Ellos* es un pronombre en la oración *Ellos llegan* porque
   a. toma el lugar de un sustantivo que nombra a una persona
   b. se usa para evitar la repetición de un sustantivo
   c. toma el lugar de un sustantivo y evita la repetición del mismo

5. La función de un adverbio es
   a. complementar un verbo, un adjetivo u otro adverbio
   b. especificar la acción de un verbo
   c. complementar un adjetivo

Actividad 2   En la siguiente oración identifica la clase de palabras (verbo, sustantivo, adjetivo, artículo, adverbio, preposición) y escribe la letra de su función. Sigue el ejemplo.

El hombre alto lee mucho en casa.

verbo: (*b*) ___*lee*_____

sustantivo: (___) _____

sustantivo: (___) _____

adjetivo: (___) _____

artículo: (___) _____

adverbio: (___) _____

preposición: (___) _____

a. Describe un verbo, adjetivo u otro adverbio.

b. Comunica una acción o estado.

c. Describe un sustantivo.

d. Designa o identifica personas y cosas animadas e inanimadas.

e. Indica si un sustantivo es conocido o general.

f. Relaciona un sustantivo o pronombre al resto de la oración.

g. Toma el lugar de un sustantivo.

h. Une palabras o secuencias equivalentes.

Una lengua global

No se puede hablar de los contextos históricos, culturales o geopolíticos de un país o un pueblo sin tener en cuenta la lengua.

En la siguiente tabla hay varios datos y declaraciones. Lee cada uno con cuidado y luego en la tabla marca si estás seguro que es verdad, si estás seguro que no es verdad o si tienes dudas.

	Es verdad	No es verdad	No estoy seguro
1. Algunas palabras en español que vienen de los pueblos primitivos de la península ibérica son: *charco, manteca, perro, muñeca, barranco, álamo, garza, puerco, toro, gancho, conejo* y *cerveza.*			
2. Algunas de las palabras de origen germánico que pasaron al latín vulgar de Hispania son: *espía, ropa, tapa, jabón, falda, guerra, guante, guardar, sala, rico, fresco* y *compañero.*			
3. Por razones estrictamente económicas, el español es la lengua que más se estudia como idioma extranjero en los países no hispanos de América y Europa.			
4. En 1536 el emperador Carlos V, en presencia del Papa, dijo que la lengua española "era tan noble que merecía ser sabida y entendida de toda la gente cristiana, hecha para hablar con Dios".			
5. Una vez en el Nuevo Mundo el español inició un proceso de afianzamiento de la lengua llamado *hispanización.*			
6. Se estima que el continente americano tiene alrededor de 123 familias de lenguas, muchas de las cuales poseen decenas o cientos de lenguas y dialectos.			
7. La hispanización de América comenzó con la convivencia entre indios y españoles, la catequesis y, en particular, el mestizaje.			
8. Algunas de las lenguas indígenas importantes por el número de hablantes o su aportación al español son el maya, el náhuatl, el taíno, el aimara, el quechua, el guaraní y el mapundungun.			

¿Cómo andas de memoria? Lee las siguientes declaraciones y sin volver a la página anterior, decide si son ciertas o falsas según lo que leíste. Luego comprueba tus respuestas con los datos de la página anterior.

	Cierto	Falso
1. Las palabras *perro* y *charco* vienen del latín.		
2. Las palabras *jabón* y *guante* son de origen germánico.		
3. Junto con el francés, el español es la lengua que más se estudia en países no hispanos de América y Europa.		
4. La palabra *hispanización* se refiere a que el español es la lengua oficial de muchos países.		
5. Hay aproximadamente 10.260 familias de lenguas en los países americanos.		
6. La hispanización de América se debió en particular al mestizaje, o sea, la mezcla entre hispanos e indígenas americanos.		
7. Una de las razones para considerar el maya como lengua importante es el número de personas que lo hablan.		
8. El náhuatl, el maya y el quechua fueron traídos a tierras americanas por los españoles.		

Actividad 2 En tus propias palabras y desde tu propia perspectiva, contesta las preguntas que se hacen de algunas de las declaraciones. No hay una respuesta correcta o incorrecta.

1. Según Carlos V el español "era tan noble que merecía ser sabida y entendida de toda la gente cristiana, hecha para hablar con Dios". ¿Qué crees que quería decir y cómo se puede asociar con la colonización de las Américas?

_____

_____

_____

2. ¿Por qué comenzaría el afianzamiento del español como lengua en las Américas con la convivencia entre indios y españoles, la catequesis y, en particular, el mestizaje?

_____

_____

_____

¿Sabías que más de seis millones de personas hablan las lenguas mayas en Guatemala, México, Belice y Honduras? Guatemala ha reconocido formalmente veintiuna lenguas mayas.

Actividad 3

Este mapa de Latinoamérica muestra las regiones donde aún se hablan algunas de las principales lenguas indígenas. Consulta la internet y coloca los idiomas indígenas del cuadro en los lugares geográficos correspondientes.

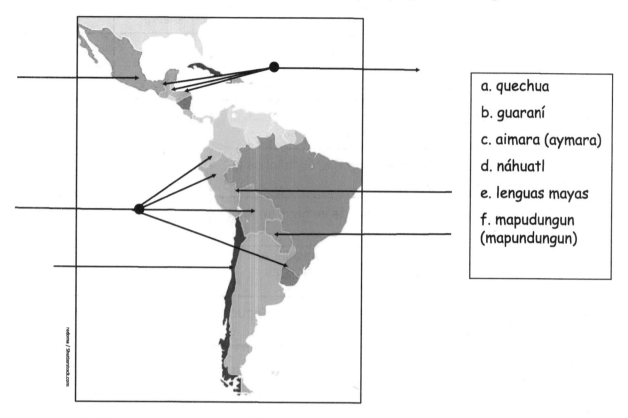

a. quechua

b. guaraní

c. aimara (aymara)

d. náhuatl

e. lenguas mayas

f. mapudungun (mapundungun)

Actividad 4

Ahora, con un compañero identifiquen en el mapa algunos de los países donde el español es la lengua mayoritaria. Pueden consultar con otros compañeros.

___México___

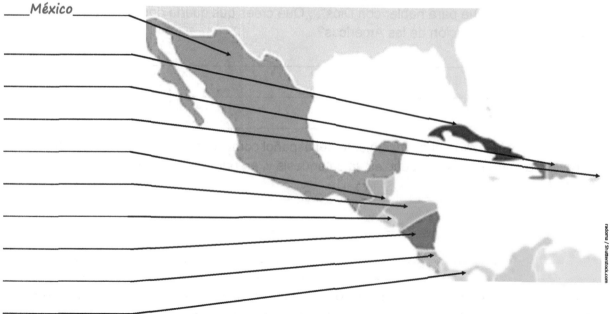

¿Aparece entre estos países el lugar de donde procede tu familia?

La lengua y sus variaciones

Una lengua tiene muchas variaciones, entre ellas el llamarle a la misma cosa por otro nombre. Por ejemplo, en Inglaterra un *bloke* es lo que en EEUU se llama *guy*, y un *lorry* es un *truck*. Sin duda, estas variaciones enriquecen la lengua.

Antes de leer

En las siguientes filas de palabras, elige las que crees corresponden a la palabra en inglés. Si conoces otro nombre, escríbelo.

1. *young man*	chaval	chavo	pibe	_____
2. *bus*	guagua	camión	colectivo	_____
3. *sandal*	chancla	huarache	zapatilla	_____
4. *to rent*	alquilar	arrendar	rentar	_____
5. *swimming pool*	alberca	piscina	pileta	_____

Lectura

El español: Tercera lengua mundial

Por el número de hablantes, el español es la tercera lengua del mundo y una de las más extendidas geográficamente. A pesar de que se habla en zonas muy distantes, sigue habiendo cierta uniformidad del idioma que permite a los hablantes entenderse con bastante facilidad estén donde estén. Las mayores diferencias son de pronunciación o vocabulario; la ortografía y las normas son bastante uniformes, en gran parte por la colaboración entre las diversas Academias de la Lengua para preservar la unidad.

Desde 1492 hasta hoy el español se ha extendido por los cinco continentes. Es la lengua oficial de España y de diecinueve países de América y el Caribe (México, Guatemala, Honduras, El Salvador, Cuba, República Dominicana, Nicaragua, Costa Rica, Panamá, Venezuela, Colombia, Ecuador, Perú, Bolivia, Paraguay, Uruguay, Argentina, Chile y Puerto Rico–junto con el inglés en este último). Además el español es un idioma nativo parcial o total en ciertas zonas estadounidenses como Nuevo México, Arizona, Texas, California y Florida. Hay que aclarar que en EEUU es la segunda lengua principal, con más de 52 millones de hispanohablantes. Se cree que pronto

aproximadamente el 15 por ciento de la población de EEUU hablará español. De hecho en Nueva York y Los Ángeles hay más de un millón de hispanohablantes.

Moais. Isla de Pascua

El español también se habla en Filipinas, junto con el inglés y el tagalo. Además se puede decir que se habla español en Polinesia porque la Isla de Pascua, cuya lengua nativa es el rapa-nui, pertenece a Chile. Asimismo el español es la lengua materna de cientos de miles de judíos sefarditas descendientes de los judíos expulsados de España en 1492. La mayoría de estos sefarditas viven en Turquía, los Balcanes y el norte de África, pero también se encuentran en Holanda, Grecia, Bulgaria, la antigua Yugoslavia, Egipto, Líbano, Siria, Francia, Estados Unidos e Israel. En África el español es lengua oficial y de instrucción en la Guinea Ecuatorial donde la hablan más de 300.000 habitantes, y también se habla en Marruecos. En Oceanía el número de hispanohablantes va en aumento ya que en Australia reside un gran número de inmigrantes de origen hispano. Debido en parte a su presencia en todos los continentes, el español es una de las lenguas oficiales de las Naciones Unidas, la Unión Europea y otros organismos internacionales. De las aproximadamente 5.000 lenguas del mundo, cuenta con unos 400 millones de hablantes.

Con tantos hispanohablantes a través de todo el mundo, es lógico que haya variaciones léxicas. Por ejemplo *muchacho* es *pelado* en Colombia, *chico* o *pibe* en Argentina, *chavo* o *chamaco* en México, *gurí* en Uruguay, *chamo* en Venezuela, *patojo* en Guatemala y *chaval* en España. El fútbol de mesa es *futbolín* en España, *metegol* en Argentina, *futbolito* en Uruguay y Venezuela, y en Chile *taca taca,* que para un español es el andador de bebés. Las sandalias son *huaraches* en México y *chanclas, chancletas, chalitas, cholas y zapatillas* en otros países. Ser *salado* en México significa tener mala suerte mientras que en España es un cumplido porque significa ser muy agradable. Las palomitas que comemos en el cine en Estados Unidos también se llaman *rositas, pipicoca, crispetas, cabritas, popcor, canchita, pororó* e incluso *po.* La lista es interminable e interesante, pero a veces hay que tener cuidado. Si estás en España y te apetece comer una tortilla sabrosa de maíz o harina, no te sorprendas si pides una tortilla ¡y te sirven un huevo batido u omelete!

| **Actividad 1** | Las siguientes declaraciones contienen un error. Vuelve a la lectura, busca la información y escribe la oración corregida en el espacio. OJO: Las oraciones no se han copiado exactamente de la lectura. |

1. No existe cierta uniformidad que permita a los hablantes que se entiendan con facilidad.

_____

2. Las mayores semejanzas son de pronunciación o vocabulario.

_____

3. El español se ha extendido por los siete continentes.

_____

4. Es la lengua oficial de España pero no de diecinueve países de América y el Caribe.

_____

5. El español es un idioma oficial parcial o total en ciertas zonas estadounidenses.

_____

6. En Nueva York y Los Ángeles hay menos de un millón de hispanohablantes.

_____

7. Filipinas, cuya lengua nativa es el rapa-nui, pertenece a Chile.

_____

| **Actividad 2** | En dos o tres oraciones resume lo que encontraste más interesante de lo que leíste. |

_____

_____

_____

La ortografía: La puntuación

Al hablar se puede cambiar la entonación para expresar lo que se quiere decir, pero al escribir, la puntuación es lo que lo comunica esa *entonación*. Lee la siguiente selección para ver cómo la puntuación puede cambiar lo que se entiende.

Pero ¿quién es el heredero?

Se cuenta que después de enterrar a un solterón riquísimo los tres posibles herederos acudieron a la oficina del abogado para ver lo que decía el testamento. Cuando se dio lectura al testamento se llevaron una gran sorpresa porque decía:

"Dejo toda mi fortuna a mi sobrino Pepe no a mi hermana Anita tampoco se entregará todo al contable."

Ante la confusión y para evitar posibles peleas, se decidió que cada uno presentaría el testamento con los signos de puntuación correspondientes.

El sobrino Pepe puntuó el testamento de la siguiente manera:

"Dejo toda mi fortuna a mi sobrino Pepe, no a mi hermana Anita. Tampoco se entregará todo al contable."

La señora Anita protestó y presentó la siguiente versión:

"¿Dejo toda mi fortuna a mi sobrino Pepe? No: a mi hermana Anita. Tampoco se entregará todo al contable."

Cuando le tocó el turno al contable, dijo que el suyo era el correcto y entregó lo siguiente:

"¿Dejo toda mi fortuna a mi sobrino Pepe? No. ¿A mi hermana Anita? Tampoco. Se entregará todo al contable."

¿Cuál de las tres versiones crees que usó? ¿Por qué? Explica. _____

_____

Actividad 1 Usando tus conocimientos, dibuja cada signo de puntuación en el espacio junto a su etiqueta.

_____1. El punto

_____2. La coma

_____3. El punto y coma

_____4. Los dos puntos

_____5. Las comillas

_____6. Los paréntesis

_____7. Signos de interrogación

_____8. Signos de exclamación

_____9. Puntos suspensivos

;   " "   ¡!

...   :   ()

,   ¿?   .

Actividad 2 Lee la siguiente selección del país africano Guinea Ecuatorial, fijándote en los signos de puntuación. Luego completa la actividad. Si quieres saber más acerca de este país, usa tu buscador en internet.

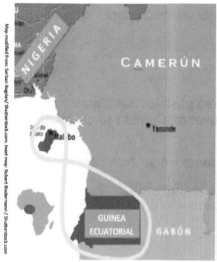

Guinea Ecuatorial es uno de los países más pequeños del continente africano; tiene una población de poco menos de dos millones de habitantes. Los portugueses (los primeros europeos que llegaron y exploraron esa zona) le pusieron el nombre de *Formosa*. ¿Sabes qué significa? Sí, es *hermosa*. Luego fue de España, y en 1926 las islas y la parte continental se unieron bajo el nombre de Guinea Española. En 1968 la isla se independizó. Es el único país hispanohablante con población mayoritariamente negra: la gran mayoría de los ecuatoguineanos hablan español como primera o segunda lengua, y ... ¡casi todos los habitantes tienen nombre español!

Ahora escribe las oraciones en las que aparecen los signos indicados.

1. Coma, dos puntos, puntos suspensivos, signos de exclamación: _____

_____

2. Punto y coma, punto: _____

_____

3. Paréntesis, comillas, punto: _____

_____

Actividad 3 Conecta cada signo con su función.

___1. El punto

___2. La coma

___3. El punto y coma

___4. Los dos puntos

___5. Las comillas

___6. Los paréntesis

___7. Signos de interrogación

___8. Signos de exclamación

___9. Puntos suspensivos

a. Sirve para separar dos elementos; puede ir sola o en parejas. [,]

b. Indica una pausa mayor que la coma pero más pequeña que el punto. [;]

c. Se usan delante de una enumeración o aclaración. [:]

d. Sirven para separar o intercalar un texto dentro de otro. [( )]

e. Indica el final de una oración con sentido completo. [.]

f. Se usan para expresar sorpresa o admiración. [¡ !]

g. Se usan para citar o resaltar. [""]

h. Se usan para expresar una pregunta. [¿ ?]

i. Se usan para mostrar algo inacabado u omitido. [...]

✦ **Sintetizar:** Refiriéndote a lo que has estudiado, completa la tabla para resumir lo que has aprendido.

El signo que ...
• indica una pausa mayor que la coma pero más pequeña que el punto es el _____.[;]
• separa dos elementos y puede ir solo o en parejas es la _____.[,]
• expresa sorpresa o admiración es los _____.[¡ !]
• se usa para citar o resaltar es las _____.[" "]
• expresa una pregunta es los _____. [¿ ?]
• indica el final de una oración con sentido completo es el _____.[.]
• se usa delante de una enumeración o aclaración es los _____.[:]
• separa o intercala un texto dentro de otro es los _____.[( )]
• indica algo inacabado u omitido es los _____.[...]

Actividad 4   ¿Cómo andas de memoria? Abajo tienes la misma selección que leíste antes, pero ahora no hay puntuación. A ver si usando lo que has aprendido de la página anterior y tu memoria puedes añadir todos los signos de puntuación necesarios. Cuando termines, comprueba tu trabajo con la página anterior.

Guinea Ecuatorial es uno de los países más pequeños del continente africano tiene una población de poco menos de dos millones de habitantes Los portugueses los primeros europeos que llegaron y exploraron esa zona le pusieron el nombre de Formosa Sabes qué significa Sí es *hermosa* Luego fue de España y en 1926 las islas y la parte continental se unieron bajo el nombre de Guinea Española En 1968 se independizó Es el único país hispanohablante con población mayoritariamente negra la gran mayoría de los ecuatoguineanos hablan español como primera o segunda lengua y   casi todos los habitantes tienen nombre español

Actividad 5   **Un reto.** Toma la siguiente oración sin puntuación y, usando algunos signos, cambia el significado de manera parecida a cómo se hizo en la lectura de la herencia. Después compara tus oraciones con un compañero. OJO: Recuerda que en una serie, no se pone una coma delante de la conjunción del último elemento. No olvides el punto al final de la oración.

No fueron Adolfo Miguel y Miriam quienes viajaron a Guinea Ecuatorial

1. _____

2. _____

3. _____

¿Sabías que en 1996 Mobil Oil encontró grandes reservas petroleras en Guinea Ecuatorial? Hoy es uno de los mayores productores petroleros del África negra pero aún hay mucha pobreza.

Las oraciones según la actitud del hablante

Una oración (*sentence*) se compone de una o varias palabras que comunican un sentido gramatical completo. Existen varios tipos de oraciones, pero en esta sección vas a ver las oraciones según la actitud que quiere comunicar el hablante. El saber usarlas te ayudará a mejorar tu uso del español.

Actividad 1   Usando tu intuición y tus conocimientos de las oraciones en inglés, conecta cada tipo de las cuatro oraciones básicas con su significado.

_____ 1. Declarativas (enunciativas)

_____ 2. Interrogativas

_____ 3. Exclamativas

_____ 4. Imperativas (exhortativas)

a. Comunican información e ideas.

b. Transmiten una petición u orden

c. Expresan una emoción fuerte.

d. Hacen una pregunta.

Actividad 2   Lee la siguiente selección y busca un ejemplo de cada tipo de oración. Luego escríbelas abajo en la parte *a*. No cambies la ortografía o la puntuación.

¿Sabías que debido a la emigración hispana masiva a EEUU y la decisión de Brasil de introducir nuestra lengua en la escuela se ha abierto una ventana de oportunidad histórica? Algunos estudiosos piensan que en unas décadas ¡el español podría ser un idioma común del continente americano! Incluso para 2050 posiblemente la cuarta parte del planeta hablará nuestra lengua. Aprendamos y usemos bien esta lengua tan importante ahora y en el futuro nuestro y de nuestros hijos.

1. a. Declarativa. _____

_____

   b. _____

_____

2. a. Interrogativa. _____

_____

   b. _____

_____

3. a. Imperativa. _____

_____

b. _____

_____

4. a. Exlamativa. _____

_____

b. _____

_____

Ahora vuelve a las oraciones anteriores y escribe una oración original tuya en la parte *b*. Asegúrate de que tu oración sea del tipo correcto y que la puntuación sea la correspondiente.

Sintetizar: Refiriéndote a lo que has estudiado, completa la tabla para resumir lo que has aprendido.

- Si una oración comunica una idea, juicio u opinión es una oración (**declarativa / exclamativa / interrogativa / imperativa**).

- Si una oración expresa una petición, súplica u orden es una oración (**declarativa / exclamativa / interrogativa / imperativa**).

- Si una oración expresa una pregunta es una oración (**declarativa / exclamativa / interrogativa / imperativa**).

- Si una oración expresa una emoción es una oración (**declarativa / exclamativa / interrogativa / imperativa**).

| Actividad 3 | Organiza las palabras para formar una buena oración e identifica su tipo en el espacio. Sigue el modelo. |

1. ____declarativa___ se / Ahora / en / estudia / segunda / español / Brasil / como / lengua

___Ahora se estudia español en Brasil como segunda lengua._____

2. _____ español / Ayúdame / más / a practicar / mi

_____

3. _____ me / ¡Cómo / año / gustaría / Sudamérica! / pasar / un / en

_____

4. _____ posible / ¿Es / vaya / que / verano / durante / el / con / primo? / mi

_____

| Tu turno | Brevemente explica lo que comunica cada una de las cuatro oraciones según el hablante. |

_____

_____

_____

Actividad 4 Para esta actividad, primero añade la puntuación correcta en cada oración. Luego vuelve a escribir la oración según las instrucciones entre paréntesis y haz todos los cambios necesarios. Sigue el ejemplo.

1. ¿Está Guinea Ecuatorial en la parte oeste de África?

   (Cambia a una oración declarativa.)

   ___ *Guinea Ecuatorial está en la parte oeste de África.* _____

2. Los portugueses fueron los primeros europeos en llegar

   (Cambia a una oración interrogativa.)

   _____

3. Me dices cuántas personas hay en Guinea Ecuatorial

   (Cambia a una oración imperativa.)

   _____

4. En unas décadas la cuarta parte del planeta va a hablar español

   (Cambia a una oración interrogativa.)

   _____

5. Podría ser el español una lengua común del continente americano.

   (Cambia a una oración exclamativa.)

   _____

Actividad 5 Transforma estas oraciones imperativas en declarativas, interrogativas y exclamativas. Usa la primera palabra (se te da entre paréntesis) más el infinitivo del verbo subrayado y la puntuación correspondiente. Sigue el modelo.

1. **Hagan su trabajo con cuidado.** (Deben + infinitivo)

Declarativa: _____ *Deben hacer su trabajo con cuidado.* _____

Interrogativa: _____ *¿Deben hacer su trabajo con cuidado?* _____

Exclamativa: _____ *¡Deben hacer su trabajo con cuidado!* _____

2. **Aprende varias lenguas.** (Quieres + infinitivo)

Declarativa: _____

Interrogativa: _____

Exclamativa: _____

3. **Viajemos** a otros países. (Vamos a + infinitivo)

Declarativa: _____

Interrogativa: _____

Exclamativa: _____

4. **Busque** lugares de interés en el Internet. (Necesita + infinitivo)

Declarativa: _____

Interrogativa: _____

Exclamativa: _____

5. **Ayúdame** a entender los tipos de oraciones. (Puedes + infinitivo)

Declarativa: _____

Interrogativa: _____

Exclamativa: _____

Actividad 6	Con un compañero, escriban una oración para cada tipo y compártanlas con la clase. Luego completen la razón por qué es el tipo de oración que escribieron.

Declarativa: _____

_____

Es una oración declarativa porque _____

Interrogativa: _____

_____

Es una oración interrogativa porque _____

Exclamativa: _____

_____

Es una oración exclamativa porque _____

Imperativa: _____

_____

Es una oración imperativa porque _____

Cosas para repasar. No olvides anotar dudas o cosas para repasar al final del libro.

Gramática: La concordancia con el sustantivo (adjetivos y artículos)

Hubo una época en la que los expertos temían que los niños expuestos a más de una lengua sufrirían una especie de confusión lingüística que podría retrasar su desarrollo del habla. Hoy en día, con frecuencia se les anima a los padres a exponer a sus hijos a más de una lengua por las muchas ventajas que supone ser bilingüe. De hecho, un artículo reciente de *The New York Times* trata este tema. Entre los varios datos que se presentan, destaca la investigación de la profesora de sicología Ellen Bialystok cuyo equipo lleva más de una década estudiando el efecto de ser bilingüe entre los niños. De acuerdo a los resultados de su investigación, además de sus dos vocabularios los niños bilingües desarrollan destrezas avanzadas cognitivas como diferentes maneras para solucionar problemas de lógica o la manera de hacer más de una tarea a la misma vez. Otra investigadora, la Dra. Patricia Kuhl de la Universidad de Washington, que también estudia los efectos de bilingüismo infantil, ha dicho que los bebés bilingües son más flexibles cognitivamente que los bebés monolingües.

CONCORDANCIA SUSTANTIVO ☺ / ADJETIVO ⟥

| Actividad 1 | Conecta la clase de palabra con su definición. Luego, usando la lectura anterior completa la tabla con el sustantivo al que describe el adjetivo subrayado. Sigue el modelo para completer la tabla. |

_____ 1. adjetivo

_____ 2. sustantivo

a. palabra que identifica a una persona o una cosa

b. palabra que califica, determina, describe un sustantivo

sustantivo	adjetivo	adjetivo	sustantivo
confusión	lingüística	muchas	
	avanzadas cognitivas	diferentes	
	reciente	misma	
	infantil	varios	
	bilingües	cuyo	equipo
	monolingües	dos	

Fíjate en los sustantivos y los adjetivos correspondientes. Indica cuáles de las siguientes declaraciones se pueden aplicar a la concordancia entre sustantivo y adjetivo.

☐ a. Si el sustantivo es singular, el adjetivo es singular.

☐ b. Si el sustantivo es singular, no importa si el adjetivo es singular.

☐ c. Si el sustantivo es plural, el adjetivo es plural.

☐ d. Si el sustantivo es plural, no importa si el adjetivo es plural.

☐ e. Si el sustantivo es femenino, el adjetivo es femenino.

☐ f. Si el sustantivo es masculino, el adjetivo es masculino.

Has visto la concordancia entre adjetivos y sustantivos. En la siguiente lista, tacha las palabras que no son sinónimos de "concordancia". Busca las que no conoces en un diccionario.

afinidad	conexión	correspondencia	desavenencia
disconformidad		discordancia	relación

Actividad 2 En la siguiente lista, da la forma plural de los sustantivos y adjetivos. Sigue el ejemplo y marca los adjetivos y sustantivos en los que tengas alguna duda.

1. niño	_____	6. investigador	__investigadores__
2. profesora	_____	7. diferente	_____
3. monolingüe	_____	8. confusión	_____
4. artículo	_____	9. infantil	_____
5. avanzada	_____	10. lógica	_____

Sintetizar: Refiriéndote a lo que has estudiado, completa la tabla para resumir lo que has aprendido.

- Un sinónimo de la palabra "concordancia" es _____.

- Una palabra que identifica a personas, criaturas vivas, ideas o cosas es un _____.

- Una palabra que describe o califica un sustantivo es un _____.

- Si un sustantivo es singular, el adjetivo es **(plural / singular)**.

  Ejemplo: (escribe el sustantivo + el adjetivo)_____.

- Si un sustantivo es plural, el adjetivo es **(plural / singular)**.

  Ejemplo: (escribe el sustantivo + el adjetivo)_____.

- Si un sustantivo es masculino, el adjetivo es **(masculino / femenino)**.

  Ejemplo: (escribe el sustantivo + el adjetivo)_____.

- Si un sustantivo es femenino, el adjetivo es **(masculino / femenino)**.

  Ejemplo: (escribe el sustantivo + el adjetivo)_____.

- Si un sustantivo termina en vocal (a, e, i, o, u), generalmente se le añade **(es / s)** al final para hacerlo plural.

- Si un adjetivo termina en consonante (**no** una vocal), generalmente se le añade **(es / s)** al final para hacerlo plural.

Tu turno Brevemente explica *concordancia* y *concordancia sustantivo / adjetivo*.

_____

_____

Actividad 3 — En los espacios coloca la forma correcta del adjetivo para que concuerde con el sustantivo. Usa tu intuición al formar los adjetivos porque algunos ejemplos no se encuentran en la actividad que acabas de hacer.

1. Recientemente unos investigadores _____ (universitario) por _____ (primer) vez usaron medidas de respuestas _____ (eléctrica) _____ (cerebral) para comparar bebés _____ (monolingüe) con bebés _____ (bilingüe).

2. _____ (Su) edades oscilaban entre los _____ (seis) y _____ (doce) meses, así que no producían _____ (mucha) palabras en _____ (ningún) lengua.

3. _____ (Este) investigadores encontraron que _____ (ambos) grupos _____ (infantil) discriminaban entre sonidos _____ (fonético) en _____ (su) lengua y _____ (otro) idioma.

4. Pero para los _____ (seis) meses, los bebés _____ (monolingüe) solo detectaban sonidos en su lengua _____ (primario).

5. Los investigadores sugirieron que esto representa un proceso de cometido _____ (neuronal) en el cual el cerebro _____ (infantil) se acciona para entender las _____ (diferente) lenguas y _____ (su) sonidos.

6. _____ (Un) segunda investigación dio unos resultados _____ (similar), y un estudio _____ (posterior) comprobó que los _____ (primer) resultados habían sido _____ (acertado).

Actividad 4 — En la actividad anterior viste algunos ejemplos de adjetivos que no siguieron las nociones que habías visto de los adjetivos. Para completar la siguiente tabla, vuelve a la actividad anterior y complétala con ejemplos de las oraciones.

Tipo de adjetivo	Ejemplo/s de la actividad	¿Concordancia sí / no?
Adjetivo posesivo (my, your, etc.)		
Adjetivo demostrativo (this, that, those, etc.)		
Adjetivo cuantitativo (one, twenty, etc.) OJO: Hay excepción en "primer" y "tercer".		

CONCORDANCIA SUSTANTIVO ☺ / ARTÍCULO 🎯

| Actividad 1 | Lee las siguientes oraciones y, entre las opciones entre paréntesis, elige la traducción de la palabra subrayada. |

1. En una época (an era / the era) los expertos (some experts / the experts) temían que algunos niños (some children / the children) expuestos a más de una lengua sufrirían una especie (a kind / the kind) de confusión lingüística.

2. Hoy muchos padres consideran que es una ventaja (an advantage / the advantage) y hacen un esfuerzo (an effort / the effort) para que sus hijos hablen varias lenguas.

3. Entre los datos (some data / the data) de un artículo (an article / the article) en el periódico (a newspaper / the newpaper) *The New York Times* aparecen los resultados (some results / the results) de la investigación (a research / the research) de la profesora (a professor / the professor) de sicología, Ellen Bialystok.

Ahora completa la siguiente tabla.

Artículo en inglés	Equivalente en español
the	
a, an	
some	

| Actividad 2 | Conecta el tipo de artículo con su definición y completa los ejemplos en español. |

a. Indica personas u objetos en un sentido **general o vago**.

En inglés: _____*a, an*_____

En español: _____

___ artículo definido

___ artículo indefinido

b. Indica personas u objetos **concretos**.

En inglés: _____*the*_____

En español: _____

✦ Sintetizar: Refiriéndote a lo que has estudiado, completa la tabla para resumir lo que has aprendido.

- Si un artículo indica personas u objetos concretos es un artículo (**definido / indefinido**).
- Si un artículo indica personas u objetos generales es un artículo (**definido / indefinido**).
- Los artículos definidos en español son _____.
- Los artículos indefinidos en español son _____
- *NOTA: Los artículos son un tipo de determinantes. En la Unidad Tres verás más sobre los artículos.

Lee los sustantivos que señalan algunas partes del cuerpo e indica su género (masculino o femenino) y da su forma plural. Luego construye una frase usando el sustantivo con un artículo y un adjetivo que concuerden en género y número.

	género	forma plural	Ejemplo en singular o plural
1. cara	femenino	caras	una cara redonda
2. ceja			
3. pestaña			
4. ojo	masculino	ojos	los ojos azules
5. nariz			
6. boca			
7. oreja			
8. cuello			
9. pecho			
10. hombro			
11. brazo			
12. codo			
13. muñeca			
14. mano			
15. dedo			
16. pierna			
17. rodilla			
18. tobillo			
19. pie			
20. dedo del pie			

¿Sabías que el espacio entre las dos cejas se llama *glabela* aunque también se dice *entreceja*? *Filtrum* es la depresión entre el labio superior y la nariz; *axilas* es la zona entre el brazo y el pecho; *ingle* es la zona entre la pierna y la cadera. En algunos países *oreja* solo se usa para animales, siendo *oído* el nombre tanto para la parte exterior y la parte interior de lo que llamamos *ear*.

Gramática: Las comparaciones

Quizás hayas escuchado "Las comparaciones son odiosas" y posiblemente sea verdad. Mas lo que sí es verdad es que continuamente se hacen comparaciones, ya sea de cosas, personas, acciones, etc., y se deben usar bien. En esta sección reforzarás tu uso de las comparaciones.

La lengua ¿puede afectar nuestras decisiones éticas?

En 2014 el sicólogo catalán Albert Costa y varios colegas publicaron un estudio en el cual investigaban si al usar una segunda lengua las personas toman diferentes decisiones éticas al enfrentar dilemas morales. Los escenarios que usaron en su estudio eran parecidos a los siguientes.

1. Imagina que en una vía de tranvía hay cinco personas. Estás en una pasarela encima de la vía y junto a ti hay un hombre muy grueso. Un tranvía que se acerca por la vía está a punto de matar a las cinco personas. Si empujas al hombre grueso a la vía es probable que muera atropellado por el tranvía pero las otras se salven. ¿Qué harías? Lo utilitarista sería sacrificar al hombre grueso. Pero a la misma vez el aventarlo viola el principio moral de no matar y el imaginarse aventando al hombre a la vía es emocionalmente difícil. El resultado del experimento fue que solo el18% de los participantes que usaban su lengua nativa arrojaría al hombre, mientras que el 44% de los que usaban una segunda lengua sí lo arrojaría.

2. El mismo escenario pero esta vez puedes tirar de una palanca que desviaría el tren a otra vía donde hay un hombre, el cual seguramente morirá. En este caso, que es menos emotivo que el anterior, las respuestas fueron muy iguales entre quienes usaban su lengua nativa y los que usaban una lengua extranjera.

En base a estos resultados y otros posteriores, los investigadores llegaron a la conclusión de que las decisiones éticas que toman las personas son más utilitaristas en una segunda lengua debido a que hay menos incitación emotiva. A la vez estimaron que dilemas idénticos pueden ocasionar diferentes juicios morales según si la lengua que usa la persona es o no es su lengua nativa.

El estudio ha dado pie a una serie de debates que aún continúan hoy en día y han inducido a otros investigadores a realizar estudios similares para intentar probar si la ética está relacionada con la lengua. Además de la cuestión ética, algunos de los debates han girado en torno a si el emplear una lengua franca (común) en vez de la lengua nativa en entidades internacionales como las Naciones Unidas puede afectar las decisiones que toman los miembros. Resulta interesante ¿no?

Pero aún más interesante para nosotros que somos bilingües es ¿se ven afectadas nuestras decisiones éticas según si estamos respondiendo en un ambiente en el que domina el español o en uno en el que domina el inglés? ¿Qué piensas tú: tus decisiones son más "éticas" cuando usas tu lengua de herencia o tu segunda lengua?

Actividad 1 Lee las siguientes oraciones y según lo que leíste indica si las comparaciones son iguales (*igualdad*) o no iguales (*desigualdad*). Fíjate en las palabras subrayadas.

igualdad   desigualdad   1. Lo arrojaron <u>más</u> hablantes no nativos <u>que</u> hablantes nativos.

igualdad   desigualdad   2. Había <u>tantos</u> hablantes nativos <u>como</u> hablantes no nativos.

igualdad   desigualdad   3. Unos participantes hablaban <u>mejor que</u> leían.

igualdad   desigualdad   4. Los bilingües hablan <u>tan bien</u> una lengua como otra.

igualdad   desigualdad   5. Esta respuesta me parece <u>menos</u> ética <u>que</u> la otra.

Actividad 2   En la raya indica si la palabra subrayada es adjetivo, sustantivo o verbo, y resalta cada palabra que forma la comparación. Luego escribe el tipo de comparación.

__adjetivo_____   1. Esa teoría es más interesante que esta. _____desigualdad_____

_____   2. La he estudiado tanto como tú. _____

_____   3. Creo que sabemos más que los demás. _____

_____   4. Lo que dijo tuvo tantos aciertos como desaciertos. _____

_____   5. Esa situación me parece tan posible como la otra. _____

_____   6. Este año hay tanta discordia como antes. _____

_____   7. Hay **más de** ochenta blogs sobre el tema. _____

_____   8. **No** he leído **más que** cinco blogs. _____

⚡ **Sintetizar:** Refiriéndote a lo que has estudiado, completa la tabla para resumir lo que has aprendido.

- Las comparaciones de igualdad de adjetivos se forman: tan + adjetivo + como, y las de (**igualdad / desigualdad**) de adjetivos se forman: más/menos + adjetivo + que.

- Las comparaciones de (**igualdad / desigualdad**) de adverbios se forman: tan + adverbio + como, y las de desigualdad de adverbios se forman: más/menos + adverbio + que.

- Las comparaciones de (**igualdad / desigualdad**) de sustantivos se forman: tanto/tanta/ tantos/tantas + sustantivo + como, y las de (**igualdad / desigualdad**) de sustantivos se forman: más/menos + sustantivo + que.

- Las comparaciones de (**igualdad / desigualdad**) de verbos se forman: verbo + tanto + como, y las de desigualdad de verbos se forman: verbo + más/menos + que.

- Con números, (**más de / más que**) es "more than"; (**no más de / no más que**) es "just only".

Actividad 3   Usando la pista entre paréntesis, completa las comparaciones. Sigue el ejemplo.

1. Para Bialystok los monolingües son (= *inteligente*) _tan inteligentes como___ los bilingües.

2. Pero los bilingües usan su función ejecutiva (+) _____ los monolingües.

3. Esta función hace que los adolescentes sean (- *descuidado*) _____ otros.

4. La mente bilingüe toma (+ *decisiones*) _____ la mente no bilingüe.

5. Tengo (+) _____ 10 artículos muy interesantes sobre este tema, pero no

   tengo (= *artículos*)_____ mi amigo Luis.

6. No hay (*just only*) _____ unos libros del tema en la biblioteca.

7. Hay uno que lo explica (+ *claramente*) _____ los demás.

Actividad 4 Lee las siguientes oraciones con comparaciones superlativas y superlativas absolutas y tradúcelas al inglés. Fíjate en las frases subrayadas.

1. Esta información es la más interesante de todas.

_____

2. Esta es la información más interesante de todas.

_____

3. Esta información es interesantísima.

_____

4. Llegué tardísimo porque estaba buscando la información.

_____

☼ **Sintetizar:** Refiriéndote a lo que has estudiado, completa la tabla para resumir lo que has aprendido.

> • El superlativo de los adjetivos se forma:
>
>   artículo definido (el, _____, _____, _____) + más/menos + adjetivo.
>
>   artículo definido (el, la, los, las) + sustantivo + más/menos + _____ + de.
>
> • Cierto o falso El adjetivo siempre concuerda en género (**masculino o femenino**) y número (singular o plural) en las comparaciones.
>
> • El superlativo absoluto de los adjetivos se forma con las terminaciones —ísimo, _____, _____, _____.
>
> • Cierto o falso. Para los adverbios el superlativo solo es absoluto, y la terminación siempre es —ísimo porque los adverbios **no** tienen concordancia (género y número).

OJO: Igual que ocurre en inglés algunos comparativos y superlativos son irregulares. Unos de los más comunes son: bueno → mejor malo → peor grande (edad) → mayor pequeño (edad) → menor

Actividad 5 Subraya y corrige dos errores en cada una de las siguientes oraciones. .

1. Tus ideas son las más interesante que todas.

2. No obstante el comentario de Paco también me parece más interesantisima.

3. Para ser el más mayor de los tres, la idea de Perico fue la más infantil idea de todas.

4. Carla pensó muchísima en su idea y por eso fue la mejor que la conferencia.

5. Sin duda la investigación de la mente bilingüe es importantísimo y lo más nueva de todas.

6. El año entrante la de Carla será más mejor que este año porque se preparará muchísima.

Tu turno Brevemente explica la diferencia entre *comparaciones de igualdad* y *desigualdad*.

_____

_____

1. Cierto o falso El español solo tiene una variación de la lengua.

2. Cierto o falso El llamarle a un muchacho *pibe* o *chaval* es una variación de la lengua.

3. Cierto o falso El signo que indica una pausa mayor que la coma pero más pequeña que el punto es el punto y coma.

4. Cierto o falso El signo que separa dos elementos y puede ir solo o en parejas es los puntos suspensivos.

5. Cierto o falso El signo que expresa sorpresa o admiración es los puntos exclamativos.

6. Cierto o falso El signo que se usa para citar o resaltar es la coma.

7. Cierto o falso El signo que expresa una pregunta es los puntos interrogativos.

8. Cierto o falso El signo que indica el final de una oración con sentido completo es el punto.

9. Cierto o falso El signo que se usa delante de una enumeración o aclaración es los dos puntos.

10. Cierto o falso El signo que separa o intercala un texto dentro de otro es las comillas.

11. Cierto o falso El signo que indica algo inacabado u omitido es los paréntesis.

Mi entendimiento de	Excelente	Bueno	Débil	Para perfeccionar necesito...
lo que es una variación de la lengua es...				
las etiquetas y los usos de la puntuación es...				

12. Si una oración expresa una petición, súplica u orden es una oración (declarativa / exclamativa / interrogativa / imperativa).

13. La oración que comunica una idea, juicio u opinión es una oración _____.

14. La oración que expresa una pregunta es una oración _____.

15. La oración que expresa una emoción es una oración _____.

Repasar. Conecta el tipo de oración con el ejemplo.

    a. interrogativa   ___ 1. ¡No hay nada que me sorprenda!

    b. declarativa   ___ 2. ¿Había dibujos y mapas en tu libro?

    c. exclamativa   ___ 3. Le dije a mi hermana que viniera, pero tuvo que ir a otro sitio.

Mi entendimiento de	Excelente	Bueno	Débil	Para perfeccionar necesito...
de los diferentes tipos de oraciones es...				

16. Cierto o falso El equivalente en inglés de *concordancia* es agreement.

17. Los sustantivos identifican _____, _____,

_____ o _____.

18. El equivalente en inglés de *sustantivo* es _____.

19. Un sustantivo en español puede contener (marca todas las correctas)
   a. género (masculino o femenino)
   b. número (singular o plural)
   c. tiempo (presente, pasado o futuro)

20. Un adjetivo en español puede contener (marca todas las correctas)
   a. género   b. número   c. tiempo

21. Cierto o falso Si un adjetivo termina en consonante, normalmente se le añade -es para formar el plural, pero si termina en vocal normalmente se le añade -s.

22. *Mi, tu, sus* son ejemplos de adjetivos _____.

23. *Este, aquel, esas* son ejemplos de adjetivos _____.

24. *Cinco, cien, alguna, ambos* son ejemplos de adjetivos _____.

25. Cierto o falso Un artículo en español puede contener género y número.

Repasar. Conecta el ejemplo de la palabra subrayada con la definición.

a. adjetivo	___ 1. **los** libros verdes	___ 4. **una** cosa	___ 7. **mi** amigo
b. artículo definido	___ 2. los libros **verdes**	___ 5. **cinco** cosas	___ 8. **buenos** amigos
c. artículo indefinido	___ 3. **unos** libros verdes	___ 6. **sus** cosas	___ 9. **el** amigo

26. "Maya come más que Casi" es ejemplo de comparación de (desigualdad / igualdad).

27. "Estudiamos tanto como tú" es ejemplo de comparación de (desigualdad / igualdad).

28. Cierto o falso Se pueden hacer comparaciones de sustantivos, adjetivos, adverbios y verbos.

29. Completa las comparaciones. "Tenemos más _____ ocho libros, pero no uso más _____ dos".

30. "Fini es la más dedicada de todos sus amigos" es una comparación (superlativa / absoluta).

31. "Este pastel está riquísimo" es ejemplo de una comparación (superlativa / absoluta).

32. Cierto o falso El adjetivo siempre concuerda en género (masculino o femenino) y número (singular o plural) en las comparaciones.

Repasar. Conecta el ejemplo de la comparación con el tipo de comparación.

a. igualdad	___ 1. Es más alto que tú.	___ 4. Son los más inteligentes de todos.
b. desigualdad	___ 2. Es tan alto como tú.	___ 5. Son más inteligentes que ellos.
c. superlativo	___ 3. Es menos alto que tú.	___ 6. Son tan inteligentes como ellos.

Mi entendimiento de	Excelente	Bueno	Débil	Para perfeccionar necesito...
los sustantivos y lo que hacen (su función) es ...				
los adjetivos y lo que hacen (su función) es ...				
los artículos y lo que hacen (su función) es ...				
las comparaciones y su estructura es...				

Analizar

Actividad 1   Elige la mejor respuesta de las tres correctas y justifica tu respuesta. Sigue el ejemplo.

1. *Misterioso* es un cognado porque
   a. se parece a otra palabra que se deletrea de manera parecida
   b. se parece a una palabra en otra lengua y casi se deletrea igual
   c. se parece a una palabra en otra lengua y tiene el mismo significado

   C es la mejor porque es importante que sea en otra lengua y tenga el mismo significado.

2. Se puede decir que *cuestionar* es un verbo
   a. no personal porque no le corresponde ningún pronombre
   b. porque comunica acción pero no es impersonal
   c. que no se parece a los verbos conjugados

   Cuestionar es un verbo

3. De la oración *Catalina quiere espaguetis* se puede decir que
   a. es declarativa y contiene un verbo y un cognado
   b. es declarativa y contiene un cognado, un verbo personal, un sustantivo
   c. es declarativa y contiene un sustantivo, un verbo y un cognado

   espaguetis es cognado un sustantivo es Catalina y verbo personal es quiere por que Catalina quiere

4. En la oración *La doctora estudia los efectos del bilingüismo infantil* hay
   a. un verbo, varios sustantivos, unos artículos definidos y un adjetivo
   b. un verbo, varios sustantivos y unas palabras que describen los sustantivos
   c. un verbo, varios sustantivos, unos artículos y otra palabra descriptiva

   verbo es estudia adjetivo es infantil que bilinguismo? es infantil

5. En la oración *Llegan unas veinte personas cansadas* hay
   a. un verbo personal y el sustantivo *personas* modificado por un artículo y dos adjetivos, uno de ellos cuantitativo (de cantidad)
   b. un verbo y también un artículo indefinido, un adjetivo cuantitativo y otro adjetivo que concuerdan con el sustantivo *personas*
   c. un verbo personal, un artículo indefinido, un adjetivo cuantitativo y otro adjetivo que concuerdan con el sustantivo *personas*

   es cansadas es veinte

Actividad 2   En la siguiente oración, identifica la clase de cada palabra. Luego, usando la tabla de la derecha, escribe la letra de su función. Sigue el ejemplo.

Una muchacha muy lista ganó la beca.

verbo: (b) ganó

sustantivo: (d) muchacha

sustantivo: (f) beca

adjetivo: (c) lista

artículo: (h) Una

artículo: (e) la

adverbio: (a) muy

a. Describe un verbo, adjetivo u otro adverbio.
b. Comunica una acción o estado.
c. Describe un sustantivo.
d. Designa o identifica personas y cosas animadas e inanimadas.
e. Indica si un sustantivo es conocido o general.
f. Relaciona un sustantivo o pronombre al resto de la oración.
g. Toma el lugar de un sustantivo.
h. Une palabras o secuencias. equivalentes.

Editar En las siguientes oraciones

a. identifica y subraya una vez cada sustantivo

b. identifica y subraya dos veces cada adjetivo

c. identifica y subraya tres veces cada artículo

Luego busca y corrige todos los errores de **concordancia**.

OJO: Hay **dos** oraciones que no contienen ningún error.

tercera

1. Por el número de hablantes, el español es la tercer lengua mundial y se habla en zonas

muy distante. *distantes*

2. No obstante, hay cierto uniformidad en la idioma que permite a los hablantes entenderse

con bastante facilidad. *facilidas*

mayores

3. Las mayor diferencias aparecen en la pronunciación o la vocabulario.

4. La ortografía y la normas lingüística son uniforme, en gran parte por la colaboración entre

los diversas Academias de la Lengua.

la

5. Es las lengua oficiala de España y de diecinueves países de América y el Caribe.

la   *E*

6. Además es el idioma nativo en ciertas zonas estadounidenses.

S   S

7. También se habla en Filipinas, entre miles de judíos sefardita e incluso se puede decir que

se habla español en Polinesia porque Isla de Pascua pertenece a Chile.

8. En Oceanía el uso del español aumenta porque reside una gran número de inmigrantes de

origen hispana en Australia.

hablas   *todo*

9. Más que 400 millones de personas hablan español en toda el mundo.

10. Para nosotras es importantísima que se reconozca que es una de las lenguas más

todos

importante de todas.

a

11. Si hablas español puedes entender portugués más fácilmente que si no lo hablaras.

Tu turno	Piensa en tus errores y luego completa la tabla con los dos más frecuentes y las razones.
1. ___a y as___ porque ___masc when it should be fem___
2. ___la___ porque ___plural when it is singular___

la lengua como comunicación

Antes de leer Un *corrido* es un tipo de canción popular que cuenta una historia. Por lo general los corridos celebran la historia y cultura hispana de la frontera entre Texas y México. Se cree que el corrido más temprano es el de Juan Nepomuceno Cortina que se convirtió en el primer héroe mexicano de la frontera: en los 1850 le disparó a un alguacil estadounidense cuando este maltrataba a una joven.

Lectura

Unas malas consecuencias de las malas traducciones

Maikz / Shutterstock.com

Sin duda ser bilingüe ofrece un sinnúmero de ventajas, pero también conlleva responsabilidad. Hay un famoso corrido llamado "El corrido de Gregorio Cortez" que cuenta cómo por una mala traducción dos hombres murieron y otro terminó indebidamente encarcelado. La historia, recogida por D. Américo Paredes en su libro *With His Pistol in His Hand: A Border Ballad and Its Hero*, toma lugar en 1901 en un rancho del condado Karrnes donde trabajaban Gregorio Cortez y su hermano Romaldo. El alguacil del condado, W. T. Morris, y sus diputados, John Trimmell y Boone Choate, fueron al rancho para buscar a un cuatrero (ladrón de caballos) que se creía que estaba en el condado. Durante la entrevista del alguacil a los hermanos, el diputado Choate, que hacía de intérprete, tradujo mal una de las respuestas de Cortez y esto provocó graves consecuencias. El alguacil le preguntó a Gregorio si recientemente había vendido un caballo. Cortez contestó que había sido una yegua, pero Choate, que no conocía la palabra *yegua,* le dijo al alguacil que Cortez negaba haber vendido un caballo. Morris, creyendo que Cortez mentía, lo intentó arrestar, pero Gregorio se rehusó diciendo "No me puede arrestar por nada". Choate tradujo mal sus palabras como "No white man can arrest me". Enfadado, Morris sacó su revólver y Romaldo se lanzó hacia él para proteger a Gregorio. Morris hirió a Romaldo de un disparo y luego le disparó a Gregorio, pero no le dio. Este inmediatamente devolvió el fuego y mató a Morris. Gregorio huyó pero después de varios días fue capturado cuando uno de sus conocidos delató dónde se encontraba.

Posiblemente piensen que errores lingüísticos como este no ocurrirían hoy, pero se equivocan. Según un letrero en los parques de Milford, Delaware, los niños que hablan inglés necesitan la supervisión de sus padres o un adulto para jugar allí. Pero los niños hispanohablantes necesitan un permiso para usar el parque; de no tenerlo serían sujetos a acción policial. Increíble, ¿verdad? En efecto el letrero en inglés dice "Parental or guardian supervision is required for the use of this playground equipment. Play at your own risk". Justo debajo está el letrero en español que dice "Ustedes debe [*sic*] tener un permiso para jugar en este campo. Violadores serán susceptibles a acción policial". Cabe decir que los carteles ya fueron retirados pues alguien los publicó en Facebook. Como es de suponer al aparecer en los medios sociales, los carteles provocaron un diluvio de comentarios negativos, algunos que aludían al racismo de los años sesenta.

Afortunadamente el lamentable error en Milford no llevó a mayores consecuencias como ocurrió en el condado Karnes, pero sí subraya la importancia de usar bien la lengua.

Actividad 1   Según la lectura, elige la mejor opción para contestar o completar cada pregunta.

1. ¿Dónde ocurrió el incidente con el alguacil Morris y los hermanos Cortez?
   a. El condado Thulmeyer
   b. El condado Karnes
   c. El condado Paredes

2. ¿En qué época ocurrió?
   a. Finales del siglo XVIII
   b. Mediados del siglo XIX
   c. Principios del siglo XX

3. ¿Por qué entrevistó el alguacil a Gregorio Cortez?
   a. Buscaba a un cuatrero.
   b. Quería comprar un caballo.
   c. Necesitaba un traductor.

4. ¿Cuál fue la causa del malentendido?
   a. Nadie hablaba español en ese lugar.
   b. Cortez era un cuatrero mexicano.
   c. Choate desconocía la palabra *yegua*.

5. ¿Por qué se negó Cortez a irse con el alguacil?
   a. No había hecho nada.
   b. No se iría con un blanco.
   c. Nadie lo podía arrestar.

6. ¿Por qué mataría Gregorio al alguacil?
   a. Para no devolver la yegua
   b. Porque había matado a Choate
   c. Para defenderse y defender a Romaldo

7. ¿Quiénes necesitan supervisión según el letrero?
   a. Los padres que llevan a sus hijos a jugar
   b. Los niños que hablan inglés
   c. Los niños hispanohablantes

8. ¿Quiénes necesitan un permiso según el letrero?
   a. Los padres que llevan a sus hijos a jugar
   b. Los niños que usan el parque
   c. Los niños hispanohablantes

9. ¿Qué generó la aparición de los carteles en Facebook?
   a. Indignación
   b. Violaciones
   c. Permisos

10. En tu opinión, ¿cuál de los dos incidentes es peor? Explica.

   _____

   _____

Actividad 2   Ve a internet y busca un video de un corrido. Escúchalo y luego escribe un breve resumen de la historia que se narra en la canción.

   _____

   _____

   _____

   _____

   _____

Registro formal e informal

Cuando hablamos con alguien, según nuestro trato con esa persona y muchas veces según la edad de cada uno, le hablamos con más familiaridad o somos más formales.

Lee con cuidado los siguientes diálogos entre unas personas que comentan los letreros de Milford.

Diálogo 1

Marcos.	Pepito, tráeme el periódico.
Laura.	¿Qué buscas? ¿Por qué le has pedido el periódico a Pepito?
Marcos.	Luis me acaba de llamar para que vea la página 2 porque es muy importante.
Pepito.	Lo siento, no encuentro el periódico que usted me pidió. ¿Dónde lo dejó?
Marcos.	¿Has buscado en la cocina?
Pepito.	Sí, pero no lo dejó allí…Ah, ya lo veo allá en el sofá. Ahora mismo se lo traigo.
Laura.	Pero, ¿qué te dijo el compadre que te ha causado tanto interés?
Marcos.	Dice que vea las fotos del parque en la página 2. Pepito, ¿sabes una cosa?
Pepito.	No, dígame.
Marcos.	Han puesto las fotos que tomaste de los letreros del parque en el periódico.
Pepito.	¡Qué bien! Sé lo mucho que se molestó al verlos.

Según cómo se dirige cada hablante a los demás, elige todas las características de la lista que probablemente le corresponden a cada uno y explica por qué. Sigue el ejemplo. **No se usan todas.**

a. Tiene una edad aproximada a la de Marcos.

b. Es menor que Marcos.

c. Tiene una edad aproximada a la de Laura.

d. Es menor que Laura.

e. Es mayor que Pepito.

f. Es menor que Pepito.

g. Tiene una edad aproximada a la de Pepito.

Características del hablante	Razones
Marcos c, e	Les habla a los dos de tú. Probablemente es de edad parecida a Laura y mayor que Pepito.
Laura	
Pepito	

Diálogo 2

Pablo.	Dña. Luisa, le llama el alcalde.
Luisa.	Gracias, Pablo. ¿Le dijo de qué se trata?
Pablo.	No, pero si quiere, se lo preguntaré.
Alicia.	Seguro que es para comentarte lo de los letreros.
Luisa.	¿De verdad piensas eso?

Alicia.	Sí, se está armando un lío con el fallo de tu traductor. ¿No revisaste el texto de los letreros antes de aprobarlos? Te dije que emplearas a alguien capacitado.
Luisa.	Estaba tan ocupada. No volverá a ocurrir. Pablo, tráigame las fotos.
Pablo.	Ahora mismo se las traigo. Disculpe que no la saludara antes, Dña. Alicia.

a. Es amiga de Pablo.

b. Tiene un puesto de trabajo superior al de Pablo.

c. Es amiga de Alicia.

d. Tiene un puesto de trabajo superior al de Luisa.

e. Es amiga de Luisa.

f. Tiene un puesto de trabajo inferior al de Luisa.

Características del Hablante	Razones
Alicia	
Luisa	
Pablo	

Si hablaras con un amigo o alguien menor, ¿qué verbo usarías: *piensa* o *piensas*?

Si hablaras con un desconocido o alguien mayor, ¿qué verbo usarías: *piensa* o *piensas*?

Si tuvieras que elegir un verbo para *registro formal*, ¿cuál usarías: *piensa* o *piensas*?

Si tuvieras que elegir un verbo para *registro informal*, ¿cuál usarías: *piensa* o *piensas*?

Sintetizar: Refiriéndote a lo que has estudiado, completa la tabla para resumir lo que has aprendido.

- Para conversar, si uso un verbo en *usted* o *ustedes*, uso un registro (**formal / informal**).
- Generalmente se usa el registro formal con _____ o _____.
- Para conversar, si uso un verbo en *tú*, uso un registro (**formal / informal**).
- Generalmente se usa el registro informal con _____ o _____.

| Actividad 1 | Relaciona las siguientes oraciones con *registro formal* o *registro informal*. Luego cámbialas de un registro al otro. Usa tu intuición para cambiar los pronombres subrayados y la forma del verbo si es necesario. Sigue el modelo. |

1. **formal** / informal   ¿Quiere que **le** enseñe las fotos?

___ ¿Quieres que te enseñe las fotos? = informal_____

2. formal / informal   **Te** traigo el permiso para usar el parque.

_____

3. formal / informal   ¿**Le** parece buena idea hacer eso?

_____

UN RETO: Lee esta oración: *Prefieren que **les** ayudemos con la campaña en los medios sociales.* ¿Es formal o informal? ¿En qué contexto sería formal? ¿informal? Explica. _____

Actividad 2 Lee los siguientes escenarios. Después indica si usarías registro formal o informal y explica por qué.

Escenario 1. Es tu primer día en esta clase. Entras y ves a un grupo de amigos hablando. Te acercas para conversar con ellos.

Usaría registro (formal / informal) porque _____

_____

Escenario 2. Trabajas en una tienda. Entran unos clientes hispanos de tu edad y te diriges a ellos para ayudarles.

Usaría registro (formal / informal) porque _____

_____

Escenario 3. Trabajas en una tienda. Entra una familia hispana y te diriges al padre para ayudarles.

Usaría registro (formal / informal) porque _____

_____

Escenario 4. Has estado enfermo y quieres avisarle a tu profesor que vas a faltar a clase.

Usaría registro (formal / informal) porque _____

_____

Escenario 5. Estás en una reunión familiar con primos, tíos, abuelitos, hermanos, papás.

Usaría registro (formal / informal) porque _____

_____

Con un compañero elijan uno de los escenarios anteriores y escriban un diálogo breve en el que usen los dos registros. Usen las pautas para ayudarse a crear su intercambio. Luego preséntenlo a la clase. Finalmente con otro compañero hagan otro diálogo oralmente sin preparación escrita.

Estudiante A: (Saluda y hace una pregunta.) _____

_____

Estudiante B: (Saluda y responde a la pregunta.) _____

_____

Estudiante A: (Hace una pregunta.) _____

_____

Estudiante B: (Responde y hace una pregunta.) _____

_____

Estudiante A: (Responde y se despide.) _____

_____

Estudiante B: (Se despide.) _____

La ortografía: El acento prosódico y la tilde

El acento prosódico:

Pronuncia la siguiente palabra: *acento*. ¿Cuál es su traducción al inglés? _____

¿Conoces la palabra *prosody* (**pros**-*uh*-dee) en inglés? Es un sustantivo que se define como

1. *poetic meter and versification*
2. *stress and intonation patterns of an utterance*
3. *the study of metrical structure*

En esta clase vamos a hablar del acento prosódico y la tilde. ¿Cuál de las tres definiciones de acento consideras que usaremos en esta clase: 1, 2 o 3? ___

Entonces, el acento prosódico (**sí / no**) es un acento escrito (una tilde); es el golpe de voz que se le da a una sílaba de la palabra al pronunciarla. Fíjate en las siguientes palabras y la categoría a la que pertenecen según el acento prosódico.

ú**l**timo ú**l**	en**ci**ma **ci**	co**rrer** **rrer**
Esdrújula **ti** **mo**	**Llana (Grave)** **en** **ma**	**Aguda** **co**

Actividad 1

Da una palmada en cada sílaba de las siguientes "palabras". Si la sílaba está subrayada, da una palmada más fuerte.

1. ta **ta**   ta ta **ta**   ta ta ta **ta**

2. ta **ta** ta   ta ta **ta** ta   ta ta ta **ta** ta

3. ta **ta** ta ta   ta ta **ta** ta ta   ta ta ta **ta** ta ta

Ahora, haz palmadas para las palabras de arriba: *último, encima, correr*. Luego, en el espacio escribe el número de la fila de arriba que corresponde a cada palabra.

1. ¿Con qué fila de "palabras" de arriba asocias   *último* _____   *encima* _____   *correr* _____ ?

2. ¿Cuál de la filas se compone de palabras   *agudas* _____   *llanas* _____   *esdrújulas* _____ ?

Di tu nombre de pila (first name) en voz alta. ¿Es agudo / llano / esdrújulo?

Y tu apellido, ¿es agudo / llano / esdrújulo?

Sintetizar: Refiriéndote a lo que has estudiado, completa la tabla para resumir lo que has aprendido.

- El <u>acento prosódico</u> de la palabra **esdrújula** cae en la (última, penúltima, antepenúltima) sílaba.

- El <u>acento prosódico</u> de la palabra **llana [grave]** cae en la (última, penúltima, antepenúltima) sílaba.

- El <u>acento prosódico</u> de la palabra **aguda** cae en la (última, penúltima, antepenúltima) sílaba.

Actividad 2

En las siguientes listas las palabras han sido clasificadas como aguda, llana o esdrújula. Según la clasificación, subraya la sílaba tónica.

Palabra	Clasificación
ter ce ra	llana
co la bo ra ción	aguda
fa ci li dad	aguda
i dio ma	llana
Á fri ca	esdrújula
a de más	aguda
con ti nen te	llana
re pú bli ca	esdrújula

Palabra	Clasificación
Pe rú	aguda
Gui ne a	llana
nú me ro	esdrújula
pre sen cia	llana
o fi cial	aguda
Fi li pi nas	llana
u nión	aguda
eu ro pe a	llana

Actividad 3

En las siguientes listas la sílaba tónica de cada palabra ha sido subrayada. Según la sílaba tónica, clasifica la palabra como aguda, llana o esdrújula. Luego léela en voz alta.

RECUERDA: Las vocales fuertes son *a e o* y <u>nunca</u> hay dos en una sílaba; las débiles son *i u* y <u>sí</u> pueden ir juntas o con una vocal fuerte en una sílaba.

Palabra	Clasificación
cua **ren** ta	
man **dó**	
re co pi **lar**	
u **sa** ran	
in **glés**	
ge ne **ral**	
me **di** das	

Palabra	Clasificación
o **rí** ge nes	
i den ti **dad**	
cues **tión**	
so lu **cio** nes	
pú bli co	
es cru **ti** nio	
Héc tor	

Actividad 4

Escribe dos ejemplos para cada tipo de palabra. No uses ninguna de las anteriores.

Aguda	Llana	Esdrújula
_____	_____	_____
_____	_____	_____

Lee el siguiente fragmento. Pronuncia en voz alta las palabras en negrilla y subraya la sílaba tónica (la que recibe la fuerza). Luego, colócalas en la columna correspondiente de la tabla. Sigue los ejemplos.

Gregorio **Cortez** nació en 1875 en un **rancho** entre **Reynosa** y Matamoros, **Tamaulipas.** En 1887 su familia se **mudó** a la **ciudad** de Manor, Texas, y dos **años** más tarde junto con su hermano empezó a **trabajar** como vaquero en los condados de Karnes y **González** donde se quedó a vivir. **Después** del **trágico** incidente con el **alguacil**, huyó pero eventualmente fue delatado y arrestado.

En el **primer** juicio, a Cortez se le dio una sentencia **errónea** por una muerte que otro **hombre** había cometido accidentalmente. Se le sentenció a **cincuenta** años de **cárcel**. Luego se le **hicieron** otros juicios, pero no se le encontró culpable. Pero en el que se le hizo por la muerte del alguacil Glover se le encontró culpable; después de servir ocho años el gobernador lo perdonó. Gregorio terminó viviendo en Anson, Texas, y **allí** murió a los cuarenta y un años.

Esdrújula	Llana sin tilde	Llana con tilde	Aguda sin tilde	Aguda con tilde
trágico	_ran_cho	_cár_cel	Cor_tez_	mu_dó_

Actividad 6 Según la tabla de arriba, completa o contesta las siguientes preguntas.

1. ¿Hay alguna palabra esdrújula que no lleve tilde? **Sí / No**

2. Escribe la última letra de cada palabra llana que no lleva tilde. (No repitas ninguna de las letras.)
   ___ ___ ___ ___ ___ _i_ _u_

3. ¿Aparece alguna de estas siete letras como la última letra de las palabras llanas con tilde? **Sí / No**

4. En las palabras agudas que NO llevan tilde, ¿es la última letra una vocal (*a, e, i, o, u*) o una de las dos consonantes *n, s*? **Sí /No**

5. En las palabras agudas que SÍ levan tilde, ¿es la última letra una vocal (*a, e, i, o, u*) o una de las dos consonantes *n, s*? **Sí /No**

6. ¿Se escriben las tildes solo en las vocales? **Sí / No**

7. ¿Puede llevar una palabra más de una tilde? **Sí / No**

| Tu turno | Brevemente explica cuándo se le pone una tilde a las palabras aguda, llana y esdrújula. |

_____
_____
_____

☆Sintetizar: Refiriéndote a lo que has estudiado, completa la tabla para resumir lo que has aprendido.

- A la sílaba que recibe la fuerza de la voz se le llama sílaba _____.

- En la palabra *bueno* hay (**un acento prosódico / una tilde**).

- En la palabra *árbol* aparece (**un acento prosódico / una tilde**).

- Si la última letra de una **palabra llana** es una ___, ___, ___, ___, ___ / ___, ___, la palabra no lleva tilde; pero si **no** es una de esas letras (**no / sí**) lleva una tilde en la vocal fuerte de la sílaba tónica.

- Si la última letra de una **palabra aguda** es una ___, ___, ___, ___, ___ / ___, ___, la palabra (**no / sí**) lleva una tilde en la vocal fuerte de la sílaba tónica.

- La palabra **esdrújula** (**nunca lleva / siempre lleva**) una tilde en la vocal fuerte de la sílaba que recibe la fuerza (el golpe de voz).

- Una sílaba que **no** recibe la fuerza (**puede / no puede**) llevar una tilde.

Actividad 7 Con un compañero, lee en voz alta las siguientes palabras poniendo énfasis en la sílaba subrayada. Luego, decidan si necesitan ponerle una tilde o no.

hay	ha**bla**ramos	consi**de**ran
segui**ra**	espa**ñol**	vo**ca**blo
ha**bien**do	caste**lla**no	a**zul**
util	**am**bas	co**mien**cen
po**le**mica	ca**rac**ter	terri**to**rio
turno	si**no**nimas	perspec**ti**va
denomina**cion**	discu**sion**	**se**a
que	**quie**nes	anali**ce**

Actividad 8 a. Lee las primeras cinco oraciones en voz alta, fíjándote en las palabras subrayadas. Vuelve a esas palabras y pronúncialas tal como están escritas. Piensa por qué necesitan llevar una tilde y escríbela.
b. Haz lo mismo con las últimas oraciones y subraya **7** palabras que necesitan una tilde.
c. Finalmente, completa la siguiente tabla para comunicar por qué las otras once palabras subrayadas deben llevar una tilde. Sigue el ejemplo.

1. Nunca **pense** que hubiera malentendidos por no usar bien una palabra.

2. La verdad, no pienso que sea **dificil** intentar entenderse unos a otros.

3. Es **tristisimo** escuchar noticias tan negativas como las de Milford.

4. Nadie se **preocupo** por asegurar que el traductor hiciera un buen trabajo.

5. Si la culpa fue del traductor **tambien** tuvo culpa su jefe por no repasar los carteles.

6. Siempre me parecio que es una cuestion de etica respetar a los demas.

7. Ojala tuviera la oportunidad de hablar con el alcalde de esa ciudad.

8. En el periodico local hubo una carta al editor que hablaba del tema.

9. Y en los medios sociales hubo criticas muy severas al respecto.

10. Espero que en el futuro la gente busque mejores traductores para sus carteles.

Palabra	Clasificación según el acento prosódico	Razón para colocar la tilde	Palabra correctamente acentuada
pense	aguda	Todas las palabras agudas terminadas en vocal, n, s llevan una tilde en la última sílaba.	pensé

Actividad 9 Ya viste esta actividad, pero ahora vas a colocar una tilde si es necesaria.

Palabra	Clasificación
ter ce ra	llana
co la bo ra cion	aguda
fa ci li dad	aguda
i dio ma	llana
A fri ca	esdrújula
a de mas	aguda
con ti nen te	llana
re pu bli ca	esdrújula

Palabra	Clasificación
Pe ru	aguda
Gui ne a	llana
nu me ro	esdrújula
pre sen cia	llana
o fi cial	aguda
Fi li pi nas	llana
u nion	aguda
eu ro pe a	llana

Actividad 10 Ponles una tilde a las palabras que la necesitan. Para todas explica por qué necesitan o no necesitan tilde.

Palabra	Razón por qué necesita o no necesita tilde.
hay	
seguira	
util	
polemica	
turno	
denominacion	
vocablo	
azul	

Actividad 11 En voz alta, lee el siguiente fragmento y coloca una tilde en las palabras que la necesiten. Algunas tildes de otro tipo ya se han colocado.

En esa epoca las relaciones entre anglosajones y mexicanos a veces eran dificiles en Texas particularmente porque tanto la cultura como la lengua eran diferentes. Ademas había pasado apenas medio siglo desde que Texas había sido entregada a los EEUU, y más de un mexicano ahora estadounidense consideraba que la administracion tejana no lo trataba con la igualdad prometida. En otros territorios que pasaron a EEUU la situacion fue menos complicada.

Las oraciones según su construcción

Antes viste que, según la expresión que les quiere dar el hablante, las oraciones se pueden clasificar como declarativa, interrogativa, imperativa y exclamativa. Ahora verás cómo se clasifican según su estructura.

Fíjate en los siguientes ejemplos de oraciones en las que se han indicado el sujeto y el predicado.

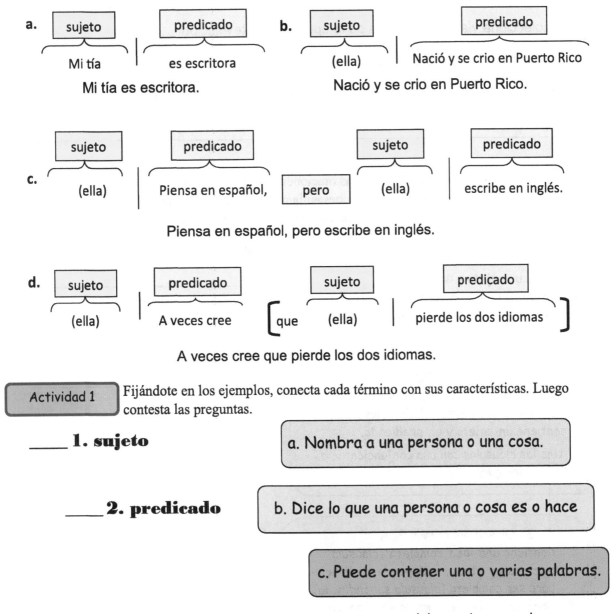

a. sujeto — Mi tía | predicado — es escritora

Mi tía es escritora.

b. sujeto — (ella) | predicado — Nació y se crio en Puerto Rico

Nació y se crio en Puerto Rico.

c. sujeto — (ella) | predicado — Piensa en español, pero sujeto — (ella) | predicado — escribe en inglés.

Piensa en español, pero escribe en inglés.

d. sujeto — (ella) | predicado — A veces cree [que sujeto — (ella) | predicado — pierde los dos idiomas]

A veces cree que pierde los dos idiomas.

Actividad 1 Fijándote en los ejemplos, conecta cada término con sus características. Luego contesta las preguntas.

_____ **1. sujeto**

_____ **2. predicado**

a. Nombra a una persona o una cosa.

b. Dice lo que una persona o cosa es o hace

c. Puede contener una o varias palabras.

1. Cierto o falso Si el sujeto nombra a una persona o una cosa debe contener por lo menos un sustantivo o un pronombre.

2. Si el predicado dice lo que una persona o cosa es o hace o si se parece a un verbo conjugado debe contener por lo menos un verbo (personal / impersonal / no personal). Elige 2.

Actividad 2 Subraya cada verbo personal o impersonal en las siguientes oraciones. Luego con una raya vertical, separa el sujeto del predicado. Sigue el ejemplo. **OJO**: Algunas tienen más de un sujeto y predicado. Finalmente escribe una oración, subraya el verbo personal o impersonal y separa e identifica el sujeto y el predicado.

1. El corrido | <u>es</u> una forma musical y literaria popular mexicana.

2. Los autores ahora son reconocidos, pero antes eran anónimos.

3. Prefiero los corridos que narran hechos históricos.

4. Mi tío colecciona y archiva corridos de la época de la Revolución.

5. El corrido se deriva de los antiguos romances españoles.

6. Mis primos prefieren la música popular, pero yo escucho la tradicional.

7. _____

Actividad 3 Lee las definiciones de las oraciones simple, compuesta y compleja. Luego, vuelve a los dibujos de las oraciones en la página anterior y conecta la definición con el dibujo. Después escribe la oración del dibujo junto a cada definición.

_____ 1. ORACIÓN **SIMPLE**
Contiene **un** sujeto y **un** predicado.
Expresa una idea completa.
También se le llama *cláusula independiente*.

Ejemplos: _____
_____
_____
_____

_____ 2. ORACIÓN **COMPUESTA**
Contiene **dos ideas completas** (*cláusulas independientes*) o más. **Cada cláusula** contiene **un** sujeto y **un** predicado.
Une las cláusulas con una conjunción: *y, o, pero, sino que.*

Ejemplo: _____
_____
_____
_____

_____ 3. ORACIÓN **COMPLEJA**
Contiene **una idea completa** (*cláusula principal*) **y otra que depende** de la primera para ser completa (*cláusula subordinada*).
Cada cláusula contiene **un** sujeto y **un** predicado.
Une las cláusulas con *que, para que, cuando,* etc.

Ejemplo: _____
_____
_____
_____
_____
_____

Actividad 4 Fíjate en tres de las oraciones que antes separaste en sujeto y predicado. Ahora se han marcado las cláusulas e identificado el tipo de oración según su estructura.

| cláusula independiente |

| El corrido | es una forma literaria y musical popular mexicana |

cláusula independiente = oración simple

¿Cuántos predicados hay? _____

| cláusula independiente | | cláusula independiente |

| Los autores | ahora son reconocidos | pero | (ellos) | antes eran anónimos |

cláusula independiente + cláusula independiente = oración compuesta

¿Cuántos predicados hay? _____

| cláusula principal* | | cláusula subordinada |

| (yo) | prefiero los corridos | | que | narran hechos interesantes |

cláusula principal* + cláusula subordinada = oración compleja

¿Cuántos predicados hay? _____

A la cláusula independiente que se junta con una cláusula subordinada se le llama cláusula principal.

Actividad 5 Ahora haz dibujos parecidos a los de arriba para las siguientes oraciones.

1. Mi tío colecciona y archiva corridos de la época de la Revolución.

2. Mi tío escribió un corrido que se parece a los antiguos romances españoles.

3. Prefiere la música moderna, pero escucha la tradicional.

Sintetizar: Refiriéndote a lo que has estudiado, completa la tabla para resumir lo que has aprendido.

- Una cláusula independiente contiene una idea (**completa / incompleta**).

- Si una oración contiene solo una cláusula independiente es una oración (**simple / compuesta / compleja**).

- Si una oración contiene más de una cláusula independiente es una oración (**simple / compuesta / compleja**).

- A la cláusula independiente se le llama cláusula _____ cuando se junta con una cláusula subordinada.

- La cláusula (**principal / subordinada**) encierra una idea completa.

- La cláusula _____ **NO** encierra una idea completa y depende de otra cláusula para ser entendida.

- Si una oración tiene una cláusula principal y una cláusula subordinada es una oración (**simple / compuesta / compleja**).

| Actividad 6 | En las siguientes oraciones subraya los verbos personales o impersonales. Luego identifica las oraciones como simple, compuesta o compleja. Sigue el ejemplo. |

___simple___ 1. Entender la cultura <u>es</u> necesario para entender una lengua.

_____ 2. Algunas personas estudian lenguas, pero no las aprenden.

_____ 3. Tengo un amigo que habla varias lenguas perfectamente.

_____ 4. Otra lengua que quiero aprender es portugués.

_____ 5. El verano entrante voy a viajar por Sudamérica.

_____ 6. Quiero estudiar una lengua indígena, y por eso pienso ir a Perú.

_____ 7. Espero que mis padres me dejen quedarme todo el año.

_____ 8. Así podré vivir en un pueblo andino y aprender a tocar la música de allí.

| Actividad 7 | Ahora vuelve a cualquiera de las lecturas y busca un ejemplo de cada tipo de oración. Escríbelas abajo. Luego comparte tus ejemplos con la clase. |

Simple: _____

_____

Compuesta: _____

_____

Compleja: _____

_____

Combinar oraciones

Has visto los tres tipos principales de oraciones. Un motivo para usar oraciones compuestas y complejas es evitar la monotonía que resultaría si todas las oraciones fueran simples; otro es para evitar el exceso de repetición. La siguiente actividad te ayudará a construir mejores oraciones y a prepararte para la tarea final del capítulo.

Actividad 1

Fíjate en los siguientes grupos de oraciones y, tachando palabras / frases repetidas y añadiendo las conjunciones o puntuación necesarias, forma una buena oración con cada grupo. Luego identifica qué tipo de oración es. Evita la redundancia. Si es necesario forma dos. OJO: No hay una manera única de formar cada oración.

Una encuesta fue tomada.
~~Se tomó~~ en agosto 2013.
~~Se tomó~~ en la ciudad de Chicago.
~~Se tomó~~ entre 1.210 adultos.
~~Los adultos eran~~ hispanos nacidos.
~~Los adultos habían nacido~~ dentro de EEUU.
~~Los adultos habían nacido~~ fuera de EEUU.

Una encuesta fue tomada en agosto, 2013, en la ciudad de Chicago entre 1.250 adultos hispanos nacidos dentro y fuera de EEUU.

Oración: Simple

Se quería saber varias cosas.
Una cosa era conocer su actitud.
La actitud era acerca de su identidad.
Otra cosa era sus patrones de uso de la lengua.
Otra cosa era sus valores.
Otra cosa era sus opiniones acerca de EEUU.
Otra cosa era sus opiniones acerca del país.
El país era el de origen de su familia.

La encuesta ha dado datos.
Los datos son sobresalientes.
Los datos son los siguientes.

El 54 por ciento usa el país de origen.
El origen es de su familia.
Lo usa para describir.
Describe su identidad.
Su identidad es de mexicano.
Su identidad es de cubano.
Su identidad es de dominicano.

Solo un 24 por ciento usa dos términos.
Usa hispano o latino.
Un 22 por ciento usa americano.

Casi siete de cada diez piensan.
(Siete de cada diez es 67 por ciento.)
Piensan que hay muchas culturas diversas.
Las culturas diversas son entre hispanos.
Mientras que un 33 por ciento considera.
Lo que considera es que hay una cultura.
Esta cultura es compartida.

La mayoría dice.
(Esa mayoría es un 51 por ciento).
Dice que no tiene preferencia.
La preferencia es entre *latino* o *hispano*.
Pero otros indicaron una preferencia.
Entre aquellos que indicaron una preferencia
    ganó *hispano*.
Hispano ganó por un margen.
El margen es de dos a uno.

Actividad 2   En grupos pequeños, revisen sus oraciones. Al revisar, pregúntense:

¿Las oraciones contienen por lo menos un sujeto y un predicado?	Sí	No
¿La ortografía es la correcta?	Sí	No
¿La puntuación es la correcta?	Sí	No

Actividad 3   Después de revisar las oraciones, escríbelas abajo para formar un buen párrafo.

_____

_____

_____

_____

_____

_____

_____

_____

_____

Gramática: El tiempo y el modo verbales

Cuando hablamos o escribimos, para comunicar nuestras ideas las tenemos que poner en contexto. O sea, hablamos de algo que pasa en este momento o que ya ocurrió o puede ocurrir. También la manera en la que hablamos comunica si damos información sobre algo real o si es algo hipotético, o incluso si queremos que alguien haga algo. El colocar lo que decimos en el presente, pasado o futuro es lo que llamamos *tiempo* y la manera cómo decimos algo es el *modo*.

| El tiempo verbal | Fíjate en el dibujo para entender el concepto de tiempo. |

Piensa en ti al leer las siguientes oraciones. ¿Cuál describe tu presente, tu pasado, tu futuro? Elige la mejor opción.

1. *Antes soñaba con ser estudiante universitario* se refiere a mi: presente / pasado / futuro.

2. *Ahora pienso en terminar mis estudios* se refiere a mi: presente / pasado / futuro.

3. *Voy a tener mucho éxito en mi profesión* se refiere a mi: presente / pasado / futuro.

> El colocar lo que comunicamos en el presente, pasado o futuro es el "tiempo verbal".

Actividad 1 Lee lo que dijo un reportero en el noticiero sobre los carteles de Milford. Mientras lees fíjate en los verbos en negrilla. Luego completa la actividad.

Voy por uno de los muchos parques de Milford. El año pasado **aparecieron** varios carteles en español en este parque y otros de la ciudad que **decían** que los niños **necesitaban** un permiso para jugar aquí. Como alguien **publicó** una foto de uno de estos carteles en las redes sociales, **hubo** una fuerte protesta del público en contra de ellos. **Vinieron** reporteros de todo el país y de algunos países extranjeros para averiguar si **era** verdad. Yo mismo **comprobé** que sí era verdad. Las autoridades pronto **dijeron** que **fue** una equivocación del traductor y **pidieron** disculpas. Hoy me **aseguraron** que ya no **están** y por eso **estoy** aquí. **Vamos a ver**. Allá **veo** un cartel. **Voy a ir** para ese sitio. Bueno, **veo** un cartel en inglés que **dice** que los niños **necesitan** supervisión para jugar aquí pero no **hay** nada en español. Allá **aparece** otro y sí **está** en español. Por desgracia, **es** de los carteles controversiales. Ahora mismo **voy a llamar** a las autoridades.

Ahora lee tres oraciones del guion y contesta las preguntas.

a. **Voy** por uno de los muchos parques de Milford.
b. **Vinieron** reporteros de todo el país.
c. **Voy a ir** hacia ese sitio.

1. ¿Cuál de las tres oraciones te comunica algo que ocurre ahora: a, b, c? _____

2. ¿Cuál de las tres oraciones te comunica algo que ya ocurrió: a, b, c? _____

3. ¿Cuál de las tres oraciones te comunica algo que no ha ocurrido todavía: a, b, c?

| Actividad 2 | Lee las siguientes oraciones y subraya el verbo. Luego determina si la acción ocurre en **el presente**, **el pasado** o **el futuro**. Comprueba tus respuestas con un compañero y finalmente escríbelas en la columna correspondiente de la tabla. Sigue el ejemplo. |

1. pasado / <u>presente</u> / futuro   En Milford <u>hay</u> unos carteles controversiales en los parques.

2. pasado / presente / futuro   Una persona puso una foto de los carteles en internet.

3. pasado / presente / futuro   Muchas de las personas que vieron las fotos se indignaron.

4. pasado / presente / futuro   La ciudad va a quitar los carteles.

5. pasado / presente / futuro   De hecho, muchos de los carteles ya fueron quitados.

6. pasado / presente / futuro   Este incidente resalta la importancia de usar bien una lengua.

7. pasado / presente / futuro   El público ha tenido razón al protestar.

8. pasado / presente / futuro   Probablemente ya no se va a cometer otra equivocación así.

pasado	presente	futuro
	En Milford hay unos carteles controversiales en los parques.	

☼ **Sintetizar:** Refiriéndote a lo que has estudiado, completa la tabla para resumir lo que has aprendido.

> •El **presente** comunica una acción (que ya ha tomado lugar/que toma lugar/que va a tomar lugar).
>
> •El **pasado** comunica una acción (que ya ha tomado lugar / que toma lugar / que va a tomar lugar).
>
> •El **futuro** comunica una acción (que ya ha tomado lugar / que toma lugar / que va a tomar lugar).

Actividad 3   Usando tu intuición, completa la siguiente tabla con los verbos correspondientes a su tiempo. Al final elige y escribe tres verbos más. Usa los ejemplos para ayudarte.

Pasado Comunica algo que ya ocurrió	Presente Comunica algo que ocurre	Futuro Comunica algo que va a ocurrir
(yo) hablé / hablaba	(yo) hablo	(yo)
(tú) viste / veías	(tú) ves	(tú)
(él)	(él)	(él) va a vivir
(ella) aprendió / aprendía	(ella)	(ella)
(usted)	(usted)	(usted) va a llamar
(nosotros)	(nosotros) escuchamos	(nosotros)
(ellos) prendieron/prendían	(ellos)	(ellos)
(ellas)	(ellas)	(ellas) van a sacar
(ustedes)	(ustedes) eligen	(ustedes)
(yo)	(yo)	(yo)
(tú)	(tú)	(tú)
(nosotros)	(nosotros)	(nosotros)

Actividad 4   Transforma y vuelve a escribir las siguientes oraciones del presente al pasado y futuro cambiando el verbo subrayado. Usa uno de los verbos entre paréntesis para hacer el cambio. Sigue el modelo.

Presente   Por desgracia **ocurren** malentendidos por el uso equivocado de la lengua.

Pasado   (ocurrieron / van a ocurrir)

Por desgracia <u>ocurrieron</u> malentendidos por el uso equivocado de la lengua.

Futuro   (ocurrieron / van a ocurrir)

Por desgracia <u>van a ocurrir</u> malentendidos por el uso equivocado de la lengua.

1. **Presente**   Las equivocaciones lingüísticas **pueden** tener consecuencias.
   Pasado   (podían / van a poder)

_____

   Futuro   (podían / van a poder)

_____

2. **Presente**   Los letreros **están** en algunos de los parques.
   Pasado   (estaban / van a estar)

_____

   Futuro   (estaban / van a estar)

_____

3. **Presente**   **Hace** un año que **están** los carteles.
   Pasado   (Hacía / Va a hacer // estaban / están)

_____

   Futuro   (Hacía / Va a hacer // estaban / están)

_____

4. **Presente**   **Son** una verdadera vergüenza para muchos habitantes de esa ciudad.
   Pasado   (Fueron / Van a ser)

_____

   Futuro   (Fueron / Van a ser)

_____

5. **Presente**   Su aparición en los medios sociales **causa** mucha consternación.
   Pasado   (ha causado /va a causar)

_____

   Futuro   (ha causado / va a causar)

_____

| **Actividad 5** | Usando los siguientes verbos, escribe la oración modelo en presente, pasado, futuro. |

llaman   llamaron   llamaban   van a llamar

Los medios sociales (llamar) la atención.

Presente: _____

Pasado:_____

_____

Futuro: _____

Vas a escuchar diez oraciones sobre la importancia de una buena comunicación al usar la lengua. Mientras las escuchas, identifica si están en **pasado, presente** o **futuro**. Después las volverás a escuchar y las escribirás en la columna *oraciones* para comprobar si acertaste.

Oraciones	Pasado	Presente	Futuro
1.			
2.			
3.			
4.			
5.			
6.			
7.			
8.			
9.			
10.			

Actividad 7   Las siguientes oraciones están revueltas. Usando la palabra con mayúscula para empezar tu oración, vuelve a ordenar las palabras para formar una buena oración.

1. parques / ciudad / muchos / Hay / esa / en

_____

2. extranjeros / algunos / Vinieron / y / del / país / reporteros / también

_____

3. autoridades / Las / era / dijeron / que / una / del / equivocación / traductor

_____

4. Voy / comprobar / a / si / quitado / han / carteles / los

_____

5. hay / No / ningún / controversial / cartel

_____

El modo

Si quieres que alguien haga algo, ¿lo dices de la misma manera que si simplemente le explicas o comunicas algo? Desde luego que no. No solo tu tono de voz cambia sino que también el *modo* de los verbos que usas. Para familiarizarte con y entender el concepto de **modo** y entenderlo cuando lo escuches o uses, haz las siguientes actvidades.

Actividad 1 — Lee las siguientes oraciones y luego escríbelas en la columna correspondiente de la tabla según la actitud que expresa el hablante. Sigue el ejemplo. Hay cuatro oraciones para cada columna.

> **Dígame** la verdad ahora mismo.
>
> Dudamos **que el juicio sea** imparcial.
>
> El alguacil saca la pistola **para que Gregorio se asuste.**
>
> **Entremos** en la casa.
>
> Es triste **que no conozcan** las palabras.
>
> La palabra *yegua* **equivale** a *mare* en inglés.
>
> Las relaciones entre mexicanos y estadounidenses **son** tensas.
>
> Los ayudantes **van** al rancho con el alguacil.
>
> Es posible que los hermanos **estén** en el rancho.
>
> **No** les **hagas** caso, Romaldo.
>
> No se irá **sin que los hermanos vayan** con él.
>
> **Prepárese** para ser arrestado, Cortez.

Indica o hace declaraciones objetivas basadas en hechos y en cosas concretas.	Expresa varios estados no objetivos, reales como deseos, emociones, reacciones, posibilidades, juicios, dudas, negaciones, necesidades o acciones que aún no han ocurrido y no es seguro que ocurran	Pide, exige o prohíbe algo de manera directa
La palabra *yegua* equivale a mare.	Dudamos que el juicio sea imparcial.	Dígame la verdad ahora mismo.

| Actividad 2 | Hay tres modos: **indicativo, subjuntivo, imperativo.** Observa el modo y su definición. Luego, sin mirar la actividad anterior intenta determinar a qué modo pertenece cada una de las oraciones de la tabla. Fíjate en los verbos subrayados. |

El modo indicativo: Indica o hace declaraciones objetivas basadas en hechos y en cosas concretas.

El modo subjuntivo: Expresa varios estados no objetivos, reales como deseos, emociones, reacciones, posibilidades, juicios, dudas, negaciones, necesidades o acciones con un propósito / condición que aún no han ocurrido y quizás no ocurran.

El modo imperativo: Pide, exige o prohíbe algo de manera directa.

Modo	
	1. **Dígame** la verdad ahora mismo.
	2. **Dudamos que el juicio sea** imparcial.
	3. El alguacil saca la pistola **para que Gregorio se asuste**.
imperativo	4. **Entremos** en la casa.
	5. **Es triste que no conozcan** las palabras.
	6. La palabra *yegua* **equivale** a *mare*.
indicativo	7. Las relaciones entre mexicanos y gringos **son** tensas.
	8. Los ayudantes **van** al rancho con el alguacil.
	9. Es posible que los hermanos **estén** en el rancho.
	10. **No** les **hagas** caso, Romaldo.
subjuntivo	11. No se irá **sin que los hermanos vayan** con él.
	12. **Prepárese** para ser arrestado, Cortez.

Sintetizar: Refiriéndote a lo que has estudiado, completa la tabla para resumir lo que has aprendido.

• Si el hablante **pide, exige o prohíbe** algo de manera directa se comunica en modo (indicativo / subjuntivo / imperativo).

• Si el hablante indica o hace **declaraciones objetivas** se comunica en modo (**indicativo** / subjuntivo / imperativo).

• Si el hablante expresa algo no objetivo o necesidades o acciones que no han ocurrido y quizás no ocurran se comunica en modo (indicativo / subjuntivo / imperativo).

Para recordar y repasar. Al final de la última unidad no olvides anotar dudas o cosas para repasar.

Actividad 3

Vas a escuchar diez oraciones. Indica si el hablante hace una declaración objetiva, expresa un deseo, expresa una emoción o reacción, expresa un juicio, niega algo, expresa una duda, habla de algo que todavía no ha ocurrido y quizás no ocurra, prohíbe, exige o pide algo de manera directa.

	1	2	3	4	5	6	7	8	9	10
Hace una declaración objetiva.										
Expresa un deseo.										
Expresa una emoción o reacción.										
Expresa un juicio.										
Expresa una posibilidad.										
Expresa una duda.										
Niega algo.										
Prohíbe, exige o pide algo de manera directa.										
Habla de una condición que todavía no ha ocurrido y quizás no ocurra.										
Habla de un propósito que todavía no ha ocurrido y quizás no ocurra.										

Actividad 4

Vas a escribir diez oraciones que se te van a dictar. Luego, en pequeños grupos comprueben su dictado. Finalmente, indiquen si la oración usa el modo **indicativo, subjuntivo, imperativo.**

Oración dictada	Modo
1.	
2.	
3.	
4.	
5.	
6.	
7.	
8.	
9.	
10.	

Combinar oraciones

Actividad 1 En los siguientes grupos tacha palabras / frases repetidas y añade las conjunciones o puntuación necesarias para formar una buena oración con cada grupo. Identifica el tipo de oración que es. **RECUERDA**: No hay una sola forma de oración.

El corrido es un género musical.

El corrido es mexicano.

El corrido se trata de una narrativa popular.

La narrativa popular presenta temas históricos.

La narrativa popular presenta relaciones sentimentales.

Existen variantes del corrido en zonas con cultura mexicana.

Existen variantes en zonas con cultura española.

Existen variantes en zonas como Nuevo México.

En Nuevo México se conocen con el nombre *indita*.

La *indita* no se canta.

La *indita* se corea.

Hay corridos de amor.

Hay corridos de parejas.

Hay corridos de mujeres.

Un corrido de mujeres es *La venganza de María*.

Un corrido de mujeres es *La tragedia de Rosita y la adelita*.

El corrido todavía es popular.

El corrido es popular en México.

El corrido fue muy popular durante la Revolución nicaragüense.

La Revolución nicaragüense duró de 1972 a 1990.

Actividad 2 Después de revisar las oraciones, escríbelas abajo para formar un buen párrafo.

_____

_____

_____

_____

_____

_____

1. Cierto o falso El registro de la lengua se refiere a si uno se dirige a otra persona con formalidad o informalidad.

2. Cierto o falso Generalmente, se usa el registro formal al hablar con personas no conocidas.

3. Cierto o falso Generalmente, se usa el registro formal al hablar con personas más jóvenes.

4. Cierto o falso Generalmente, se usa el registro informal al hablar con amigos y personas de la misma edad.

Repasar. Conecta el ejemplo con el registro correspondiente.

a. formal   ___ 1. Váyanse pronto.   ___ 4. Escucha lo que digo.
b. informal   ___ 2. Dígamelo.   ___ 5. Hagan todo lo que sea necesario.
c. ambos   ___ 3. Tráemelos.   ___ 6. Sé bueno con los amigos de tus padres.

Mi entendimiento de	Excelente	Bueno	Débil	Para perfeccionar necesito...
lo que es el registro				
lo que es el registro informal es...				
cuando se usa cada registro es...				

5. En una palabra aguda, la sílaba que recibe la fuerza de la voz es la
    a. antepenúltima   b. penúltima   c. última

6. En una palabra llana, la sílaba que recibe la fuerza de la voz es la
    a. antepenúltima   b. penúltima   c. última

7. En una palabra esdrújula, la sílaba que recibe la fuerza de la voz es la
    a. antepenúltima   b. penúltima   c. última

8. *Indígena* es ejemplo de una palabra
    a. aguda   b. llana   c. esdrújula

9. *Razón* es ejemplo de una palabra
    a. aguda   b. llana   c. esdrújula

10. *Podemos* es ejemplo de una palabra
    a. aguda   b. llana   c. esdrújula

Repasar. Indica si la palabra es aguda / llana / esdrújula y por qué lleva o no lleva tilde.

a. aguda   d. termina en vocal, *n* o *s*   ___ ___ 1. último   ___ ___ 5. posición
b. llana   e. termina en consonante **no** *n* o *s*   ___ ___ 2. fácil   ___ ___ 6. sacudir
c. esdrújula   f. la sílaba tónica es la antepenúltima   ___ ___ 3. excepcional   ___ ___ 7. destruyó
            ___ ___ 4. cincuenta   ___ ___ 8. siempre

Mi entendimiento de	Excelente	Bueno	Débil	Para perfeccionar necesito...
lo que es una palabra aguda es...				
lo que es una palabra llana es...				
lo que es una palabra esdrújula es...				

11. Una cláusula independiente contiene una idea (**completa / incompleta**).

12. Si una oración contiene solo una cláusula independiente es una oración (**simple / compuesta / compleja**).

13. Si una oración contiene más de una cláusula independiente es una oración _____.

14. A la cláusula independiente se le llama cláusula principal cuando se junta con una cláusula _____.

15. La cláusula (**principal / subordinada**) encierra una idea completa.

16. La cláusula (**principal / subordinada**) **NO** encierra una idea completa y depende de otra cláusula para ser entendida.

17. Una oración con una cláusula principal y una subordinada es una oración _____.

Repasar. Indica si la cláusula subrayada es independiente, principal o subordinada.

a. independiente ___ 1. Todos dicen <u>que terminó</u>. ___ 4. <u>Lo preparamos todo</u>, pero no fuimos.

b. principal ___ 2. <u>Todos dicen</u> que terminó. ___ 5. <u>Llegaremos</u> antes de que se vayan.

c. subordinada ___ 3. <u>Hay un libro en la mesa</u>. ___ 6. Llegaremos <u>antes de que se vayan</u>.

Mi entendimiento de	Excelente	Bueno	Débil	Para perfeccionar necesito...
lo que es una oración simple es...				
lo que es una oración compuesta es...				
lo que es una oración compleja es...				

18. Si una acción ya ha tomado lugar uso el tiempo _____.

19. Se usa el futuro para una acción que (**ya ha tomado lugar / que toma lugar / que va a tomar lugar**).

20. Cierto o falso Se usa el presente para comunicar una acción que toma lugar.

21. "*Todos los días comemos en ese restaurante*" es ejemplo de una acción en el
    a. pasado   b. presente   c. futuro

22. "*Anoche fuimos al cine*" es ejemplo de una acción en el
    a. pasado   b. presente   c. futuro

23. "*Dentro de cinco meses estaremos de vacaciones*" es ejemplo de una acción en el
   a. pasado
   b. presente
   c. futuro

Mi entendimiento de	Excelente	Bueno	Débil	Para perfeccionar necesito...
lo que es el tiempo presente es...				
lo que es el tiempo pasado es...				
lo que es el tiempo futuro es...				

24. Si el hablante pide, exige o prohíbe algo de manera directa se comunica en modo (indicativo / subjuntivo / imperativo).

25. Cuando el hablante usa el modo indicativo, (indica o hace declaraciones objetivas / pide, exige o prohíbe algo de manera directa / expresa algo no objetivo o necesidades o acciones que no han ocurrido y quizás no ocurran).

26. Si el hablante expresa algo no objetivo o necesidades o acciones que no han ocurrido y quizás no ocurran se comunica en modo (indicativo / subjuntivo / imperativo).

27. "*Siéntate ahora mismo*" es ejemplo de modo
   a. imperativo
   b. indicativo
   c. subjuntivo

28. "*Nos alegra que digas eso*" contiene una cláusula subordinada en modo
   a. imperativo
   b. indicativo
   c. subjuntivo

29. "*No hay nadie en casa*" es ejemplo de modo
   a. imperativo
   b. indicativo
   c. subjuntivo

Mi entendimiento	Excelente	Bueno	Débil	Para perfeccionar necesito...
de lo que es modo es...				
de lo que es el modo indicativo es...				
de lo que es el modo imperativo es....				
de lo que es el modo subjuntivo es....				

Actividad 1 En los siguientes grupos de opción múltiple todas las respuestas son correctas pero hay una mejor. Encuentra la mejor y justifica tu respuesta.

1. La palabra *estrés* lleva tilde porque
a. termina en "s" y hace falta para la pronunciación
b. es aguda pero termina en "s"
c. el golpe de voz se da en la última sílaba

2. La palabra *informática* lleva tilde porque
a. es esdrújula
b. no sigue las normas de pronunciación
c. no es ni llana ni aguda

3. En la oración *En esa clínica ella administra las encuestas*, la función del pronombre *ella* es
a. tomar el lugar de un sustantivo que nombra a una persona
b. evitar la repetición de un sustantivo
c. sustituir un sustantivo y evitar la repetición del mismo

4. De la oración *Todos piden una hamburguesa* se puede decir que
a. es declarativa y contiene un verbo y un cognado
b. es declarativa y contiene un cognado y un verbo personal
c. es declarativa y contiene un verbo personal y una palabra parecida en inglés

5. De la oración *Dudo que estén en clase* se puede decir que
a. es declarativa; tiene dos cláusulas porque hay dos verbos personales
b. es declarativa y compleja porque tiene dos cláusulas, una principal y otra subordinada
c. es declarativa y compleja; la cláusula principal es indicativa y la subordinada, subjuntiva

Actividad 2 En la siguiente oración identifica la clase de cada palabra y, relacionando las definiciones de la tabla, escribe la letra de su función.

Martina y yo fuimos a tu fiesta.

verbo: (___) _____

sustantivo: (___) _____

sustantivo: (___) _____

pronombre: (___) _____

adjetivo: (___) _____

conjunción: (___) _____

preposición: (___) _____

a. Describe un verbo, adjetivo u otro adverbio.
b. Comunica una acción o estado.
c. Describe un sustantivo.
d. Designa o identifica personas y cosas animadas e inanimadas.
e. Indica si un sustantivo es conocido o general.
f. Relaciona un sustantivo o pronombre al resto de la oración.
g. Toma el lugar de un sustantivo.
h. Une palabras o secuencias. equivalentes.

Editar

Actividad 1 — En cada una de las siguientes oraciones, encuentra una falta de puntuación y otra de concordancia. Corrige los errores.

1. Hay un famoso corrido llamado *El corrido de Gregorio Cortez* que cuenta cómo por una mal traducción dos hombres murieron

2. El historia toma lugar en 1901 en un rancho del condado Karrnes donde trabajaban Gregorio Cortez y su hermano romaldo.

3. Durante la entrevista del alguacil a los hermanos, el diputado Choate, que hacía de intérprete tradujo mal una de las respuestas y esto provocó grave consecuencias.

4. Según un letrero en los parques de Milford Delaware, los niños que hablan inglés necesitan la supervisión de sus padre o un adulto para jugar allí.

5. Pero los niños hispanohablante necesitan un permiso para usar el parque de no tenerlo serían sujetos a acción policial.

6. Cabe decir que los carteles, ya fueron retirado porque alguien los publicó en Facebook.

Actividad 2 — Lee la siguiente nota que un estudiante le manda al presidente de la compañía donde quiere trabajar. Busca y corrige todos los errores de registro y tiempo.

Estimado Sr. Marín. Tengo una entrevista con usted el próximo miércoles, pero como tengo un examen muy importante ese día, quiero pedirte si lo puedo cambiar para el jueves. Pero, por si acaso no es posible cambiar el día, ¿puedes cambiarla para las dos? Ayer pasé por tu oficina y me di cuenta que no puedo llegar antes de la una y media. Así que por favor llámeme si te parece bien que llegaba a la una y media. Nos vemos, jefito.

Actividad 3 — En cada una de las siguientes oraciones hay tres palabras subrayadas. Busca la palabra que tiene un error. Si no hay error en ninguna de ellas usa la opción "Sin error". En el espacio pon la letra de tu respuesta. Sigue el ejemplo.

OJO: Si el uso es correcto, no es un error aunque haya otras posibilidades.

Prefiero <u>ver</u> videos de corridos <u>que</u> escucharlos cuando <u>estoy</u> en casa.			Sin error. _d_
(a)	(b)	(c)	(d)

1. En Milford <u>hay</u> carteles <u>controversiales</u> en los <u>párques</u>.   Sin error. _____

      (a)   (b)   (c)   (d)

2. <u>Entender</u> la cultura es <u>necesario</u> para entender <u>una</u> lengua.   Sin error. _____

    (a)   (b)   (c)   (d)

En esta sección leerás cosas de interés de nuestra geografía y cultura hispana. Empezarás con América del Sur, también conocida como Sudamérica.

AMÉRICA DEL SUR: CUNA DE MUCHOS *MÁS*

De los cinco continentes (América, Europa, Asia, África, Oceanía) el subcontinente sudamericano tiene muchos *"más"*.

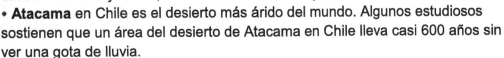

• En Arequipa, Perú, nace el **Amazonas** que mide 7.020 kilómetros de longitud haciéndolo el río más largo, más caudaloso, más profundo, más ancho, con más afluentes y con la mayor cuenca del mundo:

• **Alpamayo**, en la Cordillera Blanca peruana, es para muchos el pico más bello del mundo.

• **Salto Ángel**, en Venezuela, es la catarata más alta del mundo (979 metros). Recientemente se descubrieron dos cataratas que ocupan los lugares tres y cuatro: Yumbilla y Gocta, ambas en la amazonía peruana.

• **Atacama** en Chile es el desierto más árido del mundo. Algunos estudiosos sostienen que un área del desierto de Atacama en Chile lleva casi 600 años sin ver una gota de lluvia.

• **Colombia** es el mayor productor mundial de esmeraldas del mundo: más del 95 por ciento.

• Entre Bolivia y Perú, en los Andes, se encuentra el lago **Titicaca** que es el lago navegable más alto del mundo.

• La ciudad más austral de la Tierra es Ushuaia, en **Tierra del Fuego**, cerca de la Antártida.

• En **Montevideo**, Uruguay, se celebra el carnaval de mayor duración en el mundo: ¡41 días!

¿QUÉ HAY EN UN NOMBRE?

• **Ecuador** recibió su nombre porque está *partido* por la línea del ecuador; la mitad del país está en el hemisferio norte y la otra mitad, en el hemisferio sur.

• El origen del nombre de las **islas Galápagos** es un poco triste pues viene de "galopar" y es una alusión a cuando los cazadores se subían a las tortugas gigantes del archipiélago, que pueden llegar a ser centenarias, antes de matarlas para comer su carne cotizada.

• El nombre de **Colombia**, como es de suponer, viene del explorador Cristóbal Colón, y a su vez ha dado nombre a las rosas colombianas que son famosas en todo el mundo por su durabilidad y tamaño.

• **Argentina** proviene del latín *argentum;* la mayor parte de las cataratas del Iguazú se encuentran en el lado argentino.

• El nombre de **Paraguay** significa "vasto mar" –una referencia a la cuenca fluvial del río Paraguay– pero a contrapelo del significado de su nombre, Paraguay no tiene salida directa al mar.

Entre dos lenguas

En esta sección vas a hacer varias actividades en las que vas a trabajar con las dos lenguas a la vez. Esta es una gran ventaja que tienes: el poder comunicarte en dos lenguas y desde la perspectiva de dos culturas.

Actividad 1 Completa el siguiente crucigrama. Si la palabra está en **inglés**, escríbela en español, y si está en **español**, escríbela en ingles. Al escribir o leerlas, fíjate bien en cómo se deletrean.

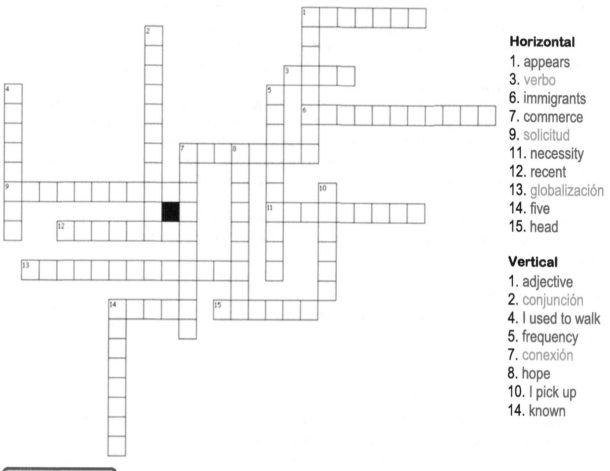

Horizontal
1. appears
3. verbo
6. immigrants
7. commerce
9. solicitud
11. necessity
12. recent
13. globalización
14. five
15. head

Vertical
1. adjective
2. conjunción
4. I used to walk
5. frequency
7. conexión
8. hope
10. I pick up
14. known

Actividad 2 Lee las siguientes oraciones y decide cuál de las traducciones es la correcta.

1. Cortez was not lying when he said he hadn't sold a horse.
a. Cortez no va a mentir cuando diga que no ha vendido un caballo.
b. Cortez no mentía cuando dijo que no había vendido un caballo.
c. Cortez miente cuando dice que no va a vender un caballo.

2. Esmeralda Santiago wrote a novel about her experience between two worlds.
a. Esmeralda Santiago escribió una novela de su experiencia entre dos mundos.
b. Esmeralda Santiago escribe una novela de su experiencia entre dos mundos.
c. Esmeralda Santiago va a escribir una novela de su experiencia entre dos mundos.

3. According to that researcher, bilingual children have a significant advantage.

a. Según el investigador, los bilingües tienen una ventaja significativa.

b. Según el investigador, los niños bilingües tienen una ventaja significativa.

c. Según los investigadores, los niños bilingües tienen varias ventajas.

4. Sometimes I think I am having an identity crisis.

a. Antes creía que iba a tener una crisis de identidad.

b. Después creí que había tenido una crisis de identidad.

c. A veces creo que estoy teniendo una crisis de identidad.

5. Do you ever have problems filling in the application forms?

a. ¿Alguna vez tienes problemas rellenando la solicitud?

b. ¿Alguna vez tienes problemas rellenando las solicitudes?

c. ¿Alguna vez tienes un problema rellenando unas solicitudes?

Actividad 3 Abajo hay varias oraciones de las lecturas que has hecho. Léelas y luego tradúcelas al inglés.

1. Soy de España pero por veinte años he vivido en Estados Unidos donde soy maestra de matemáticas.

_____

2. Por el número de hablantes, el español es la tercera lengua del mundo y una de las más extendidas geográficamente.

_____

3. Ser *salado* en México significa tener mala suerte mientras que en España es un cumplido porque significa ser muy agradable.

_____

4. Esta nación es el único país hispanohablante con población mayoritariamente negra.

_____

5. Aunque sin duda el ser bilingüe ofrece un sinnúmero de ventajas, también conlleva responsabilidad.

_____

6. Casi siete de cada diez personas piensan que hay muchas culturas diversas entre los hispanos.

_____

7. Hoy me aseguraron que ya no están y por eso estoy aquí.

_____

La lengua y la literatura

A INVESTIGAR... Ve a internet y busca información sobre Puerto Rico. ¿Dónde queda geográficamente? Cuál es su capital y la población de la isla? ¿Qué idioma predomina: inglés o español? ¿Cuál es su relación con EEUU? Dentro de EEUU, ¿en qué parte se encuentra la mayoría de los puertorriqueños? ¿Qué puertorriqueños son famosos? Incluye otros datos interesantes que encuentres.

_____

_____

_____

Antes de leer Piensa en cuando tenías nueve o diez años. Si tus padres te hubieran dicho que tenías que irte a vivir a otro país del que no conocías ni las costumbres ni la lengua, ¿qué hubieras sentido: miedo, alegría, tristeza? Ahora, piensa en los días antes de ingresar a la universidad. ¿Sentiste algo parecido? ¿Cómo te sientes ahora?

Algo parecido le ocurrió a Esmeralda Santiago, galardonada con numerosos premios literarios, que nació en San Juan, Puerto Rico. En 1961, cuando tenía trece años, se vino a vivir a EEUU. Estudió en el Performing Arts High School de Nueva York, y se graduó de Harvard y Sarah Lawrence University. En 1994 publicó su novela *Cuando era puertorriqueña* en la que cuenta sus experiencias de vivir entre dos culturas. La siguiente selección es de la introducción de esta novela.

Lectura

1. Si escribieras tus experiencias, ¿lo harías en inglés o español?

2. ¿Por qué crees que Santiago se sorprendió de hablar en inglés mientras tecleaba en español?

3. ¿Alguna vez se te traba la lengua?

4. ¿Qué quiere decir *envuelta en una tiniebla idiomática*?

Cuando era puertorriqueña

La vida relatada en este libro fue vivida en español, pero fue inicialmente escrita en inglés. Muchas veces, al escribir, me sorprendí al oírme hablar en español mientras mis dedos tecleaban (*escribían a máquina*) la misma frase en inglés. Entonces se trababa (*se me atoraba*) la lengua y perdía el sentido de lo que estaba diciendo y escribiendo, como si observar que estaba traduciendo de un idioma al otro me hiciera perder los dos.

Me gustaría decir que esta situación solo ocurre cuando estoy escribiendo, pero la verdad es que muchas veces, al conversar con amigos o familiares, me encuentro en limbo entre el español e inglés, queriendo decir algo que no me sale, envuelta en una tiniebla idiomática frustrante. Para salir de ella, tengo que decidir en cuál idioma voy a formular mis palabras y confiar en que ellas, ya sean en español o en inglés, tendrían sentido y en que la persona con quien estoy hablando me comprenderá.

El idioma que más hablo es inglés. Yo vivo en los Estados Unidos, rodeada de personas que solo hablan en inglés, así que soy yo la que tengo que hacerme entender. En mi función como madre me comunico con maestros, médicos, chóferes de guaguas escolares, las madres de los amiguitos de mis niños. Como esposa, me esfuerzo en hacerme entender por mi marido, quien no habla español, sus familiares, sus amigos, sus colegas de trabajo. Como profesional, mis ensayos, cuentos y ficciones son todos escritos en inglés para un público, ya sea latino o norteamericano, a quien es más cómodo leer en ese idioma.

5. ¿Cuál es la razón por la que Santiago habla más en inglés? ¿Te ocurre a ti lo mismo?

Pero de noche, cuando estoy a punto de quedarme dormida, los pensamientos que llenan mi mente son en español. Las canciones que me susurran (*hablan en voz baja*) al sueño son en español. Mis sueños son una mezcla de español e inglés que todos entienden, que expresa lo que quiero decir, quién soy, lo que siento. En ese mundo oscuro, el idioma no importa. Lo que importa es que tengo algo que decir y puedo hacerlo sin redactarlo (*escribirlo*) para mis oyentes (*público*).

6. ¿Por qué crees que por la noche sus pensamientos son en español?

Pero claro, eso es en los sueños. La vida diaria es otra cosa.

7. ¿Qué quiere decir con "La vida diaria es otra cosa"?

Cuando la editora Merloyd Lawrence me ofreció la oportunidad de escribir mis memorias, nunca me imaginé que el proceso me haría confrontar no sólo a mi pasado monolingüístico, sino también a mi presente bilingüe. Al escribir las escenas de mi niñez, tuve que encontrar palabras norteamericanas para expresar una experiencia puertorriqueña. ¿Cómo, por ejemplo, se dice "cohitres" en inglés? ¿o "alcapurrias"? ¿o "pitirre"? ¿Cómo puedo explicar lo que es un jíbaro (*persona del campo*)? ¿Cuál palabra norteamericana tiene el mismo sentido que nuestro puertorriqueñismo, "cocotazo"?

8. ¿Recuerdas cuando eras monolingüe? ¿Querías hablar otras lenguas?

A veces encontraba una palabra en inglés que se aproximaba a la hispana. Pero otras veces me tuve que conformar con usar la palabra en español, y tuve que incluir un glosario en el libro para aquellas personas que necesitaran más información de la que se encontraba en el texto.

9. ¿Te ha ocurrido a veces no encontrar la palabra exacta en inglés para lo que quieres expresar? ¿Has tenido que mezclar las lenguas?

Cuando la editora Robin Desser me ofreció la oportunidad de traducir mis memorias al español para esta edición, nunca me imaginé que el proceso me haría confrontar cuánto español se me había olvidado.

10. ¿Sientes que has olvidado tu español?

El título de este libro está en el pasado: cuando era puertorriqueña. No quiere decir que he dejado de serlo (*puertorriqueña*), sino que el libro describe esa etapa (*fase, período*) de mi vida definida por la cultura del campo puertorriqueño; cuando "brincamos el charco" (*cruzamos el mar*) para llegar a los Estados Unidos, cambié. Dejé de ser, superficialmente, una jíbara puertorriqueña para convertirme en una híbrida entre un mundo y otro: una puertorriqueña que vive en los Estados Unidos, habla inglés casi todo el día, se desenvuelve en la cultura norteamericana día y noche.

11. ¿Hubo algún momento en el que, metafóricamente, *brincaste el charco*?

12. ¿Sientes que vives entre dos mundos? ¿Crees que ha influido en cómo eres?

Pero muchas veces siento el dolor de haber dejado a mi islita, mi gente, mi idioma. Y a veces ese dolor se convierte en rabia, resentimiento, porque yo no seleccioné venir a los Estados Unidos. A mí me trajeron. Pero esa rabia infantil es la que alimenta (*sostiene, nutre*) a mis cuentos. La que me hace enfrentar a una página vacía y llenarla de palabras que tratan de entender y explicarles a otros lo que es vivir en dos mundos, uno norteamericano y otro puertorriqueño. Cuando niña yo quise ser una jíbara, y cuando adolescente quise ser norteamericana.

Aplicación en la lectura

Individualmente o con un compañero contesta las preguntas.

1. ¿En qué tiempo está el primer párrafo? _____ ¿los párrafos 2 a 4? _____ ¿Por qué crees que Santiago hizo ese cambio de tiempo?

2. En los dos primeros párrafos aparecen las palabras: *sorprendi, idiomatica, tecleaba, situacion, escribiendo, frase, comprendera, ingles, encuentro, confiar.* Colócales tilde a las que la necesiten y luego compruébalas con la lectura.

3. Ve al tercer párrafo y busca tres ejemplos de verbos personales y tres de no personales.

_____   _____   _____

_____   _____   _____

4. ¿Santiago usa las palabras *guagua, cohitres, cocotazo.* ¿Qué son: cognados o variaciones léxicas?

5. Encuentra un ejemplo de las siguientes clases de palabras en la oración:
Como profesional, mis ensayos, cuentos y ficciones son todos escritos en inglés para un público, ya sea latino o norteamericano, a quien es más cómodo leer en ese idioma.
verbo: _____   sustantivo: _____   adjetivo: _____

preposición: _____   conjunción: _____   artículo: _____

6. En las siguientes oraciones ponles un círculo a todos los verbos personales. Luego identifica las oraciones como simple, compuesta o compleja.
_____ 1. La vida relatada en este libro fue vivida en español, pero fue inicialmente escrita en inglés.

_____ 2. En mi función como madre me comunico con maestros, médicos, chóferes de guaguas escolares, las madres de los amiguitos de mis niños.

_____ 3. Las canciones que me susurran (*hablan en voz baja*) al sueño son en español.

7. ¿Cuál es el tono de esta lectura: formal o informal? Explica tu respuesta._____

_____

Escritura expositiva: El reporte de una encuesta

La base de un buen escrito es su contenido: el enfoque, la oraganización, la coherencia y un sentido de completo. Además la gramática, las oraciones, el vocabulario y las normas de ortografía y puntuación también son muy importantes.

Las siguientes actividades te van a preparar para escribir el reporte de la encuesta que vas a a administrar con unos compañeros como tarea final en la sección "En la comunidad".

Hay varios elementos que deben aparecer en cualquier reporte de una encuesta. Aunque solo vas a escribir un reporte breve, estos elementos deben estar en tu reporte.

Abajo se te tan dan varias versiones de un mismo tipo de reporte. En la columna de la derecha aparecen los elementos. Marca los que aparecen en cada versión.

VERSIÓN A

Una encuesta tomada entre 1.250 personas ha dado los siguientes datos sobresalientes.

• Muchos usan el país de origen de su familia para describir su identidad. Solo un 24 por ciento usa *hispano* o *latino*, y un 22 por ciento usa *americano*.

• Casi siete de cada diez (67 por ciento) piensa que hay muchas culturas.

• La mayoría (un 51 por ciento) dice que no tiene preferencia entre *latino* o *hispano*.

• Al hablar de raza entre las categorías que usa el U. S. Census Bureau, un 58 por ciento de hispanos se identifica como *de otra raza* o se atribuye *Hispanic / Latino*, mientras que un 39 por ciento se identifica como *blanco* y un 3 por ciento como *negro*.

• Un 50 por ciento dice que son *americanos típicos*. Los hispanos nacidos fuera de EEUU son menos propensos a considerarse típicos.

Indica si el reporte contiene los componentes.

Sí	No	
		Introducción Se menciona
☑	☐	De qué se trata
☐	☑	Objetivos
☐	☐	Por qué es importante
		Contexto
☐	☐	Dónde se realizó
☐	☐	Características del lugar
		Metodología
☐	☐	Sujetos encuestados
☐	☐	Número de encuestados
☐	☐	Cómo se obtuvieron los datos
☐	☐	Cómo se procesaron los datos
☐	☐	Cómo se analizaron los datos
		Indagación
☐	☐	Preguntas que se usaron
		Resultados
☐	☐	Datos recopilados
		Conclusiones
☐	☐	Deducciones importantes

Abajo, apunten los componentes que le faltaron.

_____

_____

Indica si el reporte contiene los componentes.

Sí	No	
		Introducción Se menciona
☑	☐	De qué se trata
☑	☐	Objetivos
☐	☑	Por qué es importante
		Contexto
☑	☐	Dónde se realizó
☑	☐	Características del lugar
		Metodología
☐	☐	Sujetos encuestados
☐	☐	Número de encuestados
☐	☐	Cómo se obtuvieron los datos
☐	☐	Cómo se procesaron los datos
☐	☐	Cómo se analizaron los datos
		Indagación
☐	☐	Preguntas que se usaron
		Resultados
☐	☐	Datos recopilados
		Conclusiones
☐	☐	Deducciones importantes

VERSIÓN B

Una encuesta tomada en agosto 2013 en la ciudad de Chicago entre 1.250 adultos hispanos nacidos dentro y fuera de EEUU para conocer su actitud acerca de su identidad, los patrones de uso de la lengua, sus valores y sus opiniones acerca de EEUU y el país de origen de su familia, ha dado los siguientes datos sobresalientes.

• El 54 por ciento usa el país de origen de su familia para describir su identidad, por ejemplo *mexicano*, *cubano* o *dominicano*. Solo un 24 por ciento usa *hispano* o *latino*, y un 22 por ciento usa *americano*.

• Casi siete de cada diez (67 por ciento) piensa que hay muchas culturas diversas entre los hispanos, mientras que un 33 por ciento considera que hay una cultura compartida.

• La mayoría (un 51 por ciento) dice que no tiene preferencia entre latino o hispano, pero entre aquellos que sí indicaron una preferencia, *hispano* ganó por un margen de dos a uno.

• Al hablar de raza entre las categorías que usa el U. S. Census Bureau, un 58 por ciento de hispanos se identifica como *de otra raza* o se atribuye *Hispanic / Latino*, mientras que un 39 por ciento se identifica como *blanco* y un 3 por ciento como *negro*.

• Un 50 por ciento dice que son *americanos típicos*, mientras que el otro 50 por ciento se considera muy diferente. Los hispanos nacidos fuera de EEUU son menos propensos a considerarse típicos: un 32 por ciento frente a un 68 por ciento.

¿Qué componentes tiene esta versión que no tuvo la versión A?_____

_____

_____

_____

¿Qué le faltó a esta versión? _____

_____

VERSIÓN C

Una encuesta para lograr un mejor acercamiento a la comunidad hispana en EEUU se tomó en agosto 2013 en la ciudad de Chicago entre 1.250 adultos hispanos nacidos dentro y fuera de EEUU. Se pretendía aprender más sobre su actitud acerca de su identidad, los patrones de uso de la lengua, sus valores y sus opiniones acerca de EEUU y el país de origen de su familia. La encuesta, administrada por el centro de investigación RC Research, ha dado los siguientes datos sobresalientes que dicho centro procesó y analizó.

• El 54 por ciento usa el país de origen de su familia para describir su identidad, por ejemplo *mexicano*, *cubano* o *dominicano*. Solo un 24 por ciento usa *hispano* o *latino*, y un 22 por ciento usa *americano*.

• Casi siete de cada diez (67 por ciento) piensa que hay muchas culturas diversas entre los hispanos, mientras que un 33 por ciento considera que hay una cultura compartida.

• La mayoría (un 51 por ciento) dice que no tiene preferencia entre el término *latino* o *hispano*, pero entre aquellos que sí indicaron una preferencia, *hispano* ganó por un margen de dos a uno.

• Al hablar de raza entre las categorías que usa el U. S. Census Bureau, un 58 por ciento de hispanos se identifica como "de otra raza" o se atribuye *Hispanic / Latino*, mientras que un 39 por ciento se identifica como *blanco* y un 3 por ciento como *negro*.

• Un 50 por ciento dice que son *americanos típicos*, mientras que el otro 50 por ciento se considera muy diferente. Los hispanos nacidos fuera de EEUU son menos propensos a considerarse típicos: un 32 por ciento frente a un 68 por ciento.

De la encuesta se desprende que los hispanos encuestados sienten una fuerte identidad con su país de origen y cultura, pero que de usar una etiqueta prefieren *Hispanic* a *Latino*. Asimismo, más de la mitad no se considera de raza blanca. A la vez se infiere que hay una mayor tendencia entre los encuestados a asimilarse si nacieron en EEUU.

Indica si el reporte contiene los componentes.

Sí	No	
		Introducción Se menciona
☐	☐	De qué se trata
☐	☐	Objetivos
☐	☐	Por qué es importante
		Contexto
☐	☐	Dónde se realizó
☐	☐	Características del lugar
		Metodología
☐	☐	Sujetos encuestados
☐	☐	Número de encuestados
☐	☐	Cómo se obtuvieron los datos
☐	☐	Cómo se procesaron los datos
☐	☐	Cómo se analizaron los datos
		Indagación
☐	☐	Preguntas que se usaron
		Resultados
☐	☐	Datos recopilados
		Conclusiones
☐	☐	Deducciones importantes

¿Qué hace que esta versión sea mejor que las anteriores? ¿Le faltó algún componente?_____

_____

_____

Escribir un resumen

Para escribir un resumen, debes identificar información importante y luego resumirla. Esta actividad te guiará para escribir un resumen de la versión C del reporte. Se te da un ejemplo.

Paso 1. Vuelve al primer párrafo de la versión C y **resalta las palabras o ideas importantes del primer párrafo** y luego fíjate cómo se resume en una oración. Haz lo mismo con los otros párrafos y entradas.

Una encuesta para lograr un mejor acercamiento a la comunidad hispana en EEUU se tomó en agosto 2013 en la ciudad de Chicago entre 1.250 adultos hispanos nacidos dentro y fuera de EEUU. Se pretendía aprender más sobre su actitud acerca de su identidad los patrones de uso de la lengua sus valores y sus opiniones acerca de EEUU y el país de origen de su familia. La encuesta, administrada por el centro de investigación RC Research ha dado los siguientes datos sobresalientes que dicho centro procesó y analizó.

Para acercarse mejor a los hispanos en EEUU, en agosto 2013 RC Research encuestó a 1.250 adultos hispanos de Chicago nacidos dentro y fuera de EEUU para saber más sobre su actitud de su identidad, los patrones de uso de la lengua, sus valores y sus opiniones de EEUU y el país de origen de su familia.

El 54 por ciento usa el país de origen de su familia para describir su identidad, por ejemplo *mexicano*, *cubano* o *dominicano*. Solo un 24 por ciento usa *hispano* o *latino*, y un 22 por ciento usa *americano*.

_____

_____

_____

Casi siete de cada diez (67 por ciento) piensa que hay muchas culturas diversas entre los hispanos. Un 33 por ciento considera que hay una cultura compartida.

_____

_____

_____

La mayoría (un 51 por ciento) dice que no tiene preferencia entre el término *latino* o *hispano*, pero entre aquellos que sí indicaron una preferencia, *hispano* ganó por un margen de dos a uno.

_____

_____

_____

Al hablar de raza entre las categorías que usa el U. S. Census Bureau, un 58 por ciento de hispanos se identifica como "de otra raza" o se atribuye *Hispanic / Latino*. Un 39 por ciento se identifica como *blanco* y un 3 por ciento como *negro*.

_____

_____

_____

Un 50 por ciento dice que son *americanos típicos*, mientras que el otro 50 por ciento se considera muy diferente. Los hispanos nacidos fuera de EEUU son menos propensos a considerarse típicos: un 32 por ciento frente a un 68 por ciento.

_____

_____

_____

De la encuesta se desprende que los hispanos encuestados sienten una fuerte identidad con su país de origen y cultura, pero que de usar una etiqueta prefieren *Hispanic* a *Latino*. Asimismo, más de la mitad no se considera de raza blanca. A la vez se infiere que hay una mayor tendencia entre los encuestados a asimilarse si nacieron en EEUU.

_____

_____

_____

_____

Paso 2. Copia tus oraciones para escribir el resumen y compártelo para revisarlo.

_____

_____

_____

_____

_____

_____

_____

_____

En la comunidad

Las encuestas son parte integral de nuestra vida: por la calle con frecuencia alguien nos para y nos hace preguntas, en internet nos salen miniencuestas, mientras vemos ciertos programas de televisión votamos por un concursantes, artista, serie, etc. Por medio de las encuestas, individuos o grupos sondean al público general para tomar decisiones, llegar a conclusiones o simplemente recopilar y archivar datos para un estudio futuro.

Al principio del capítulo, completaron una encuesta. En esta sección van a crear y administrar una entrevista, y después van a analizar los datos y escribir un reporte sobre la información que han recopilado. Cada encuesta se compondrá de diez preguntas. Pueden usar algunas de las ideas de la encuesta que tomaron y de las preguntas que escribieron en la actividad anterior.

Van a trabajar en grupos para realizar la encuesta, pero cada participante recibirá una nota individual basada en parte en la evaluación que harán sus compañeros de su participación.

Actividad 1 Para crear su encuesta, primero lean y comenten como grupo los siguientes pasos. Así tendrán una buena idea de lo que deben hacer. Después de leer y comentar el contenido de los pasos, pasen a completarlos en las siguientes páginas.

Paso 1. Decidan qué tipo de datos quieren recoger.

Paso 2. Decidan quién va a ser el público al que van a entrevistar: ¿hispanos nacidos en el extranjero / en EEUU / o una combinación? ¿Personas conocidas? ¿De qué edad? ¿Hombres o mujeres o ambos grupos? ¿Encuesta oral o escrita? ¿Otros datos demográficos?

Paso 3. Piensen en el enfoque de cada una de las diez preguntas y busquen una secuencia lógica. ¿Creen que el enfoque servirá para recoger los datos que buscan?

Paso 4. Escriban las diez preguntas y revisen cuidadosamente la claridad, el vocabulario, la gramática, la ortografía, etc.

Paso 5. Administren la encuesta. ¿A cuántas personas va a entrevistar cada miembro del grupo? ¿Para cuándo debe completar su parte?

Paso 6. Hagan una hoja en Excel, Google docs, etc. para recopilar los datos. ¿Quién se encargará de entrar los datos en la hoja?

Paso 7. Examinen los datos y tomen apuntes. Luego interpreten los apuntes. Finalmente escriban un borrador del reporte.

Una vez que hayan entendido bien lo que deben hacer, pasen a completar los pasos de las siguientes páginas.

Paso 1. Tipo de datos. _____

Paso 2. El público para entrevistar. _____

Paso 3. Enfoque de cada una de las diez preguntas y su secuencia. Para ayudarte completa el ejercicio. Antes, lee la primera parte del reporte anterior.

Una encuesta para lograr un mejor acercamiento a la comunidad hispana en EEUU se tomó en agosto 2013 en la ciudad de Chicago entre 1.250 adultos hispanos nacidos dentro y fuera de EEUU. Se pretendía aprender más sobre su actitud acerca de su identidad, los patrones de uso de la lengua, sus valores y sus opiniones acerca de EEUU y el país de origen de su familia. La encuesta, administrada por el centro de investigación RC Research, ha dado los siguientes datos sobresalientes que dicho centro procesó y analizó.

· El 54 por ciento usa el país de origen de su familia para describir su identidad, por ejemplo mexicano, cubano o dominicano. Solo un 24 por ciento usa hispano o latino, y un 22 por ciento usa americano.

· Casi siete de cada diez (67 por ciento) piensa que hay muchas culturas diversas entre los hispanos, mientras que un 33 por ciento considera que hay una cultura compartida.

· La mayoría (un 51 por ciento) dice que no tiene preferencia entre el término *latino* o *hispano*, pero entre aquellos que sí indicaron una preferencia, *hispano* ganó por un margen de dos a uno.

· Al hablar de raza entre las categorías que usa el U. S. Census Bureau, un 58 por ciento de hispanos se identifica como "de otra raza" o se atribuye *Hispanic / Latino*, mientras que un 39 por ciento se identifica como blanco y un 3 por ciento como negro.

· Un 50 por ciento dice que son americanos típicos, mientras que el otro 50 por ciento se considera muy diferente. Los hispanos nacidos fuera de EEUU son menos propensos a considerarse típicos: un 32 por ciento frente a un 68 por ciento.

¿Qué tipo de preguntas crees que se hicieron para conseguir los datos? Con un compañero escriban una pregunta para cada componente abajo. Usen las palabras interrogativas de la caja, y fíjense en el registro, las tildes y la puntuación correcta para cada pregunta. (*Luego estudiarás el tipo de tilde que usan las palabras interrogativas que es diferente del que estudiaste*.) También pueden usar las preguntas de la encuesta al principio del capítulo.

cómo	cuál	cuándo	cuántos	dónde	por qué	qué	quién

edad: _____*¿Cuál es su edad?* / *¿Cuántos años tiene usted?* _____

país de herencia: _____

lugar de nacimiento: _____

cultura: _____

uso de *hispano* o *latino:* _____

preferencia por *hispano* o *latino:* _____

raza: _____

americano típico: _____

Paso 4. Escriban las diez preguntas y revísenlas cuidadosamente para claridad, vocabulario, gramática, ortografía, etc.

1. _____

2. _____

3. _____

4. _____

5. _____

6. _____

7. _____

8. _____

9. _____

10. _____

Enfoque y orden de las preguntas. En esta parte vuelvan a sus preguntas y luego decidan el orden en el que las van a hacer.

Enfoque: _____ El orden en el que va_____

Enfoque: _____ El orden en el que va_____

Enfoque: _____ El orden en el que va_____

Enfoque: _____ El orden en el que va_____

Enfoque: _____ El orden en el que va_____

Enfoque: _____ El orden en el que va_____

Enfoque: _____ El orden en el que va_____

Enfoque: _____ El orden en el que va_____

Enfoque: _____ El orden en el que va_____

Enfoque: _____ El orden en el que va_____

Paso 5. Administren la encuesta. ¿A cuántas personas va a entrevistar cada miembro del grupo? ¿Para cuándo debe completar su parte? _____

Paso 6. Creen una hoja en Excel u otra hoja de cálculo para recopilar los datos. ¿Quién se encargará de entrar los datos en la hoja?

Paso 7. Examinen los datos y tomen apuntes. Luego interpreten los apuntes. Finalmente escriban un borrador del reporte.

Resultados de la encuesta. Igual que hicieron en el resumen de *Escritura*, busquen los datos más importantes de la hoja de cálculo e inclúyanlos abajo; luego escribirán cada parte de su reporte.

Introducción	
De qué se trata	
Objetivos	
Por qué es importante	
Contexto	
Dónde se realizó	
Características del lugar	
Metodología	
Sujetos encuestados	
Número de encuestados	
Cómo se obtuvieron los datos	
Cómo se procesaron los datos	
Cómo se analizaron los datos	
Indagación	
Preguntas que se usaron	
Resultados	
Datos recopilados	
Conclusiones	
Deducciones importantes	

Ahora pasen a escribir un borrador (*rough draft*) para su reporte. Usen las secciones del reporte que analizaron para ayudarse. También pueden usar los datos en común para escribir reportes individuales.

Primer párrafo Después de volver a leer el reporte anterior, escriban el borrador de su reporte abajo. Hagan todos los cambios necesarios para adaptarlo a sus datos.

Una encuesta para lograr un mejor acercamiento a la comunidad hispana en EEUU se tomó en agosto 2013 en la ciudad de Chicago entre 1.250 adultos hispanos nacidos dentro y fuera de EEUU. Se pretendía aprender más sobre su actitud acerca de su identidad, los patrones de uso de la lengua, sus valores y sus opiniones acerca de EEUU y el país de origen de su familia. La encuesta, administrada por el centro de investigación RC Research, ha dado los siguientes datos sobresalientes que dicho centro procesó y analizó.

_____

_____

_____

_____

_____

_____

_____

_____

Cuerpo del reporte: Datos

· El 54 por ciento usa el país de origen de su familia para describir su identidad, por ejemplo *mexicano*, *cubano* o *dominicano*. Solo un 24 por ciento usa *hispano* o *latino*, y un 22 por ciento usa *americano*.

· Casi siete de cada diez (67 por ciento) piensa que hay muchas culturas diversas entre los hispanos, mientras que un 33 por ciento considera que hay una cultura compartida.

· La mayoría (un 51 por ciento) dice que no tiene preferencia entre el término *latino* o *hispano*, pero entre aquellos que sí indicaron una preferencia, *hispano* ganó por un margen de dos a uno.

· Al hablar de raza entre las categorías que usa el U. S. Census Bureau, un 58 por ciento de hispanos se identifica como "de otra raza" o se atribuye *Hispanic / Latino*, mientras que un 39 por ciento se identifica como *blanco* y un 3 por ciento como *negro*.

· Un 50 por ciento dice que son *americanos típicos*, mientras que el otro 50 por ciento se considera muy diferente. Los hispanos nacidos fuera de EEUU son menos propensos a considerarse típicos: un 32 por ciento frente a un 68 por ciento.

_____

_____

_____

_____

_____

_____

_____

_____

_____

_____

_____

_____

_____

_____

_____

_____

_____

_____

Conclusiones

De la encuesta se desprende que los hispanos encuestados sienten una fuerte identidad con su país de origen y cultura, pero que de usar una etiqueta prefieren _Hispanic_ a _Latino_. Asimismo, más de la mitad no se considera de raza blanca. A la vez se infiere que hay una mayor tendencia entre los encuestados a asimilarse si nacieron en EEUU.

_____

_____

_____

_____

_____

_____

_____

_____

Editar En esta sección tú y tus compañeros van a ayudarse a producir el mejor reporte posible al dar y recibir retroalimentación de lo que han escrito.

HOJA DE RETROALIMENTACIÓN—LA ENCUESTA _____

Retroalimentación para _____ realizada por _____

	Excelente	Bien	Débil	Sugerencias para mejorar
La introducción incluye				
De qué se trata				
Los objetivos				
La importancia de la encuesta				
El cuerpo contiene				
Cuándo se realizó				
Dónde se realizó				
Características del lugar				
Sujetos encuestados				
Número de encuestados				
Cómo se obtuvieron los datos				
Cómo se procesaron los datos				
Cómo se analizaron los datos				
Preguntas que se usaron				
Datos recopilados				
La conclusión incluye				
Deducciones importantes				
Vocabulario				
Variado, no redundante				
Formal				
Verbos activos				
Gramática y oraciones				
Conjugación correcta				
Concordancia correcta				
Ortografía correcta				
Oraciones variadas				

UNIDAD 2: LOS HISPANOS Y LOS MEDIOS DE COMUNICACIÓN

Sharonba / Shutterstock.com

miladidray / Shutterstock.com

Artsall / Shutterstock.com

Apreciar	Aplicar	Contextualizar

Los hispanos y los medios de comunicación
La lengua y sus variaciones:
    Cognados parciales, falsos y "en transición"
    Préstamos y calcos
Entre dos lenguas
	C, S, Z: Ortografía y homófonos
	La tilde diacrítica
	Mayúsculas y minúsculas
	El voseo
	Las perífrasis verbales
	Ser, estar, haber
	El presente de indicativo:
	    verbos regulares, irregulares, de cambio radical, reflexivos y de cambio ortográfico
	Los mandatos
	El presente de subjuntivo
		Desarrollar oraciones
		Una carta
		El párrafo descriptivo
		Lectura: *Atravesando fronteras*
		En la comunidad: Una reseña

La lengua y los medios de comunicación

¿Sabías que hay más de cincuenta millones de hispanos viviendo en Estados Unidos? De hecho, si estos hispanos formaran un país

• quedaría entre los quince poderes económicos mundiales pues el poder adquisitivo de estos hispanos es de más de un billón de dólares (que es *trillion dollars* en inglés) y

• sería el número veinticinco entre los países más poblados del mundo.

Impresionante, ¿verdad? Pues para los medios de comunicación también lo es y por eso el hispano en EEUU ha pasado a ser un cliente muy importante en el mundo del comercio y la publicidad.

Pero ¿qué se sabe de estos hispanos en EEUU? En parte debido a la falta de información hay muchos mitos acerca de ellos y su relación con los medios de comunicación. Abajo vas a tomar una encuesta y luego verás unos gráficos para comprobar si lo que se dice de ellos y los medios de comunicación y las campañas publicitarias es un mito o una verdad.

"¿Mito o realidad?"

• Toma la siguiente encuesta que se parece a una que administró la compañía estadounidense Nielsen.

• Después de indicar si crees que las afirmaciones acerca de los hispanos son mito o no, léeselas a un compañero y registra lo que piensa.

• Finalmente en la columna de la derecha explica por qué crees o no crees que cada afirmación es o no es un mito.

Lo que se piensa de los hispanos y los medios de comunicación	¿Mito?: sí / no	_____: sí / no	¿Por qué es o no es un mito?
1. Los hispanos bilingües no miran la televisión en español.			
2. No es necesario gastar dinero en campañas publicitarias en español porque se puede llegar al mercado hispano con la publicidad general.			
3. Como los hispanos han tardado en usar la tecnología, no son necesarias las campañas publicitarias en internet y los aparatos móviles.			

La realidad. A continuación vas a ver unos gráficos que reflejan los datos que la compañía Nielsen procesó de su encuesta. Cada dato responderá a uno de los mitos anteriores. Después de estudiar los gráficos, contesta las preguntas.

Mito 1: Los hispanos bilingües no miran la televisión en español.

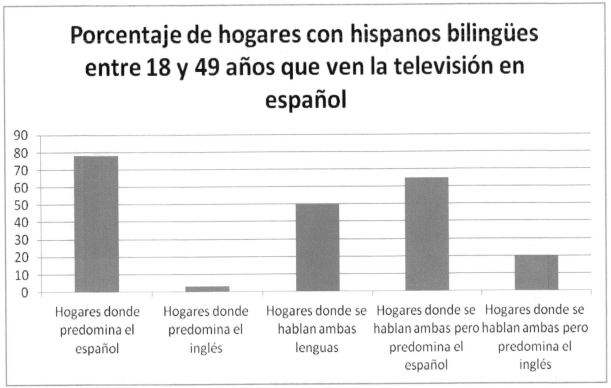

1. Usando la información del gráfico, escribe el porcentaje aproximado de televidentes que miran la televisión en español en los siguientes grupos:

   a. Hogares donde predomina el español _____

   b. Hogares donde predomina el inglés _____

   c. Hogares donde se hablan ambas lenguas _____

   d. Hogares donde se hablan ambas lenguas pero predomina el español _____

   e. Hogares donde se hablan ambas lenguas pero predomina el inglés _____

2. ¿En cuál de los hogares se ve más televisión en español? _____

3. ¿En cuál de los hogares se ve menos televisión en español? _____

¿Corresponden los datos al Mito 1? Explica. _____

Mito 2: No es necesario gastar dinero en campañas publicitarias en español porque se puede llegar al mercado hispano con la publicidad general.

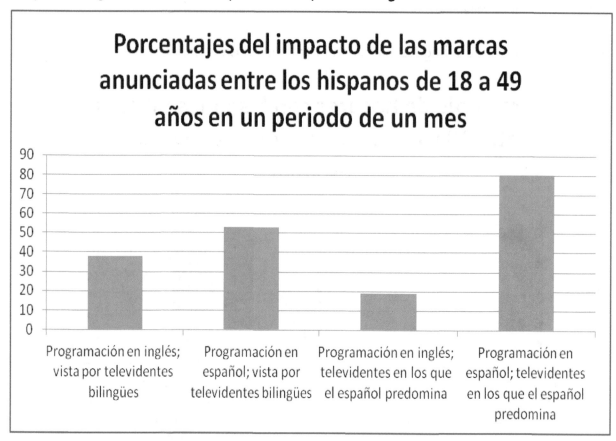

Porcentajes del impacto de las marcas anunciadas entre los hispanos de 18 a 49 años en un periodo de un mes

1. Usando la información del gráfico, escribe el porcentaje aproximado del impacto de las marcas anunciadas entre los televidentes que miran la televisión en los siguientes grupos:

    a. Programación en inglés; vista por televidentes bilingües   _____

    b. Programación en español; vista por televidentes bilingües   _____

    c. Programación en inglés; televidentes en los que el español predomina   _____

    d. Programación en español; televidentes en los que el español predomina   _____

2. Tomando en cuenta los datos, ¿serían ciertas o falsas las siguientes declaraciones?

    Cierta / Falsa   a. En general los anuncios en inglés son más efectivos para los hispanos.

    Cierta / Falsa   b. El traducir los anuncios de inglés a español promoverá más ventas.

    Cierta / Falsa   c. Los anuncios en español conectan mejor con el público hispano.

3. ¿Crees que te identificas mejor con los anuncios en español o en inglés? Explica por qué.

_____

_____

Mito 3: Como los hispanos han tardado en usar la tecnología, no son necesarias las campañas publicitarias en internet y los aparatos móviles.

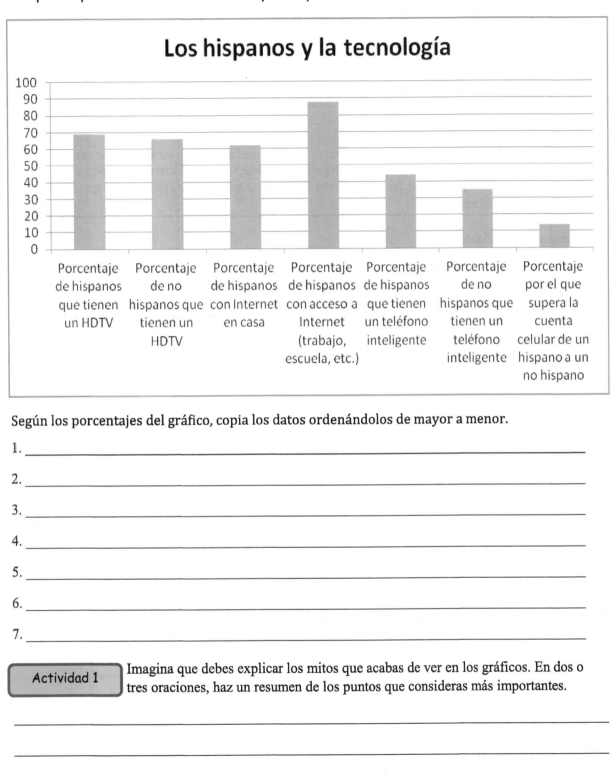

Los hispanos y la tecnología

Según los porcentajes del gráfico, copia los datos ordenándolos de mayor a menor.

1. _____

2. _____

3. _____

4. _____

5. _____

6. _____

7. _____

Actividad 1 Imagina que debes explicar los mitos que acabas de ver en los gráficos. En dos o tres oraciones, haz un resumen de los puntos que consideras más importantes.

_____

_____

_____

_____

En internet o la televisión busca un anuncio dirigido específicamente a hispanos en EEUU. Después de verlo contesta las siguientes preguntas.

1. ¿Parece ser una traducción directa del inglés al español? _____

2. ¿Qué referentes culturales aparecen? _____

3. ¿Crees que entenderías bien el anuncio si no vivieras plenamente entre el mundo anglosajón y el hispano? Explica. _____

_____

| Actividad 2 | Vas a dibujar o crear un anuncio de seis escenas para un producto que aparece en los medios anglosajones. Luego lo vas a adaptar para el mercado hispano. Para prepararte, primero rellena la siguiente tabla con la información que vas a incluir. |

Anuncio que voy a adaptar	
Palabras clave en inglés	
Palabras clave en español	
Referentes culturales anglosajones	
Referentes culturales hispanos	
Posibles imágenes hispanas	

Ahora escribe un borrador con el escenario de tu anuncio y apuntes para el diálogo que se usará.

Escenario: _____

Personajes: _____

Apuntes para el diálogo que se usará en el anuncio. _____

_____

_____

_____

¿Sabías que recientemente Nielsen, Univisión y SMG Multicultural llevaron a cabo un estudio en el que usaron cuatro anuncios casi idénticos en inglés y español para determinar el impacto de la lengua en los consumidores bilingües *Bi-Llenials*? El resultado fue que las versiones en español consistentemente tuvieron más éxito.

Ahora vas a hacer un guion gráfico (*storyboard*) de tu anuncio. Puedes dibujarlo o usar dibujos que encuentres en internet o en tu computadora. Incluye el diálogo en burbujas como en los cómics. Debes prepararte para presentarlo a la clase.

La lengua y la cultura: Cognados parciales, falsos y "en transición"

Anteriormente viste que el bilingüismo ocurre al encontrarse dos culturas con lenguas diferentes que se adaptan para comunicarse. Asimismo viste que hay cognados y que dentro de ellos también hay cognados falsos (se parecen pero tienen significados diferentes), cognados parciales (a veces tienen el mismo significado pero otras veces no) e incluso "en transición". El contexto te dirá si el cognado es parcial, falso, verdadero o está "en transición".

Actividad 1   COGNADOS PARCIALES (a veces tienen el mismo significado)

1. acción	_____	*y* share of stocks
2. arena	_____	*y* sand
3. blanco	_____	*y* white or target
4. conducir	_____	*y* to drive
5. defraudar	_____	*y* to disappoint
6. dirección	_____	*y* postal or email address
7. en efecto	_____	*y* in fact
8. historia	_____	*y* story (narration)
9. audiencia	_____	*y* hearing; high court
10. probar	_____	*y* to taste or try on

Actividad 2   COGNADOS FALSOS (se parecen pero no tienen el mismo significado)

1. actualmente	*parece ser*	_____	*pero en realidad es* "currently".
2. billón	*parece ser*	_____	*pero en realidad es* "a trillion".
3. sensible	*parece ser*	_____	*pero en realidad es* "sensitive".
4. copa	*parece ser*	_____	*pero en realidad es* "a wine glass".
5. delito	*parece ser*	_____	*pero en realidad es* "crime".
6. embarazada	*parece ser*	_____	*pero en realidad es* "pregnant".
7. éxito	*parece ser*	_____	*pero en realidad es* "success".
8. largo	*parece ser*	_____	*pero en realidad es* "long".
9. recordar	*parece ser*	_____	*pero en realidad es* "to remember".

OJO: 10. realizar es cognado cuando *realize* significa *to achieve*, pero es cognado falso cuando significa *to understand, be aware of.*

11. conductor es cognado cuando *conduct*or significa *driver*, pero es cognado falso cuando significa *orquestra director.*

COGNADOS "EN TRANSICIÓN"

Con la globalización y la tecnología, las culturas y sus lenguas entran en contacto, creando lo que se puede llamar cognados en transición. Son palabras que, como los cognados, comparten significado, ortografía y pronunciación similares en dos idiomas; no obstante todavía muchos no los consideran "aceptables". Pero por la extensión de su uso posiblemente estén en transición a ser aceptados.

Fíjate en las palabras de la siguiente tabla. Después de leerlas en voz alta

a. escribe tu definición de la palabra,

b. escribe la definición de un compañero, y

c. escribe la definición de la palabra que aparece en un diccionario, si hay alguna.

	Mi definición	Definición de un compañero	Definición en el diccionario
1. ganga (de rufianes)			
2. troca			
3. carpeta			
4. aplicar (para un empleo)			
5. atender (a clase)			
6. grado (en un examen)			
7. switch			
8. moverse (de casa)			
9. cool			
10. laptop			

Tu turno Brevemente explica la diferencia entre *cognado, cognado parcial* y *cognado falso*. Usa ejemplos en tu explicación.

_____

_____

_____

La ortografía: C, S, Z

A través de Hispanoamérica, la letra *c* ante *e / i* y la letra *z* se pronuncian de la misma manera que se pronuncia la letra *s*. Este fenómeno recibe el nombre de *seseo*. La mayoría de los españoles usan una pronunciación diferente.

Pronuncia las siguientes palabras en voz alta, fijándote en las letras subrayadas.

ca<u>sa</u>   ca<u>za</u>   condi<u>ción</u>   deci<u>sión</u>   <u>cien</u>to   <u>sien</u>to   <u>cier</u>vo   <u>sier</u>vo

¿Notaste alguna diferencia en la pronunciación? Si vivieras en España probablemente sí, porque la gran mayoría de los españoles pronuncian la letra *c* o la *z* como la ***th*** en inglés. Para los hispanoamericanos las palabras de la lista son **homófonos**, o sea, se pronuncian igual. Vuelve a leer la lista, pero esta vez cuando veas una **c** o **z**, pronúnciala como la ***th*** de ***think***. Después lee el dilema de una joven.

Un quebradero de cabeza (¿o se escribe "cabesa"?)

Anoche mientras veía la televisión apareció un anuncio que me dejó pensando: ¿Se escribe *cruze* como aparece en el anuncio? En ese momento lo dejé pasar porque no tenía ganas de levantarme a buscar la palabra en el diccionario. Pero más tarde apareció el mismo anuncio y ya no pude aguantar las ganas de saber si estaba bien escrita la palabra *cruze* o si debería escribirse *cruce* o *cruse*. Estaba segura de que era *cruce* pero me picó la curiosidad. En ese momento entró mi compañera de cuarto y le hice la pregunta. Rotundamente respondió, "Pues es con *c* o *z* porque la palabra es 'cruthe'". Claro, es española así que pronuncia la ce y la zeta de manera diferente a mí que soy de Chicago.

Pues, bien, ahora ya sabía que tenía que descartar *cruse*, pero quedaban dos opciones: *cruze* y *cruce*. Entonces, desde un lugar muy lejano en mi mente me apareció la voz de mi maestra de español en la prepa diciendo: "Recuerden, jamás jamás ni *ze* ni *zi*, y la *z* solo se intercambia con la *c*". ¡Problema resuelto! Pero. . .no del todo porque siendo como soy de dudosa, tuve que ir al diccionario en internet para comprobar que era *cruce*, y ¡*Eureka*! (Lo encontré) como exclamó el griego Arquímedes tras descubrir que podía calcular el peso aparente de un objeto al sumergirlo en el agua. Fue él quien nos legó esa propiedad que hoy conocemos con el nombre de *densidad*. . .o ¿es *dencidad*?

¡Vaya quebradero de cabeza (¿o se escribe *cabesa*?)!

Actividad 1 Pronuncia en voz alta la siguiente lista de palabras como si fueras hispanoamericano, o sea que la *c, s* y *z* se oigan iguales. Después vuelve y pronúncialas como la mayoría de los españoles, es decir que la *c* y *z* suenen a /**th**/ como en "**thing**"

tardanza	decisión	reducir	intensivo
adivinanza	empezar	elección	fascinante
cansa	empiece	corrección	fresco
descansa	avanzar	altísimo	grotesco
contaminación	avance	famosísimo	franceses
exclamación	deducir	exclusivo	costarricense

Hay ciertos patrones y relaciones entre palabras que te pueden ayudar con la *s, c, z*. Fijándote en cómo se deletrean, escribe palabras de las listas para completar la tabla.

alcanzar	esper**anza**	jardin**cito**	parent**esco**
amplí**simo**	esquin**azo**	joven**cito**	pinch**azo**
apare**cer**	favore**cer**	lan**zar**	pintor**esco**
bata**cazo**	gigant**esco**	mescol**anza**	por**razo**
cono**cer**	golpe**cito**	muchí**simo**	priv**anza**
cru**zar**	grandí**simo**	novel**esco**	ro**zar**
dan**za**	graví**simo**	pane**cillo**	satisfa**cer**

palabras terminadas en –*anza*	*privanza*
palabras terminadas en –*zar*	*cruzar*
palabras terminadas en –*ísimo*	*muchísimo*
palabras terminadas en –*esco* y –*asco*	*parentesco*
palabras terminadas en –*azo*	*porrazo*
palabras terminadas en –*cer*	*favorecer*
diminutivos –*cito* y –*cillo*	*jovencito*

Hay correspondencias entre las palabras en inglés y español que también te pueden ayudar. Fíjate en la palabra en inglés y luego elige cuál de las formas ortográficas crees que es la correcta y escríbela en el espacio. Sigue el ejemplo.

1. action	acción	acsión	aczión	___*acción*___
2. adhesive	adhecivo	adhesivo	adhezivo	_____
3. ascend	acender	asender	ascender	_____
4. decision	decición	decisión	decizión	_____
5. introduce	introducir	introdusir	introduzir	_____
6. reproduce	reproducir	reprodusir	reproduzir	_____
7. realize	realisar	realizar	realicar	_____
8. satisfaction	satisfacción	satisfacsión	satisfaczión	_____
9. subversive	subvercivo	subversivo	subverzivo	_____

Sintetizar: Refiriéndote a lo que has estudiado, completa la tabla para resumir lo que has aprendido.

Recuerda lo que dijo la maestra: "Jamás jamás ni *ze* ni *zi*, y la 'z' solo se intercambia con la 'c'".

- La **z + e** se tiene que cambiar a (**ce** / **se**); la **z + i** se tiene que cambiar a (**ci** / **si**).
- La **z** solo se puede intercambiar con (**c** / **s**); la **s** (**no** / **sí**) se puede intercambiar con *c*.

Actividad 4 — Sopa de letras. Primero pronuncia y deletrea en voz alta las palabras de la lista. Luego búscalas en la sopa.

C	X	B	P	R	E	S	I	E	N	T	C	O	S	E	R
L	A	R	E	L	A	C	I	Ó	N	N	Y	Y	L	C	H
F	W	B	R	T	Y	G	U	I	O	P	G	C	A	V	R
A	C	I	E	N	C	I	A	D	A	D	D	F	U	H	E
B	K	G	L	Z	X	C	V	B	N	M	C	W	S	E	V
E	T	A	R	D	A	N	Z	A	Z	A	O	A	E	O	I
T	A	I	S	D	F	G	H	J	K	H	C	X	N	C	S
A	L	C	A	N	Z	A	R	T	R	O	E	Q	T	K	I
L	F	N	D	S	A	N	B	V	C	M	R	Z	E	H	Ó
O	S	T	X	E	D	C	R	F	V	I	T	G	B	A	N
T	N	E	U	J	M	I	K	O	Ü	C	P	I	O	L	E
I	W	R	E	C	I	É	N	G	D	I	U	Y	E	L	S
C	P	L	K	J	R	G	N	P	D	D	E	S	G	A	T
E	D	S	E	C	U	E	N	C	I	A	O	W	N	Z	I
H	B	V	C	X	L	Ü	M	H	R	N	K	L	D	G	O
C	N	E	K	I	D	S	I	L	E	N	C	I	O	O	N
O	R	K	B	C	R	E	C	E	R	L	I	Z	A	Q	E
C	O	N	T	R	F	V	C	D	A	N	S	I	A	S	M

RECIÉN
RELACIÓN
CABEZA
ALCANZAR
COCER
COSER
CRECER
ANSIAS
SECUENCIA
SILENCIO
HOMICIDA
CIENCIA
AUSENTE
REVISIÓN
TARDANZA
HALLAZGO
COCHECITO

Actividad 5 — Transcribe las siguientes letras y luego indica si la palabra está bien deletreada.

Letras	Palabra	Bien deletreada: **Sí / No**
1. a pe a erre e zeta ce o	aparezco	sí
2. de i zeta i e ene de o		
3. de e ce i ese i o(con tilde) ene		
4. ce o ene e equis i o(tilde) ene		
5. ce o ce hache e ese i te o		
6. pe o erre erre a zeta o		

Letras	Palabra	Bien deletreada: **Sí** / No
7. ce o ce e	*coce*	*no*
8. ese i e ene te o		
9. pe a erre e ene te e zeta ce o		
10. pe erre o de u ese i erre		
11. a pe a erre e ce e		
12. e eme be a erre a ese a de a		
13. a ce ese i o(tilde) ene		

Actividad 6 Lee el siguiente anuncio que se escuchó en la radio. Quien lo transcribió cometió **DIEZ** faltas ortográficas usando *c, s, z*. Busca y subraya las diez faltas; luego vuelve a escribir el anuncio corregido.

¿Quiere alcansar su meta de ser rico? ¿O quizás simplemente decea mejorar su situación económica? ¿O le gustaría comprarse un cochezito deportivo? Ahora puede realisar todo esto y más vendiendo un producto innovador que está al alcanze de todos los bolsillos. Con solo diez ventas a amigos o familiares comensará a ver los rezultados económicos que usted tanto desea. Llame hoy mismo al teléfono en pantalla para resibir su paquete inisial. ¡Hágalo ya!

_____

_____

_____

_____

_____

_____

_____

_____

Homófonos con C, S, Z

Si –*homo* significa "igual" y –*fono* se refiere a "sonido" ¿qué crees que significa *homófono*? _____

Correcto. Los homófonos son palabras en el **mismo idioma** que tienen el **mismo sonido** pero un **significado diferente**. En estas actividades se usa la pronunciación del español americano. ¿Qué diferencia esencial notas entre lo que es un cognado y lo que es un homófono? [Pista: Mira las palabras subrayadas en la definición.] _____

Actividad 1 Vas a trabajar con algunos pares de homófonos para luego no tener dudas al escribirlos. Primero lee en voz alta la palabra subrayada en cada par de oraciones y luego la oración. Después, usando su significado en la oración, traduce cada homófono. Puedes usar el diccionario. En los espacios, escribe apuntes que te ayuden a recordar la ortografía correcta.

Homófonos *C / S*	Traducción
1. No <u>ceso</u> de pensar en las oportunidades que hay en el mercado hispano.	cease
Solo alguien sin <u>sesos</u> en la cabeza lo negaría.	brains
Apuntes: *Cease y ceso empiezan con c; seso y saber empiezan con s.*	
2. El Centro de Investigación Pew tiene su <u>sede</u> virtual en pewresearch.org	
Aunque encuentre obstáculos, no <u>cede</u> en hacer investigación.	
Apuntes:	
3. No sé si fueron <u>cien</u> o más los bilingües encuestados.	
Lo que sí sé, es que salí con un enorme dolor en la <u>sien</u> derecha.	
Apuntes:	
4. <u>Siento</u> que poco a poco habrá más periódicos en español en EEUU.	
Alguien comentó que ya hay por lo menos <u>ciento</u> veinte.	
Apuntes:	
5. Algunos televidentes piden programas para saber <u>cocer</u> comida caribeña.	
Otros prefieren clases para aprender a <u>coser</u> la ropa de la familia.	
Apuntes:	
6. El mercado se <u>resiente</u> por la falta de publicidad en español.	
Eso es según un estudio <u>reciente</u>.	
Apuntes:	

Actividad 2 Elige la palabra correcta entre paréntesis y escríbela en el espacio.

En la cadena Latinos Media un programa _reciente_____ (reciente / resiente) recibió una

aprobación de casi _____ (cien / sien) puntos. Y eso que era un programa para

aprender a _____ (cocer / coser) a lo antiguo: ¡sin máquina—solo hilo y aguja!

Según los ejecutivos de la cadena, con _____ (cede / sede) en Canadá, hay

alrededor de _____ (ciento / siento) diez programas de costura por mes, pero

ninguno como este que se dirige tanto a niños y niñas como a hombres y mujeres. No

_____ (ceso / seso) en mi admiración del ingenio de la persona a quien se le

ocurrió crear un programa como este.

Actividad 3 Ahora haz lo mismo que en la Actividad 1, pero esta vez con *s* y *z*.

Homófonos *S / Z*	Traducción
1. Una <u>vez</u> que hayan identificado al público pueden crear la publicidad.	
Si no <u>ves</u> ningún impedimento, así lo haremos.	
Apuntes:	
2. Creo que va <u>a ser</u> la mejor campaña del año.	
Vamos <u>a hacer</u> todo lo posible para que tenga éxito.	
Apuntes:	
3. Se va a filmar en <u>casa</u> de una familia que inmigró hace cinco años.	
El padre se dedica a la <u>caza</u> de animales casi extinguidos para criarlos.	
Apuntes:	
4. Entre las mujeres que entrevistamos solo una se <u>riza</u> el pelo.	
Cuando le preguntamos por qué lo hace, le entró mucha <u>risa</u>.	
Apuntes:	
5. Al vernos entrar, la locutora se levantó y nos vino a <u>abrazar</u>.	
Los bomberos cuidaron de que nadie se fuera a <u>abrasar</u> con el fuego.	
Apuntes:	
6. La <u>rosa</u> que el joven le da a la chica significa que la elige a ella.	
Por conseguirla, a veces alguna participante <u>roza</u> la mala educación.	
Apuntes:	
7. No hay cosa peor que una mujer u hombre que va a <u>cazar</u> pareja.	
Lo malo es que al final a veces ni se llegan a <u>casar</u>.	
Apuntes:	

Actividad 4 Elige la palabra correcta entre paréntesis y escríbela en el espacio.

Hoy apareció en el periódico un artículo en el que por primera ___Vez___ (ves / vez) varios gobiernos han dicho que ___Van a hacer___ (van a hacer / van a ser) todo lo posible para erradicar la ___caza___ (casa / caza) de las ballenas en el Atlántico Sur. No entiendo cómo a algunas personas les entra la ___risa___ (risa / riza) cuando les cuentan los insultos que lanzan los políticos cuando creen que alguien ___roza___ (rosa / roza) su soberanía en el mar. Es terrible lo que incitan a la gente a hacer. Por desgracia ayer alguien ___abrasó___ (abrasó / abrazó) el consulado de un país que quiere continuar la caza. No hubo heridos pero las autoridades dijeron que no pararían hasta ___cazar___ (casar / cazar) a los malhechores.

Actividad 5 Del siguiente banco de palabras, elige diez para completar las oraciones.

a hacer   a ser   abrasar   abrazar   casa   casar   caza   cazar
cede   ceso   ciento   cocer   coser   reciente   resiente   risa
riza   rosa   roza   sede   seso   sien   siento   ves   vez

1. Van a pasar ese programa de noticias solo una ___Vez___ (time).
2. No sé si vamos ___a hacer___ (to do) todo lo necesario.
3. Al verlo se acercó para ___abrazar___ (to hug) a su viejo rival de la tele.
4. Después de ___ciento___ (100) veinte años, han cerrado el periódico.
5. Nadie sabe qué va ___a ser___ (to be) del edificio que fue la ___sede___ (headquarters) del periódico por tanto tiempo.
6. Me parece que la decisión es algo ___reciente___ (recent), quizás de la semana pasada.
7. Al director le entró una ___risa___ (laughter) nerviosa cuando se enteró.
8. Como su hija se iba a ___casar___ (to get married), había planeado una edición especial.
9. Por fin ___ves___ (you see) lo que te avisé, ¿verdad?

Actividad 6 Ahora escribe cinco oraciones con algunos de los homófonos del banco de palabras que no usaste arriba.

1. ___Rosa es mi color favorita.___
2. ___Yo estoy en mi casa___
3. ___Me siento muy triste___

4. _____

5. _____

Jamás, jamás ni "zeta e" ni "zeta i"...

Recuerdas que en una lectura anterior cuando la narradora no sabía cómo deletrear una palabra recordó lo que le dijo una maestra: "Entonces, desde un lugar muy lejano en mi mente me apareció la voz de mi maestra de español en la prepa diciendo: 'Recuerden, jamás jamás ni *ze* ni *zi*, y la zeta solo se intercambia con la ce'. ¡Problema resuelto!"

Actividad 1 Ahora usa lo que dijo la maestra para escribir las formas plurales de las palabras de la lista y traduce la forma singular. Marca las que te causen dudas.

Singular	Plural	Traducción	Singular	Plural	Traducción
actriz	actrices	actress	capaz		
andaluz			cicatriz		
arroz			delicadez		
barniz			desliz		
lápiz			disfraz		

Actividad 2 Haz lo mismo pero ahora escribe las formas singulares de las palabras y tradúcelas. Marca las que te causen duda para fijarte bien en el cambio ortográfico.

Singular	Plural	Traducción	Singular	Plural	Traducción
	cruces			jueces	
	tenaces			narices	
	felices			raíces	
	fugaces			veloces	
	locomotrices			voces	
	peces			vivaces	

Las perífrasis verbales 🏃

¿Recuerdas lo que comunica un verbo : acción / un estado / ambos? A veces no podemos decir lo que queremos con la forma simple del verbo y entonces usamos una perífrasis verbal para expresar exactamente lo que queremos. Por ejemplo, al decir "Como una manzana" puedo querer decir "I eat an apple (maybe every day)" o "I am eating an apple". Para aclarar lo que digo, puedo decir "Estoy comiendo una manzana" y entonces el oyente sabe exactamente lo que hago en ese momento.

Actividad 1 — Lee las siguientes oraciones y conéctalas a su traducción. Las perífrasis están subrayadas.

___1. Tengo que ver las noticias.

___2. Debemos hacer algo importante.

___3. Hay que mantenerse al día.

___4. Debe de haber ocurrido algo.

___5. Están por llamar a los reporteros.

___6. Van a ir a los estudios.

___7. Comienzan a llegar los interesados.

___8. Vuelven a llamar al periódico.

___9. Sigue llegando más gente.

___10. Están hablando con los reporteros.

___11. Acaba de llegar el alcalde.

a. I have to watch the news.

b. More people continue to arrive.

c. One has to keep up to date.

d. Something must have happened.

e. The interested parties are starting to arrive.

f. The mayor has just arrived.

g. They are about to call the reporters.

h. They are calling the newspaper again.

i. They are talking with the reporters.

j. They're going to go to the studios.

k. We should do something important.

Actividad 2 — En la tabla escribe las oraciones de arriba según la función de la perífrasis verbal. Sigue los ejemplos.

Función	Ejemplos
Expresar obligación.	Tengo que ver las noticias.
Expresar probabilidad.	
Indicar acción inminente.	Están por llamar a los reporteros. Van a ir a los estudios.
Indicar acción acabada.	
Indicar acción en desarrollo.	
Indicar acción repetida.	
Indicar el comienzo.	

Actividad 3 Forma oraciones con los siguientes elementos; la primera palabra de la oración está en mayúscula. Después de escribirlas, subraya todas las perífrasis verbales.

1. una / Mañana / vamos / a / presentación / hacer

_____ Mañana <u>vamos a hacer</u> una presentación. _____

2. Tienes / internet / que / información / buscar / en

_____

3. mandar / Pepa / de / acaba / un / texto / decir / para / que / va a / nos / ayudar

_____

4. correo / Debe / de / el / haber / mandé / leído / que / le

_____

5. está / a / la / Dice / que / biblioteca / por / llegar

_____

6. mandando / Sigue / más / textos

_____

7. Comienza / mandar / a / información / para / presentación / la

_____

8. mandar / a / otro / texto / Vuelve

_____

9. ya / que / Dice / reporte / está / escribiendo / el

_____

10. Hay / que / datos / buscar / en / internet

_____

11. asegurarte / sea / que / información / la / exacta / Debes

_____

Gramática: El modo indicativo

🏃 En la unidad anterior viste que los verbos comunican un estado o acción en el presente, pasado o futuro, y que a los verbos personales también se les llama *conjugados*.

Actividad 1	Para recordar lo que aprendiste del tiempo de los verbos, lee la siguiente transcripción de un programa de radio y luego completa la tabla para clasificar los verbos personales subrayados como **presente, pasado** o **futuro**.

Lo hispano en un programa de radio

Buenos días, estimados radioyentes. Hoy **continuamos** con nuestra serie "Lo hispano". Como todos los días, les **voy a ofrecer** algunos datos para que los consideren, y luego les **haré** una pregunta para comentar. Aquí **van** los datos.

Según *Medialife Magazine* (16 junio, 2016) la cantidad de ingresos de publicidad que **tuvieron** las cinco cadenas televisivas hispanas en EEUU sobrepasó la de las cadenas en inglés durante el mismo mes: hubo un aumento de ingresos en las cadenas hispanas de un 18% en comparación al año anterior, mientras que en las cadenas en inglés habían disminuido en un 3%. Por lo tanto, como notó un ejecutivo de Standard Media Index, hace falta darse cuenta de que los hispanos constituyen un público cuyo poder adquisitivo va en aumento. Sin duda la industria de la publicidad hispana, ahora de más de cinco mil millones de dólares, **va** por delante de todos los otros sectores de publicidad.

Pero, ¿**seguirá** esta tendencia una vez que los hispanohablantes se conviertan más y más en angloparlantes? Ya en el 2012 Experian Simmons **encontró** que un 48 por ciento de hispanos **prefiere** usar español en casa, pero un 57 por ciento **habla** mayormente inglés fuera de casa. Y la compañía Nielsen encontró que entre 2012 y 2013 **hubo** un aumento del 31 por ciento en el número de telespectadores hispanos que **vieron** las finales nacionales de baloncesto. ¿**Apuntará** esto a que para el año 2050, a pesar del pronóstico de que los hispanos **van a constituir** el 30 por ciento de la población de EEUU, nuestra cultura y nuestra lengua habrán cedido frente a lo anglosajón? ¿Qué **piensan**? Hemos abierto las líneas telefónicas para recibir sus respuestas. O mándenos un texto y yo mismo lo **leeré**.

Verbo en pasado	Verbo en presente	Verbo en futuro

🌱 Sintetizar: Refiriéndote a lo que has estudiado, completa la tabla para resumir lo que has aprendido.

- El **presente** comunica una acción que (ya ha tomado lugar / toma lugar / va a tomar lugar).
- El **pasado** comunica una acción que (ya ha tomado lugar / toma lugar / va a tomar lugar).
- El **futuro** comunica una acción que (ya ha tomado lugar / toma lugar / va a tomar lugar).

Actividad 2 Fíjate en algunos de los verbos que aparecieron en la lectura anterior y su infinitivo (*forma no personal*). Luego según la terminación del infinitivo (*las últimas dos letras*) escribe y clasifícalos en la tabla. Sigue el ejemplo. Después, con un compañero, escriban <u>tres verbos más para cada terminación</u>.

continuamos continu**ar**	voy **ir**	podemos pod**er**	crece crec**er**	está est**ar**	prefieren prefer**ir**

Verbo personal (conjugado)	Verbo no personal (forma en infinitivo)	Infinitivo terminado en –ar (1ª conjugación)	Infinitivo terminado en –er (2ª conjugación)	Infinitivo terminado en –ir (3ª conjugación)
continuamos	continuar	continu<u>ar</u>	————	————
voy	ir	————	————	<u>ir</u>
podemos	poder	————	pod<u>er</u>	————
crece				
está				
prefieren				

Sintetizar: Refiriéndote a lo que has estudiado, completa la tabla para resumir lo que has aprendido.

- El **verbo conjugado** es una forma verbal (personal / no personal / impersonal).

- El **infinitivo** es una forma verbal (personal / no personal / impersonal).

- Si el infinitivo termina en **–ar** es un verbo de la _____ conjugación.

- Si el infinitivo termina en **–er** es un verbo de la _____ conjugación.

- Si el infinitivo termina en **–ir** es un verbo de la _____ conjugación.

Los verbos pueden ser regulares, de cambio radical, irregulares y de cambio ortogáfico. De momento solo vas a trabajar con los *verbos regulares* en el **presente**.

Actividad 1 — Lee la selección del recuadro y observa los verbos subrayados. Luego fíjate en los ejemplos de la tabla y, basándote en tus observaciones, complétala.

Primera conjugación: —AR

Yo **considero** que los tatuajes **causan** una mala impresión. Mis amigos y **yo estimamos** que no son atractivos especialmente si quien los hace **dibuja** algo violento. ¿**Opinas** igual como nosotros?

	considerar	estimar	dibujar	opinar	cambiar
yo	considero				
tú				opinas	
él, ella, usted			dibuja		
nosotros		estimamos			
ellos , ellas, Uds.					cambian

Actividad 2 — En cada oración elige el verbo correspondiente de los que están entre paréntesis. Cuida que haya concordancia entre el sujeto y el verbo.

1. Me (llama / llamas / llamo) Fini.

2. [yo] (Estudia / Estudias / Estudio) las tendencias de los latinos al comprar.

3. Para ello, ([yo] administras / administro / administra) encuestas a grupos de hispanos.

4. Mi compañera, Ma. Luisa, (toma / tomas / tomo) los datos de las encuestas que doy.

5. Luego [ella] los (analiza / analizan / analizo).

6. Después las dos (sacas / saca / sacamos) conclusiones de nuestro estudio.

7. Esto (ayuda / ayudas / ayudo) a entender mejor al consumidor hispano.

Lee las selecciones y completa las tablas.

Segunda conjugación: —ER

Con los programas de nutrición **aprendemos** a vivir mejor. Mi problema es que **como** mal. **Sucede** (*It so happens*) que mis amigos **creen** que soy vegetariano porque siempre como queso o tofu, pero no es verdad. Sin duda, tú **debes** pensar lo mismo, ¿no?

	aprender	comer	leer	creer	deber
yo		como			
tú					debes
él, ella, usted			lee		
nosotros	aprendemos				
ellos , ellas, Uds.				creen	

Tercera conjugación: —IR

Normalmente **vivo** cerca del lugar donde trabajo. Pero este año mi director me **exige** viajar mucho; por eso una amiga y yo **compartimos** una casa cerca del aeropuerto. Mis padres me ayudan con el alquiler y **asumen** parte de mis gastos. Y tú, ¿**decides** dónde vives?

	vivir	exigir	compartir	asumir	decidir
yo	vivo	exijo			
tú					decides
él, ella, usted		exige			
nosotros			compartimos		
ellos , ellas, Uds.				asumen	

Actividad 4 En cada oración elige el verbo correspondiente de los que están entre paréntesis. Cuida que haya concordancia entre el sujeto y el verbo.

1. Por lo general, [*nosotros*] (consumes / consumen / consumimos) mucho el internet.

2. Nuestros hijos (vives / viven / vivimos) atentos a lo más nuevo en tecnología.

3. No me molesta porque [*yo*] (cree / creemos / creo) que es necesario en el mundo moderno.

4. Además [*ellos*] (asiste / asisten / asistimos) a una universidad enfocada en la tecnología.

5. Allí [*los estudiantes*] (aprendes / aprenden / aprendo) a diseñar todo tipo de equipo técnico.

6. Saben que todos (debe / deben / debo) estudiar mucho para tener éxito en los estudios.

Sintetizar: Refiriéndote a lo que has estudiado, completa la tabla para resumir lo que has aprendido.

El presente indicativo de los verbos regulares

	Infinitivos con -ar usan las terminaciones	Infinitivos con -er usan las terminaciones	Infinitivos con -ir usan las terminaciones
yo	--o		
tú			--es
él, ella, usted			
nosotros		--emos	
ellos, ellas, ustedes			

Actividad 5

Ejercicio mecánico. Completa la siguiente tabla de verbos para asegurar tu conjugación de los verbos regulares en el presente.

	yo	tú	él, ella, usted	nosotros	ellos, ellas, Uds.
bailar					
cambiar					
dejar					
correr					
romper					
temer					
abrir					
recibir					
subir					

Verbos de cambio radical

Actividad 1   Lee la conversación fijándote en los verbos subrayados

Lalo: ¿Quieres que vaya contigo de compras?

Lucía: ¿Puedes venir? ¿No tienes que estudiar?

Lalo: Sí, pero si vuelvo antes de las seis lo puedo hacer.

Lucía: ¿Piensas que estaremos de vuelta para entonces?

Lalo: Yo pienso que sí, así que vámonos.

Ahora fíjate en cada verbo subrayado y su infinitivo. Luego contesta las preguntas.

querer / quieres   poder / puedes   tener / tienes   volver / vuelvo   pensar / pienso

a. ¿Dónde hay un cambio: en una vocal o una consonante? _____

b. Si la raíz del verbo es la parte antes de –ar, –er, –ir, "verbo de cambio radical" significa que el verbo cambia una (consonante / vocal) en la (raíz / terminación) del verbo.

Actividad 2   Basándote en lo que acabas de observar y fijándote en el patrón de los verbos de la tabla, completa las conjugaciones de los verbos de cambio radical que faltan.

—ar: *pensar* y *almorzar*		—er: *poder* y *atender*		—ir: *pedir* y *morir*	
(*yo*) pienso _____	(*nosotros*) pensamos _____	(*yo*) puedo atiendo	(*nosotros*) podemos _____	(*yo*) pido _____	(*nosotros*) pedimos _____
(*tú*) piensas almuerzas	(*vosotros*) pensáis _____	(*tú*) puedes _____	(vosotros) podéis _____	(*tú*) pides _____	(*vosotros*) pedís _____
(*él, ella, Ud.*) piensa _____	(*ellos, ellas, Uds.*) piensan _____	(*él, ella, Ud.*) puede _____	(*ellos, ellas, Uds.*) pueden _____	(*él, ella, Ud.*) pide muere	(*ellos, ellas, Uds.*) piden _____

¿Te has fijado en los cambios más frecuentes? Rellena los espacios.

e → _____   e → _____   o → _____   y en el verbo *jugar* u → _____

Actividad 3   En cada oración elige el verbo correspondiente de los que están entre paréntesis. Cuida que haya concordancia entre el sujeto y el verbo.

1. Mis padres (preferimos / prefiere / prefieren) ver la tele en español.

2. Pero mi hermanita siempre (quiere / quieren / quiero) ver los programas en inglés.

3. Si yo (puede / puedo / podemos) la veo en español para no olvidar mi lengua.

4. Tambien me gusta verla cuando mi equipo (juego / juegas / juega) partidos de fútbol.

5. La verdad, nosotros (solemos / suelo / sueles) ver el programa que nos apetece a todos.

6. Sé que si me pierdo algo, en unas semanas el programa (vuelve / vuelves / vuelven) a salir.

| Actividad 4 | Observa las conjugaciones de los verbos regulares y de cambio radical en la tabla. ¿Cambian las terminaciones (la parte subrayada)? _____ |

-ar: regular / cambio radical		-er: regular / cambio radical		-ir: regular / cambio radical	
mand<u>o</u>	comienz<u>o</u>	tos<u>o</u>	entiend<u>o</u>	recib<u>o</u>	mient<u>o</u>
mand<u>as</u>	comienz<u>as</u>	tos<u>es</u>	entiend<u>es</u>	recib<u>es</u>	mient<u>es</u>
mand<u>a</u>	comienz<u>a</u>	tos<u>e</u>	entiend<u>e</u>	recib<u>e</u>	mient<u>e</u>
mand<u>amos</u>	comenz<u>amos</u>	tos<u>emos</u>	entend<u>emos</u>	recib<u>imos</u>	ment<u>imos</u>
mand<u>an</u>	comienz<u>an</u>	tos<u>en</u>	entiend<u>en</u>	recib<u>en</u>	mient<u>en</u>

Ahora usa tu intuición y lo que has aprendido para completar el siguiente ejercicio mecánico. Cambia la vocal subrayada cuando sea necesario. (El cambio está entre paréntesis, por si lo necesitas.)

	yo	tú	él, ella, usted	nosotros	ellos, ellas, Uds.
f<u>o</u>rzar (ue)					
atrav<u>e</u>sar (ie)					
qu<u>e</u>brar (ie)					
j<u>u</u>gar (ue)					
c<u>o</u>cer (ue)					
ent<u>e</u>nder (ie)					
desc<u>e</u>nder (ie)					
rep<u>e</u>tir (i)					
desp<u>e</u>dir (i)					
inf<u>e</u>rir (ie)					

Sintetizar: Refiriéndote a lo que has estudiado, completa la tabla para resumir lo que has aprendido.

- El **cambio** en los verbos de cambio radical ocurre en (**la raíz** / **la terminación**).
- **Cierto o falso** Si una palabra tiene varias vocales, la vocal que cambia estará justo delante de la terminación del infinitivo (-ar, -er, ir).
- Las terminaciones de los verbos de cambio radical son (**diferentes de** / **iguales a**) las terminaciones de los verbos regulares.

Verbos irregulares

| Actividad 1 | Algunos verbos son irregulares, es decir, no siguen las formas que has estudiado hasta ahora. Pero otros solo son irregulares en la primera persona singular (*yo*) y regulares en lo demás. |

Con un compañero y usando su intuición, completen las siguientes tablas en las que hay verbos irregulares en todas las personas y otros solo en "yo".

	ir	hacer	saber	poner	salir
yo		hago			
tú		haces			
él, ella, Ud.		hace			
nosotros		hacemos			
ellos, ellas, Uds.		hacen			
irregular en todo / irregular en yo	irregular en todo	irregular en yo			

	dar	caber	traer	ver	valer
yo					
tú					
él, ella, Ud.					
nosotros					
ellos, ellas, Uds.					
irregular en todo / irregular en yo					

Actividad 2 En cada oración elige el verbo correspondiente de los que están entre paréntesis. Cuida que haya concordancia entre el sujeto y el verbo.

1. [Yo] (Voy / Vamos / Van) a hacer unas observaciones sobre la televisión en español.

2. Normalmente [yo] no (hace / hacemos / hago) comentarios, pero creo que es necesario.

3. Y es que la idea de algunas personas de que solo hay puras telenovelas no (cabe / caben / quepo) en mi cabeza.

4. La verdad es que todos (sé / sabes / sabemos) que aunque haya mucha afición a las telenovelas, hay más en las cadenas hispanas.

5. Mis amigos y yo no (salen / salgo / salimos) de nuestro asombro de todo esto.

6. Si ustedes (pones / ponen / ponemos) la televisión por la noche, con frecuencia verán entrevistas y programas educativos, como los de PBS.

7. Aquí [yo] (trae / traemos / traigo) un horario de programación.

8. En él usted (veo / ves / ve) que la variedad es muy grande.

9. A la vez, una comparación entre horarios de programas en inglés y español (da / das / dan) crédito a que se dedica casi la misma cantidad de tiempo a las telenovelas en ambos canales.

10. Como no veo telenovelas mi comentario no (vale / valemos / valgo) nada.

Actividad 3 Otros verbos son irregulares en "yo" y tienen un cambio en lo demás. Usa tu intuición para completar la tabla. A ver si puedes identificar el cambio.

	decir	tener	venir	mantener	prevenir
yo		tengo			
tú					
él, ella, Ud.	dice				
nosotros					
ellos, ellas, Uds.			vienen		
irregular en yo; hay / no hay otros cambios	irregular en yo; hay otros cambios				

En cada oración elige el verbo correspondiente de los que están entre paréntesis. Cuida que haya concordancia entre el sujeto y el verbo.

1. Un artículo (decimos / dice / digo) que ya en los años noventa había programas en español en la televisión en EEUU.

2. Yo (tenemos / tengo / tiene) la impresión que fue televisión por satélite.

3. Según el artículo, en pocos años (vengo / viene / venimos) otro canal, pero esta vez con programas en los dos idiomas.

4. Una conclusión del artículo es que esto significa que muchos hispanos (mantengo / mantienen / mantienes) tanto el uso del inglés como del español.

5. A la vez el tener acceso a los dos idiomas (prevengo / previene / prevenimos) que se pierda la lengua de herencia.

6. Es más, se (retengo / retenemos / retienen) los dos idiomas.

7. Algunos amigos (predicen / predice / predigo) que esta tendencia va a continuar.

Actividad 5 **Ejercicio mecánico.** Usa tu intuición y lo que has aprendido para completar el siguiente ejercicio mecánico. Los tipos de verbos irregulares van mezclados.

	yo	tú	él, ella, usted	nosotros	ellos, ellas, Uds.
atraer					
caer					
componer					
deshacer					
distraer					
entrever					
equivaler					
intervenir					
sobresalir					
prever					
rehacer					
satisfacer					

Para recordar y repasar. Al final de la última unidad no olvides anotar dudas o cosas para repasar.

El presente indicativo: Un repaso de lo que has aprendido

Sintetizar: Refiriéndote a lo que has estudiado, completa la tabla para resumir lo que has aprendido.

- Un verbo en el **presente** comunica una acción que _____.

- Los verbos que no tienen cambio alguno son verbos (regulares / de cambio radical / irregulares). Ejemplo: _____

- Los verbos que cambian una vocal en su raíz son verbos (regulares / de cambio radical / irregulares). Ejemplo: _____

- Los verbos que cambian una persona o toda su conjugación son verbos (regulares / de cambio radical / irregulares). Ejemplo: _____

- Cierto o falso Las terminaciones de los verbos regulares y de cambio radical no cambian, pero algunos irregulares sí cambian (*sé, doy, voy, estoy, soy*).

Actividad 1 Rellena los espacios de las siguientes oraciones con la forma correcta del verbo en el **presente**. Cuida la concordancia; regresa a los ejercicios anteriores para ayudarte o busca las conjugaciones en internet.

1. Los mensajes de los anuncios _____ (depender) de las suposiciones culturales.

2. Sin duda hoy en día los escritores _____ (tener) más consciencia de ello.

3. Cualquier compañía _____ (deber) considerar bien el contenido de su publicidad.

4. Se sabe que las traducciones literales _____ (soler) causar un malentendido.

5. Algunos escritores _____ (asumir) la responsabilidad de reflejar las culturas.

6. Por eso, estos anuncios _____ (lograr) un éxito rotundo pero otros fracasan.

7. Yo _____ (predecir) que cada vez va a haber mejores anuncios.

8. De hecho, todos _____ (creer) que las equivocaciones no van a volver a ocurrir.

9. Sin duda, nosotros los hispanos en EEUU _____ (salir) beneficiados.

10. Si las compañías no tienen buenos anuncios, sus ventas _____ (descender).

Actividad 2 Forma oraciones con los siguientes elementos; la primera palabra de la oración está en mayúscula. Debes conjugar los verbos entre paréntesis.

1. de / Normalmente / [yo] no (descargar) / internet / artículos

_____

2. Pero / sí / para / [yo] navegar / ciberespacio / el / datos / buscar

_____

3. amigos / [ellos] (pensar) / que / Mis / [yo] (pasar) / con / demasiado / tiempo / el / inteligente / teléfono

_____

4. clase / En / [él] (sonar) / el / teléfono / profesora / [ella] molestar / se / si / la

_____

5. texto / novia / mi / mandarme / [ella] (preferir) / Por / eso / de / mensajes

_____

6. A / veces / juntos / [nosotros] (ir) / a / estudiar / para / la / biblioteca

_____

7. Subo / programa / lo que / [yo] (hacer) / a / un / virtual / y / imprimo / luego / todo / casa / en

_____

8. Todos / [ellos] (creer) / que / [yo] (dedicar) / tiempo / mucho / a / estudios / mis

_____

9. ocasiones / Pero / en / [nosotros] (salir) / amigos / con / divertirnos / para

_____

10. nos (hablar) / Durante / Argentina / [ella] (vivir) / las / vacaciones / Skype / por / porque / en

_____

| Actividad 3 | Escribe una oración para cada sujeto. Usa un verbo diferente del banco de palabras para cada oración. |

| opinar | gastar | suceder | decidir | asumir | hacer | traer | deber | sentir | atender |
| almorzar | salir | aprender | vivir | compartir | decir | tener | venir | considerar |

1. yo: _____

2. tú: _____

3. él, ella o Ud.: _____

4. nosotros: _____

5. ellos, ellas o Uds.: _____

| Tu turno | Explica la diferencia entre _verbo regular, irregular_ y _cambio radical_. Usa ejemplos. |

_____

_____

_____

Recapitular, analizar y editar

1. Cierto o falso Los cognados son palabras parecidas en dos lenguas con el mismo significado.

2. Cierto o falso   Los cognados falsos son palabras en dos idiomas que se parecen pero tienen significados diferentes.

3. Cierto o falso   Los cognados parciales a veces tienen significados iguales pero otras veces son diferentes.

4. Lo que identifica un cognado, un cognado falso o un cognado parcial es (el contexto / la ortografía).

Repasar. Identifica las siguientes palabras como cognado, cognado falso o cognado parcial.

1. _____ nocturno 2. _____ firma 3. _____ librería

Mi entendimiento de	Excelente	Bueno	Débil	Para perfeccionar necesito...
lo que es un cognado falso es...				
lo que es un cognado parcial es...				
las diferencias entre los cognados es...				

5. Cierto o falso El seseo es cuando se pronuncian de la misma manera las letras s, c y z delante de e / i.

6. La mayoría de los (españoles / hispanoamericanos) usan el seseo.

7. Cuando escribo una palabra que tiene z + e, tengo que escribir (ce / se).

8. Cuando escribo una palabra que tiene z + i, tengo que escribir (ci / si).

9. La z solo se puede intercambiar con (c / s).

10. La ese (sí / no) se puede intercambiar con una ce o una zeta.

11. Cierto o falso Un homófono es cuando dos palabras en el mismo idioma se pronuncian igual pero se deletrean de manera diferente.

Ejemplo: _____

Repasar. Pon una *x* junto a las palabras que están bien deletreadas.

___1. zebra ___2. alcanso ___3. osito ___4. acsiones ___5. parentesco ___6. decisión ___7. aso

Mi entendimiento de	Excelente	Bueno	Débil	Para perfeccionar necesito...
cuándo debo usar ce o ci es...				
cuándo debo usar la letra s, c, z es...				
lo que es un homófono es..				

12. El presente comunica una acción que

      a. ya ha tomado lugar   b. toma lugar   c. va a tomar lugar

13. El pasado comunica una acción que

      a. ya ha tomado lugar   b. toma lugar   c. va a tomar lugar

14. El futuro comunica una acción que

      a. ya ha tomado lugar   b. toma lugar   c. va a tomar lugar

Repasar. Escribe el tiempo de los verbos: presente, pasado o futuro.

  1. _____ comimos   2. _____ van a ir   3. _____ sigo   4. _____ podrás

15. El verbo conjugado es una forma verbal (personal / no personal / impersonal).

16. Cierto o falso El infinitivo es una forma verbal no personal porque no tiene sujeto.

17. Si el infinitivo termina en **—ar** es un verbo de la (primera / segunda / tercera) conjugación.

18. Si el infinitivo termina en **—er** es un verbo de la (primera / segunda / tercera) conjugación.

19. Si el infinitivo termina en **—ir** es un verbo de la (1a / 2a / 3a) conjugación.

Repasar. Piensa en el infinitivo de los verbos e indica si son de 1a, 2a o 3a conjugación.

  1. ___ das   2. ___ empieza   3. ___ soy   4. ___ estamos   5. ___ cueces   6. ___ instruyen

20. Los verbos que no tienen cambio alguno son verbos (regulares / de cambio radical / irregulares). Ejemplo: _____

21. Los verbos que cambian una vocal en su raíz son verbos (regulares / de cambio radical / irregulares). Ejemplo: _____

22. Los verbos que cambian una persona o toda su conjugación son verbos (regulares / de cambio radical / irregulares). Ejemplo: _____

23. Cierto o falso Las terminaciones de los verbos regulares, de cambio radical e irregulares no cambian.

Repasar. Escribe si la forma del verbo que se da es regular, irregular o de cambio radical.

  1. _____ funciona   2. _____ hago   3. _____ pueden   4. _____ pide

  5. _____ almuerzo   6. _____ sacan   7. _____ eliges   8. _____ eres

Mi entendimiento de	Excelente	Bueno	Débil	Para perfeccionar necesito...
los tiempos verbales es...				
la clasificación de los verbos según el infinitivo es...				
la diferencia entre verbo regular, de cambio radical e irregular es...				

Actividad 1   En los siguientes grupos de opción múltiple todas las respuestas son correctas pero hay una mejor. Encuentra la mejor y justifica tu respuesta.

1. *Acciones* es un cognado parcial porque

a. se deletrea de manera parecida a otra palabra, pero tiene varios significados

b. se parece a una palabra en otra lengua, pero tiene el mismo y otros significados

c. se parece a otra palabra, casi se deletrea igual, pero tiene varios significados

2. *Sensible* es un cognado falso porque

a. se deletrea igual que y se parece a otra palabra, pero tiene otro significado

b. se deletrea igual que y se parece a una palabra en otra lengua, pero tiene otro significado

c. se parece a otra palabra y se deletrea igual, pero posiblemente tiene otro significado

3. La palabra *actrizes* está mal deletreada

a. debido a la dificultad de distinguir entre ce y zeta en América

b. porque excepto en nombres propios o palabras extranjeras, no se escriben zeta y e juntas

c. porque no sigue las normas ortográficas

4. Las palabras *caso* y *cazo* son homófonos

a. porque se pronuncian igual menos en unas zonas de España

b. porque no hay /θ/ ("th") en las Américas donde se pronuncian igual

c. para muchos americanos pero no para la mayoría de los españoles que pronuncian /θ/

5. En la oración *Están escuchando música* hay

a. un verbo personal de la primera conjugación en la tercera persona plural, una perífrasis verbal y un cognado

b. un verbo con tilde porque no sigue las normas, una perífrasis verbal y un cognado

c. un verbo personal en 3ª persona plural y de la primera conjugación porque termina en *–ar*

Actividad 2   En la siguiente oración conecta cada palabra con su clase y escribe la letra de su función.

Mis amigos y yo estamos muy contentos.

verbo (___)_____

sustantivo (___)_____

pronombre (___)_____

adjetivo (___)_____

adjetivo (___)_____

adverbio (___)_____

conjunción (___)_____

a. Describe un verbo, adjetivo u otro adverbio.

b. Comunica una acción o estado.

c. Describe un sustantivo.

d. Designa o identifica personas y cosas.

e. Indica si un sustantivo es conocido o general.

f. Relaciona un sustantivo o pronombre al resto de la oración.

g. Toma el lugar de un sustantivo.

h. Une palabras o secuencias equivalentes.

Actividad 1   En cada una de las siguientes oraciones hay tres palabras subrayadas. Busca la palabra que tiene un error. Si no hay error en ninguna de ellas usa la opción "Sin error". En el espacio pon la letra de tu respuesta. Sigue el ejemplo.
<u>**OJO: Si el uso es correcto, no es un error aunque haya otras posibilidades.**</u>

1. Es <u>verdad</u> que sí <u>realizo</u> lo que me estás <u>diciendo</u>.   <u>Sin error</u>. _____
   (a)   (b)   (c)   (d)

2. Me <u>parese</u> que ha visto <u>el</u> nuevo programa en <u>la</u> televisión.   <u>Sin error</u>. _____
   (a)   (b)   (c)   (d)

3. Mañana <u>escribí</u> <u>otro</u> reporte para el <u>noticiero</u> de las nueve.   <u>Sin error</u>. _____
          (a)   (b)   (c)   (d)

4. No <u>puedo</u> saber si <u>estas</u> seguro que <u>traes</u> la mejor publicidad.   <u>Sin error</u>. _____
   (a)   (b)   (c)   (d)

5. Álvaro <u>dice</u> que hay <u>cien</u> uno ejercicios para <u>hacer</u>.   <u>Sin error</u>. _____
      (a)   (b)   (c)   (d)

6. <u>Ese</u> problema es algo muy <u>reciente</u>, pero lo vamos a <u>resolver</u>.   <u>Sin error</u>. _____
  (a)   (b)   (c)   (d)

Actividad 2   En cada uno de los párrafos hay un error. Elige la palabra equivocada entre las cuatro opciones subrayadas y escríbela en el espacio. Luego escribe la forma correcta en el espacio "Corrección".

1. Según se dice, viven más de cincuenta millones de hispanos en Estados Unidos. No **<u>salgo</u>** de mi asombro de pensar que un país de **<u>hispanos</u>** tendría una capacidad adquisitiva de más de **<u>un billón</u>** (*a billion*) de dólares. Además sería uno de los veinticinco países más **<u>poblados</u>** del mundo.

Palabra equivocada: _____   Corrección: _____

2. En parte debido a la falta de información hay muchos mitos acerca de ellos y su relación con los medios de **<u>comunicación</u>**. **<u>Sé</u>** que uno es que no debemos gastar dinero en campañas publicitarias en español porque **<u>puédemos</u>** llegar **<u>al</u>** mercado hispano con las generales.

Palabra equivocada: _____   Corrección: _____

3. Otro mito es que los hispanos **<u>bilingües</u>** no miran la televisión en español, y por eso no **<u>salemos</u>** en los programas con la misma **<u>frecuencia</u>** que los otros grupos étnicos. Pero nosotros no **<u>pensamos</u>** que sea verdad.

Palabra equivocada: _____   Corrección: _____

Los hispanos en los medios de comunicación

A pesar de la presencia hispana en EEUU, su participación en los medios de comunicación ha sido muy limitada.

En la siguiente tabla hay datos de la lucha que se ha llevado a cabo para tener más representación. Lee cada comentario y luego indica si lo sabías o no.

	Lo sabía	No lo sabía
1986 La National Hispanic Media Coalition (NHMC) se forma en Los Ángeles para responder a la falta de representación hispana en los noticieros locales; pronto se forma otra sección en Nueva York.		✓
1988 Universal Studios da fondos para crear el Hispanic Film Project; entre 1988 y 1994 cada año se producen dos películas creadas por jóvenes cineastas hispanos.		✓
1990 Telemundo determina aumentar la representación hispana tanto en su programación como en la mesa directiva. Crea programación de noticieros locales y solicita la participación de la comunidad.	✓	
1992 Univisión llega a un acuerdo con la NHMC para crear programas infantiles.		✓
1996 Un presentador es despedido después de proponer que se le den pegatinas a cada conductor que atropelle a inmigrantes intentando cruzar de México a EEUU.		✓
1997 La cadena ABC anuncia que va a retransmitir tres programas hispanos y una entrega de premios hispana.		✓
1999 Se forma el National Latino Media Council (NLMC) para conseguir diversidad étnica en los medios de comunicación. Se hace un *Brownout* que logra resultados positivos en ABC, CBS, NBC y FOX.		✓
2001 Se toma acción contra *El vacilón por la mañana* de WSKQ-FM por su contenido insultante y grosero.		✓
2004 La NHMC y el NLMC producen el "Latino Television Study" que muestra que Nielsen Media Research no toma en cuenta debidamente a los telespectadores hispanos, lo cual puede resultar en cancelaciones de programación latina.		✓
2005 La NHMC y el NLMC se reúnen con PBS para tratar el tema de diversidad, y con el FCC para solicitar más control de la radio latina para evitar groserías.		✓
2008 Se inicia un estudio para demostrar que la retórica contra los inmigrantes en los medios de comunicación incrementa los crímenes de odio contra los hispanos.		✓
2012 Una encuesta nacional revela que el uso de "illegal alien" en los medios contribuye a opiniones negativas hacia la comunidad latina.	✓	
2015 Tras varios años de presión, se logra que la FCC adopte medidas que prohíben el bloqueo y la prioridad pagada en línea (*Open Internet*).		✓
2017 La NHMC reprocha la falta de representación latina entre los nominados a los premios *Golden Globe*.	✓	

		Cierto	Falso
Actividad 1	¿Cómo andas de memoria? Lee las siguientes declaraciones y sin volver a la página anterior, decide si son ciertas o falsas según lo que leíste. Luego comprueba tus respuestas con la lectura.		

	Cierto	Falso
1. La NHMC se forma en Nueva York.		X
2. Un presentador fue despedido por proponer que se les diera pegatinas a los inmigrantes que intentan entrar a los EEUU.	X	
3. El propósito del National Latino Media Council es evitar diversidad étnica en los medios de comunicación.		X
4. Se toman medidas contra el programa *El vacilón de la mañana* por su contenido grosero e insultante.	X	
5. Nielsen Media Research dice que el "Latino Television Study" no toma en cuenta debidamente a los telespectadores hispanos.		X
6. La retórica contra los inmigrantes en los medios de comunicación puede incrementar los crímenes de odio.	X	
7. En 2015 se protesta la falta de representación latina entre los nomidados para los *Golden Globe*.		X

Actividad 2 Tanto la NHMC como el NLMC siguen trabajando para conseguir diversidad, igualdad y respeto en los medios de comunicación. Ve a internet y busca dos logros o campañas que han llevado o llevan a cabo y escríbelos abajo. Un ejemplo es la campaña contra el programa *John and Ken*.

Logro o campaña	Año

Actividad 3 UNA CARTA FORMAL Imagina que debes escribir una carta breve al director de una cadena de televisión local para informarle de los nuevos logros de la NHMC. Como es para el director, ¿qué registro vas a usar: formal o informal?

Tu carta tendrá los siguientes componentes ordenados de esta manera:

Fecha (usa la de hoy) y saludo

Presentación personal y tu propósito para escribir la carta

Los nuevos logros de la NHMC que has buscado en internet

Despedida

A continuación se te da un esquema (*outline*) para ayudarte, pero las secciones están fuera de orden. Primero completa la información que se te pide; luego con un compañero decidan el orden de las secciones. Finalmente escribe tu versión final de la carta.

_5_ a. En espera de que pueda publicarlos,

_6_ b. Le saluda atentamente,

_____ (Firma: Tu nombre y apellido)

_3_ c. Me llamo _____ y soy estudiante en
_____. Por su profesión estoy seguro/a que conoce la labor tan importante que hace la National Hispanic Media Coalition a favor de los hispanos en EE.UU, pero desafortunadamente hay muchas personas que no la conocen. Como hispano universitario me gustaría ofrecerle unos datos recientes acerca de la NHMC para que los hiciera llegar al público hispano.

_1_ d. (Fecha:) _____

_2_ e. Estimado Sr. Director:

_4_ f. Recientemente (escribe aquí los logros que encontraste en internet) _____

_____

_____

Ecribe tu versión. Revisa cuidadosamente tu ortografía, vocabulario y puntuación.

_____

_____

_____

_____

_____

_____

_____

_____

_____

_____

_____

_____

_____

_____

_____

Compara tu carta con las de tus compañeros y comenten el contenido. ¿Hay semejanzas y diferencias?

La lengua y sus variaciones: Los préstamos

¿Cómo se dice la palabra *préstamo* en inglés: *advance, loan*? Ambas son correctas, pero para esta sección vas a pensar en *loan*. De hecho el préstamo léxico (*loan word*) es una palabra tomada o prestada de otra lengua con ninguna o poca adaptación de la palabra original. Es un fenómeno de las lenguas *en contacto*, de la influencia cultural de los hablantes de la lengua. Aunque hay préstamos gramaticales y fonéticos (de pronunciación), son más frecuentes los préstamos léxicos (de vocabulario).

Antes de leer Abajo hay varias palabras en inglés. Con unos compañeros intenten dar la palabra equivalente en español. Revisen la ortografía con un diccionario en línea.

Palabra en inglés	Préstamo	Palabra en inglés	Préstamo
goal	*gol*	baseball	
to park		shampoo	
yoghurt		beef steak	
pajama		check	

Pero así como hay préstamos del inglés al español, lo inverso también ha ocurrido: el español ha influido al inglés, a veces con palabras que tomó de las lenguas indígenas americanas. Completa la tabla con las palabras correspondientes en español.

Palabra en español	Préstamo al inglés	Palabra en español	Préstamo al inglés
	hurricane		condor
patata	potato		lasso
	chocolate		patio

Lectura Lee el siguiente artículo periodístico que trata de manera humorística el tema de los préstamos.

¿Me prestas una palabra?

Hablando con un amigo el otro día me di cuenta de lo "atrasado" que crecí. Durante mi niñez bastante lejana —por qué ocultarlo ya que las canas me delatan— yo no leía *cómics* sino tebeos e iba a fiestas en vez de a *parties*. Como joven rebelde, me dediqué a poner carteles políticos en las paredes sin darme cuenta que lo que colgaba eran *pósters*, y en el colegio hacía gimnasia en vez de *aeróbic*.

Pero por suerte, tanto este país como yo hemos cambiado, nos hemos modernizado: hemos tomado muchas palabras de otros países y las hemos incorporado a nuestra lengua diaria. Parece ser que con ello hemos ganado en prestigio, pues muchas vienen de los países que están en la cumbre de los adelantos económicos y tecnológicos. Y como dice el dicho, "Quien a buen árbol se arrima…"

Hoy en día cuando voy al supermercado,

pido *beicon* en vez de tocino que suena tan común y corriente, tan poco sofisticado. Y a nadie le diría que antes jugaba al balompié (¿has oído tal palabra?) y comía bocadillos o emparedados. Pues, hoy en día eso ya no existe. Mis nietos juegan al *fútbol* y comen *sándwiches*, se limpian la nariz no con un pañuelo sino con *kleenex*, y los fines de semana se van de *camping*. Qué elegante suena, ¿verdad? Pero quizás no tanto como beber un buen *coffee* de la tienda americana con la sirena en el *logo,* o hacer *footing* o *jogging* en vez de ir a correr. Y desde luego hoy en día el tener una licenciatura universitaria ya no es suficiente; hace falta sacar un *masters* para tener éxito en la vida y poder dejar el *SUV* en el *garage* (fíjense cómo he revertido a escribirlo en inglés en vez de escribir *garaje*).

Hay que ver lo que se tiene que hacer para estar al día y ser moderno…pero, perdón, debería haber dicho "para ser muy *cool*".

Actividad 1 Cada una de las siguientes declaraciones contiene un error en lo que dice. Vuelve a la lectura, busca la información y escribe la oración corregida en la línea.

1. El escritor no es una persona mayor a pesar de tener canas.

_____

2. De niño leía tebeos y dibujaba carteles.

_____

3. El dicho que cita el autor es "Quien planta buenos árboles…".

_____

4. Al autor le parece sofisticado ir a tomar café a una tienda colombiana.

_____

5. Lo único necesario es tener una licenciatura; no hace falta un *masters*.

_____

Sintetizar: Refiriéndote a lo que has estudiado, completa la tabla para resumir lo que has aprendido.

- Los préstamos son el resultado de las lenguas en _____.
- Un préstamo tiene (mucha / poca) adaptación de la palabra original de la que se tomó.

Actividad 2 Piensa en palabras que usas o has oído que quizás sean préstamos del inglés y escríbelas en la tabla. Compártelas con la clase y añade otras que ellos digan.

Palabra en inglés	Préstamo	Palabra en inglés	Préstamo

Para recordar y repasar. Al final de la última unidad no olvides anotar dudas o cosas para repasar.

La ortografía: La tilde diacrítica

La tilde diacrítica no cambia el sonido de las palabras; su función es distinguir entre palabras que se escriben igual pero tienen significados diferentes. Pero ojo, no todos los pares de palabras que se escriben de forma igual usan la tilde diacrítica.

Actividad 1

¿Recuerdas las reglas de las tildes que estudiaste en la Unidad 1? Completa este breve repaso antes de pasar a estudiar la tilde diacrítica. Debes conectar la palabra con la razón por la que necesita o no necesita una tilde (acento gráfico).

___ 1. televisión

___ 2. control

___ 3. retórica

___ 4. radio

___ 5. fácil

> a. la última letra es / a / e / i / o / u / n / s Y la sílaba tónica es la penúltima.
>
> b. la última letra es / a / e / i / o/ u / n / s PERO la sílaba tónica es la última.
>
> c. la última letra es una consonante NO n / s Y la sílaba tónica es la última.
>
> d. la última letra es una consonante NO n / s PERO la sílaba tónica es la penúltima.
>
> e. la sílaba tónica es la antepenúltima.

Completa la siguiente tabla. Primero pronuncia cada palabra y subraya la sílaba tónica. Luego clasifica la palabra. Finalmente ponle una tilde y escribe la razón por qué hace falta. Sigue el ejemplo.

Sílaba tónica subrayada	Aguda, llana, esdrújula	Tilde	Razón
_peli_culas	esdrújula	películas	La sílaba tónica es la antepenúltima.
1. Univision			
2. lider			
3. reves			
4. movil			
5. etnicas			

> *¿Sabías que* hay muchas hipótesis acerca de cuál fue la primera lengua? En el siglo XIX el debate fue tan acalorado que se prohibió hablar de ello por un siglo. Otro debate es cuál fue la primera palabra que se pronunció. Unos creen que fue un mandato; otros dicen que fue *yo*.

Lee el siguiente fragmento fijándote en las palabras y letras subrayadas. Luego haz el ejercicio según las indicaciones.

He buscado **más** datos del NHMC y sus logros, y ¡**cuánto** ha hecho! Ahora entiendo **por qué** es necesario apoyar a los hispanos, y **sé** que lo debo hacer. Pero me pregunto: ¿**Qué** puedo hacer, **adónde** debo ir y **cómo** puedo ayudar? Es importante que **dé** todo el tiempo que pueda, y **sí** lo voy a hacer.

Escribe las palabras en negrilla en la columna. Según la última letra de cada palabra, escribe la sílaba tónica. Luego indica si, según esas reglas, sería necesario colocarles una tilde a las palabras. **Piensa:** Si una palabra solo tiene una sílaba, ¿se puede cambiar la sílaba tónica? Sigue el ejemplo.

Palabra	Sílaba tónica de la palabra según la última letra subrayada	Según las reglas, ¿necesitaría tilde? Sí No	¿Es la misma clase de tilde que la de la página anterior Sí No
1. más	mas	no	no
2. cuánto	cuan	no	no
3.			
4.			
5.			
6.			
7.			
8.			
9.			

Actividad 3 Lee las siguientes oraciones y elige la traducción correspondiente para las palabras subrayadas. Sigue el ejemplo.

1. Vengo **de** (from / give) ayudar a recoger datos.

   No le **dé** (from / give) dinero hasta que termine su película.

2. **Sé** (I know / himself [pronoun]) que todavía falta representación hispana.

   El joven **se** (I know / himself [pronoun]) formó en el NHMC.

3. **Tú** (you / your) debes solicitar participar en la comunidad.

   Es parte de **tu** (you / your) deber como hispano.

4. **El** (he / the) programa lo ha creado **él** (he / the).

5. **Mi** (me / my) mayor preocupación son los crímenes de odio.

   Siempre han sido intolerables para **mí** (me / my).

6. **Si** (if / yes) alguien promueve el odio en la radio, hay que despedirlo.

   Sí (if / yes) creemos que este tipo de crimen se puede erradicar.

7. Este es el **té** (tea / you) que **te** (tea / you) traje.

8. Escucharía el noticiero esta noche, **mas** (but / more) no voy a poder.

   Por favor, no me lo pidas **más** (but / more).

9. Pero ¿**por qué** (because / why) dijiste eso en la entrevista?

   ¿Fue **porque** (because / why) estabas frustrado con la programación infantil?

| Actividad 4 | Completa la tabla con la clase de cada una de las palabras que llevan tilde diacrítica. Si no recuerdas las clases de palabras, vuelve a la Unidad 1. |

Tilde diacrítica			
Sí lleva tilde		No lleva tilde	
Palabra	Clase de palabra	Palabra	Clase de palabra
1. él	pronombre	el	artículo
2. mí		mi	
3. más		mas	
4. por qué		porque	
5. sé		se	
6. sí		si	
7. té		te	
8. tú		tu	

¿Sabías que en la escritura el tener un signo que representa las diferentes tonalidades de la lengua oral viene de la antigua Grecia? En español este signo, la tilde, se fijó en el siglo XVIII.

| Actividad 5 | Completa las oraciones con la palabra correspondiente. |

1. Lo hizo (porque / por qué) no había buena programación los fines de semana.

2. Quieren que les (de / dé) mi aprobación para el nuevo programa.

3. (Se / Sé) dice que los programas van a apelar al gusto hispano.

4. Como (el / él) lo dice, debe de ser verdad.

5. Pero ya (te / té) lo habíamos dicho.

6. Desde luego, (tu / tú) entiendes bien al público.

7. (Mi / Mí) propósito es que todos participen.

8. (Si, Sí) estoy de acuerdo con lo que quieren hacer.

9. Es que ya no podemos esperar (mas / más).

10. No lo vamos a hacer (porque / por qué) no es justo.

Más tildes diacríticas: Palabras interrogativas y exclamativas

Mira las siguientes oraciones. ¿Cuáles comunican una pregunta?

　a. I don't know <u>who</u> will come. 　　b. She's the person <u>who</u> asked the question. 　　c. <u>Who</u> is it?

Igual que en inglés, en español las palabras pueden comunicar una pregunta o exclamación directa (*ejemplo c*) o implícita (*ejemplo a*), pero la ventaja es que en español se usa una tilde diacrítica para designar las palabras interrogativas o de admiración. Haz las siguientes actividades para saber cuándo colocarles una tilde a estas palabras.

Actividad 1　Lee la siguientes oraciones fijándote en las palabras subrayadas. Luego indica si sugieren o comunican una pregunta o admiración. Sigue el ejemplo.

¿ ? ¡ !	¿Comunica una pregunta o exclamación directas o implícitas? Sí　No
1. ¿**Quién** te lo ha dicho?	sí
2. Es para **quien** te lo diga.	
3. No sé **cuál** debo elegir.	
4. **Cuando** presentó el proyecto, me sorprendí.	
5. ¿**Cuándo** van a pasar el nuevo programa?	
6. ¿**Dónde** se formó esa coalición?	
7. Fue en el mismo lugar **donde** se reunieron.	
8. ¡**Cuánto** echo de menos el cine mudo!	sí
9. Pero ¿**cuánto** tiempo hace que no vas al cine?	
10. Vamos a ir **adonde** sea necesario para ayudar.	
11. ¿**Adónde** se fueron?	
12. ¿**Cómo** van a reunir los fondos necesarios?	
13. Lo vamos a hacer de la misma manera **como** la vez pasada.	

Actividad 2 Escribe una oración para cada una de las siguientes palabras. Fíjate en las tildes para saber si comunican una pregunta o no, y escribe una oración adecuada.

1. quiénes _____

2. quienes _____

3. cuáles _____

Sintetizar: Refiriéndote a lo que has estudiado, completa la tabla para resumir lo que has aprendido.

- La tilde diacrítica (cambia / no cambia) el sonido de la palabra.

- Se usa la tilde diacrítica para distinguir entre dos palabras que se escriben de forma (igual / diferente) pero tienen una función (igual / diferente).

- Cierto o falso Se coloca una tilde diacrítica en todos los pares de palabras que se escriben igual.

- Si una palabra (comunica / no comunica) una pregunta o una exclamación es una palabra interrogativa o de admiración.

Actividad 3 **A ver si recuerdas…** Colócales una tilde diacrítica a las palabras subrayadas en cada oración si la necesitan. Si tienes alguna duda, vuelve a las oraciones de las actividades anteriores.

1. No le **de** dinero hasta que haga su película.

2. **Se** que todavía falta representación hispana.

3. **El** programa lo ha creado **el**.

4. **Tu** debes solicitar participar en la comunidad.

5. **Mi** mayor preocupación son los crímenes de odio.

6. **Si** creemos que este tipo de crimen se puede erradicar.

7. ¿**Te** apetece tomar un poco de **te**?

8. Por favor, no me lo pidas **mas**.

9. ¿Fue **porque** estabas frustrado con la programación infantil?

10. ¿**Quien** te lo ha dicho?

11. **Cuando** presentó el proyecto, me sorprendí.

12. ¡**Cuanto** echo de menos el cine mudo!

13. ¿**Donde** se formó esa coalición?

14. Iremos **adonde** sea necesario para ayudar.

15. Va a ser de la misma manera **como** la vez pasada.

Para recordar y repasar. No olvides anotar dudas o cosas para repasar al final de la última unidad

Ser, estar y haber

El uso de *ser*, *estar* y *haber* puede ser problemático para los extranjeros que aprenden español, y por el contacto con el inglés, empieza a ser un poco problemático para los bilingües. Esta sección te ayudará a entender y aplicar su uso.

¿QUÉ DIRÍAS? Lee los siguientes pares de oraciones y marca las que usarías.

1. ☐ Estoy bilingüe; en casa hablo español.　☐ Soy bilingüe; en casa hablo español.

2. ☐ Mi padre está de Guatemala.　☐ Mi padre es de Guatemala.

3. ☐ Creo que mi herencia está importante.　☐ Creo que mi herencia es importante.

4. ☐ Ahora estoy en la facultad de comunicación.　☐ Ahora soy en la facultad de comunicación.

5. ☐ Todas mis clases están de documentales.　☐ Todas mis clases son de documentales.

6. ☐ Estamos interesados en hacer un largometraje.　☐ Somos interesados en hacer un largometraje.

7. ☐ Maribel va a estar la guionista.　☐ Maribel va a ser la guionista.

8. ☐ Miguel y yo vamos a estar los directores.　☐ Miguel y yo vamos a ser los directores.

9. ☐ Ahora estamos terminando los planes.　☐ Ahora somos terminando los planes.

10. ☐ Hay varias personas en el proyecto.　☐ Son varias personas en el proyecto.

Comenta tus respuestas con la clase. ¿Fallaste o tuviste dudas en alguna? ¿Podrías explicar los usos?

Actividad 1 Traduce las siguientes oraciones al inglés. Ponle un círculo al equivalente del verbo subrayado.

1. Ese programa **está** en el canal 26.

_____

2. **Es** un programa muy interesante.

_____

3. **Hay** otros programas parecidos pero no **son** tan buenos.

_____

Actividad 2 Lee el fragmento y contesta las preguntas fijándote en los verbos subrayados.

La escasa representación hispana en los medios de comunicación

Hasta hace poco, cuando **ha habido** representación de los hispanos en los medios de comunicación, esta generalmente **ha sido** escasa y se han usado estereotipos mayormente negativos. Según el proyecto de la Escuela Annenberg de Comunicación Cultural, entre 1969 y 1978 solo el 2,5 por ciento de los personajes de los programas de televisión en las horas de máxima audiencia **eran** hispanos. En comparación el 8,5 de los personajes **eran** afroamericanos. Otro estudio, hecho por el Centro para los Medios y Asuntos Públicos de Washington, D. C., afirma que durante los últimos treinta años los hispanos **han estado** dentro del 2 por ciento de la representación en los medios de comunicación y que su inclusión en las horas de máxima audiencia **está bajando**.

Esta falta de representación, o como dijo irónicamente Alberto Vasallo, esta "buena baja representación", en todos los sectores de la comunicación **fue** un punto importante que comentaron en Boston varios hispanos del mundo de los medios que se reunieron en el Boston Latino Film Festival. Desde 2002 el festival se celebra para presentar películas que tratan temas importantes y de interés para la comunidad hispana en EEUU, América Latina y España, y para ofrecer una representación fidedigna de los latinos en EEUU y Latinoamérica.

1. ¿Hay hispanos en los programas de televisión que normalmente ves? Explica.

_____

2. Los hispanos en la programación, ¿son profesionales? Explica.

_____

3. ¿Estás de acuerdo con el comentario "buena baja representación"? Explica.

_____

4. ¿Reconociste los verbos *ser, estar, haber* en sus diferentes tiempos en los verbos subrayados? Escribe las formas de la lectura que corresponden a

ser _____

estar _____

haber _____

| Actividad 3 | Usando tu intuición, completa la tabla de los verbos *ser, estar, haber*. |

	ser	estar	haber (*there is / are*)
yo	soy		
tú		estás	
él, ella, usted			
nosotros			
ellos, ellas, ustedes			

a. ¿Qué tipo de verbo es *ser?*   regular / irregular / cambio radical

b. ¿Por qué llevan tilde *estás, está* y *están*? _____

Una manera de saber cuándo usar *ser, estar* o *haber* es pensar
- ¿identifica / es inherente / caracteriza? → ser
- ¿puede cambiar / resultó de un cambio / sitúa? → estar
- ¿*there is / there are*? → hay

En parejas, decidan si las siguientes oraciones comunican algo inherente (identifica, caracteriza), mudable (sitúa, puede cambiar o cambió) o el equivalente de *there is / there are*. Escriban inherente / mudable / *there is /are* en los espacios. Luego compartan sus respuestas con la clase.

_inherente_____ 1. El 2,5 por ciento son hispanos; el 8,5 por ciento son afroamericanos.

_____ 2. El Centro está en Washington, D.C.

_____ 3. El proyecto es de la Escuela Annenberg.

_____ 4. Es un punto importante que comentaron varios hispanos.

_____ 5. Hay algo de representación.

_____ 6. Hay pocos hispanos y afroamericanos en los medios.

_____ 7. La coalición está preocupada por la falta de representación.

_____ 8. Los estereotipos generalmente son negativos.

_____ 9. Los hispanos están en el 2 por ciento de la representación.

_____ 10. Los hispanos son televidentes importantes.

Después de compartir y confirmar las respuestas con la clase, escribe cada oración en su columna.

inherente	mudable	there is / there are

Tu turno Explica la diferencia entre *ser* y *estar*. Usa *inherente* y *mudable* en tu explicación.

_____

_____

_____

Sintetizar: Refiriéndote a lo que has estudiado, completa la tabla para resumir lo que has aprendido.

- *Ser* se usa para comunicar (algo inherente / algo mudable / *there is/are*).
- *Estar* se usa para comunicar (algo inherente / algo mudable / *there is/are*).
- *Hay* se usa para comunicar (algo nherente / algo mudable / *there is/are*).

Ahora escribe dos oraciones para *ser,* dos para *estar* y dos para *hay*. Usa los pronombres personales entre paréntesis para guiarte pero **no** los escribas.

1. **ser** (*yo*) _____

2. **ser** (*nosotros*) _____

3. **estar** (*ella*) _____

4. **estar** (*ustedes*) _____

5. **hay** _____

6. **hay** _____

| **Ser y estar con adjetivos** | Con algunos adjetivos, según si usas *ser* o *estar*, el significado cambia; pero en el fondo está la idea de si es inherente o mudable. Conecta cada oración con su traducción. |

_a_ 1. They are boring. *Are they characteristically boring?*   a. Son aburridos.

_b_ 2. They are bored. *Are they only bored now?*   b. Están aburridos.

____3. He's interested.   c. Es interesado.

____4. He's self-centered.   d. Está interesado.

____5. We're smart.   e. Somos listos.

____6. We're ready.   f. Estamos listos.

____7. She's a nice person.   g. Está amable.

____8. She's being nice.   h. Es amable.

____9. I'm evil.   i. Soy mala.

____10. I'm sick.   j. Estoy mala.

____11. You're bright, smart.   k. Eres vivo.

____12. You're alive.   l. Estás vivo.

____13. It's not ripe.   m. Está verde.

____14. It's green.   n. Es verde.

Actividad 5   Lee el siguiente fragmento sobre una presentadora de noticias en un canal hispano; rellena los espacios con *hay* o las formas correctas del presente de *ser* y *estar*.

(1) _____ pocas personas tan bien preparadas como Isaura Longoria del noticiero local. (2)_____ reportera desde que terminó la carrera a los veinte años, y desde hace cinco años (3)_____ con la emisora local. Hace dos días recibió una oferta excelente de Denver y el jefe (4)_____ muy preocupado porque no quiere que se vaya. Aunque ella dice que (5)_____ contenta, (6)_____ razones profesionales que la hacen considerar mudarse a Denver. (7)_____ una oportunidad excelente y además su familia (8)_____ a solo una hora de esa ciudad.

Actividad 6   Vuelve a la Actividad 1. Usando el tema de los medios de comunicación, crea unas oraciones que usen *hay, ser, estar* igual como en el párrafo. Subraya el verbo.

1. *Hay algunas personas que no quieren usar un teléfono inteligente.*

2. _____

3. _____

4. _____

5. _____

6. _____

Para tener en cuenta   Hay que fijarse en algunas cosas al usar o traducir *ser* y *estar*. Abajo hay algunas; otras las verás al adelantar tus estudios.

1. Algunos errores frecuentes ocurren con las siguientes expresiones al usar *ser* o *estar* en vez de "tener". Completa las expresiones con *tener* y luego tradúcelas.

a. (*yo*) _____ frío.   _____

b. (*tú*) _____ hambre.   _____

c. (*ella*) _____ calor.   _____

2. Para hablar del tiempo, ¿cuál de las siguientes expresiones usarías?

☐ Hace frío.   ☐ Hace calor.   ☐ Hace fresco.

☐ Está frío.   ☐ Está caliente.   ☐ Está fresco.

Vas a escuchar las dos y ambas son aceptadas. Lo que **no** puedes decir <u>para el tiempo</u> es *Es frío, Es caliente, Es fresco*, etc. Pero de una ciudad o lugar, sí: *San Francisco es fresco; El Ártico es frío.*

¿Sabías que las estaciones al sur del ecuador son a la inversa? Allí el invierno es junio, julio, agosto; la primavera es septiembre, octubre, noviembre; el verano es diciembre, enero, febrero; y el otoño es marzo, abril, mayo. Si vivieras en Perú, ¿en qué estación habrías nacido?

Actividad 1 En la sección de las perífrasis verbales viste un uso de *estar* muy importante: para hablar de acciones que ocurren en el momento. La forma es muy parecida al inglés:

to be + present participle *(I am writing)* = **estar + gerundio** *(Estoy escribiendo).*

Completa la siguiente tabla del presente progresivo.

pronombre personal	anunciar	prometer	imprimir
yo		estoy prometiendo	
tú			
él, ella, Ud.	está anunciando		
nosotros			
ellos, ellas, Uds.			están imprimiendo

Sintetizar: Refiriéndote a lo que has estudiado, completa la tabla para resumir lo que has aprendido.

- Para formar los tiempos progresivos, se usa **(ser / estar)** + gerundio.
- Para formar el gerundio de los verbos de la 1a conjugación (—ar), se añade _____ a la raíz.
- Para formar el gerundio de los verbos de la 2a conjugación (—er), se añade _____ a la raíz.
- Para formar el gerundio de los verbos de la 3a conjugación (—ir), se añade _____ a la raíz.

LOS GERUNDIOS Y LOS VERBOS DE CAMBIO RADICAL

Actividad 2 Tal como sigas tu estudio del español, verás la importancia de aprender bien cada concepto para entender el siguiente. En este caso es la estrecha relación entre los verbos de cambio radical de la 3a conjugación (-*ir*) y sus gerundios. Sigue los ejemplos para razonar cómo formar los gerundios con cambio radical. <u>Debes escribir la forma del verbo en Ud.</u> encima del infinitivo.

infinitivo	gerundio	infinitivo	gerundio	infinitivo	gerundio
dice decir	diciendo	morir	muriendo	*pide* pedir	pidiendo
venir		dormir		sentir	
servir		elegir		mentir	

Actividad 3 Cambia las siguientes oraciones del <u>presente</u> al <u>presente progresivo</u>. OJO: Los verbos de cambio radical *–ar* y *–er* no suelen cambiar en el gerundio pero sí cambian los verbos de cambio radical terminados en *–ir*.

1. Hay cambios en la programación televisiva.

_____

2. Los estereotipos negativos de hispanos desaparecen.

_____

3. Varias entidades recopilan información importante.

_____

4. Se ve a más presentadores hispanos en los noticieros.

_____

5. Varios hispanos sirven de juez en los programas musicales.

_____

Actividad 4 Con las siguientes partículas forma oraciones. Debes conjugar el verbo en <u>presente progresivo</u> y hacer que los adjetivos concuerden con los sustantivos.

1. El / hispano / comunidad / crecer

_____

2. Más / propio / latinos / crear / su / documentales

_____

3. Incluir / temas / feminista / activismo / inmigración / derechos / civil / y / de

_____

4. El / productores / intentar / educar / público / al / latino

_____

5. El / cine / puertorriqueño / ser / activo / muy

_____

Lee la siguiente selección de los estereotipos y luego contesta las preguntas. Mientras lees, fíjate en los verbos subrayados.

¿Hay un solo tipo de hispano?

¿Tienen el mismo aspecto todos los hispanos? Claro que no, pues la comunidad hispana es muy diversa y compuesta de gentes de diferentes ascendencias. No obstante, hasta recientemente el hispano "típico" en las películas y los programas televisivos solía ser alguien de piel morena, de cabello oscuro y con un acento marcado. Un vistazo a las películas de la segunda mitad del siglo pasado revela que en general la mujer latina era o seductora o criada, y su rol era sumiso. Los hombres eran el típico seductor: un Don Juan guapo, moreno. Aunque afortunadamente estos estereotipos van desapareciendo, todavía hay una tendencia a encasillar a los hispanos dentro de un solo semblante. Quizás sea en las noticias donde se puede apreciar una mejor representación de los latinos, pues particularmente en los noticieros internacionales que ofrecen segmentos de todo el mundo vemos a hispanos de aspectos físicos, creencias, tradiciones y niveles socioeconómicos muy variados.

Realmente, yo no <u>me parezco</u> al estereotipo del siglo pasado, ni creo que ninguno de mis amigos tampoco. Algunos sí tenemos ciertos rasgos "típicos" y <u>nos enorgullecemos</u> de ellos, pero ninguno <u>nos consideramos</u> seductor o seductora pues nos molesta ese comportamiento tan infantil. Mi amiga Sofía <u>se siente</u> hispana porque se crio en Bolivia, pero es de ascendencia nórdica. Ilan y Ethan, en cambio, <u>se consideran</u> hispanos a pesar de <u>haberse criado</u> en Israel porque hablan español y sus padres mantuvieron su herencia cultural. Los demás somos una mezcla de razas, formaciones, gustos, pero <u>nos llevamos</u> muy bien. Creo que es la tradición lo que nos une.

🎙 **Tu opinión en un minuto** Durante un minuto vas a darle tu opinión a un compañero acerca de si hay un solo tipo de hispano. Primero habla de lo que tú consideras constituye un hispano. Luego di si te identificas con la imagen estereotípica del hispano y explica por qué. También comenta si te molesta que la gente piense que todos los hispanos son iguales y explica por qué. Finalmente da tu opinión de los estereotipos en general.

Verbos reflexivos

Actividad 1 Fíjate en la diferencia entre los siguientes pares de infinitivos, y traduce las oraciones. En particular fíjate en la terminación subrayada del infinitivo y el uso de un pronombre en la forma personal del infinitivo.

1. exasperar<u>se</u>   <u>Nos exasperamos</u> con los crímenes de odio.

_____

   exasperar   La intolerancia exaspera a cualquiera.

_____

2. aburrir**se**   No **se aburren** cuando van al cine.

_____

aburrir   Sin embargo, esa película aburre al mejor.

_____

3. poner**se**   Yo **me pongo** a ver las noticias a las diez.

_____

poner   Pero pongo la televisión a las nueve.

_____

Ahora de las siguientes declaraciones marca las que apliquen a los verbos reflexivos.

☐ a. El infinitivo reflexivo lleva –se al final.

☐ b. La conjugacion del verbo no cambia.

☐ c. La acción del verbo reflexivo regresa al sujeto.

☐ d. Hay un pronombre inmediatamente delante del verbo conjugado.

☐ e. El pronombre es igual al pronombre personal.

☐ f. No se puede usar un pronombre personal con un verbo reflexivo.

Actividad 2   Usa tu intuición para completar la siguiente tabla.

	irse	hacerse	apresurarse	reponerse	salirse
yo	me voy	me hago	me apresur	me repongo	me
tú	te vas	te haces	te apresuras	te repones	te sales
él, ella, Ud.	se va	se hace		se repone	se sale
nosotros	nos vamos	nos hacemos	nos apresuramos	nos reponemos	nos salimos
ellos, ellas, Uds.	se van	se hacen	se apresuron	se reponen	se salen

Sintetizar: Refiriéndote a lo que has estudiado, completa la tabla para resumir lo que has aprendido.

- El infinitivo reflexivo tiene _____ al final.

- Los verbos reflexivos requieren un pronombre reflexivo inmediatamente (delante / detrás) del verbo conjugado.

- Los verbos reflexivos tienen (la misma / otra) conjugación que los no reflexivos.

Ejercicio mecánico. Usa tu intuición y lo que has aprendido para completar el siguiente ejercicio mecánico. Aunque todos los verbos son reflexivos, hay mezcla de regular, irregular y cambio radical. Debes identificar la clase de verbo que es antes de conjugarlo. Sigue el ejemplo.

	cambiarse	subirse	sentarse	cansarse	caerse
tipo de verbo	regular	regular	irregular	regular	Irregular en la 1a persona
yo	me cambio	me subo	me siento	me canso	me caigo
tú	te cambias	te subes	te sientas	te cansas	te caes
él, ella, usted	se cambia	se sube	se sienta	se cansa	se cae
nosotros	nos cambiamos	nos subimos	nos sientan	nos cansamos	nos caemos
ellos, ellas, ustedes	se cambian	se suben	se sientan	se cansan	se caen

	hacerse	distraerse	decirse	detenerse	dormirse
tipo de verbo	irregular	irregular	irregular	irregular	cambio radical
yo	me hago	me distraigo	me digo	me detengo	me duermo
tú	te haces	te distraes	te dices	te detienes	te duermo
él, ella, usted	se hace	se distrae	se dice	se detiene	se duermes
nosotros	nos hacemos	nos distraemos	nos decimos	nos detenemos	nos dormimos
ellos, ellas, ustedes	se hacen	se distraen	se dicen	se detienen	se duermen

Unidad Dos: Los hispanos y los medios de comunicación **151**

| Actividad 4 | En las siguientes oraciones, elige y luego escribe el pronombre reflexivo correspondiente en el espacio. |

Yo (me / se) (1.) ___me___ intereso mucho en el mundo del cine. En la universidad mis

amigos y yo (me / nos) (2.) ___nos___ dedicamos a investigar la representación de la mujer

en el cine mudo. Mina y Sergio (nos / se) (3.) ___se___ preocupan por recopilar los datos y

Celina (te / se) (4.) ___te___ ocupa de ponerlos en la computadora. Normalmente, yo (me /

te) (5.) ___me___ encargo de analizar los datos, pero últimamente (nos / se) (6.) ___nos___

turnamos Lily y yo para poder adelantar el trabajo de ambos.

| Actividad 5 | Forma oraciones con las siguientes partículas desordenadas. Debes conjugar los verbos y hacer que los adjetivos y sustantivos concuerden. **OJO:** No todos los verbos son reflexivos. |

1. Aunque / hispanos / algún / parecerse, / ser / no / todos / igual

   Aunque algun hispanos se parecen no todos son igual.

2. (ellos) Enojarse / estereotipo / con / de / los / hispano / cualquier / tipo / de

   Se enojan con cualquier tipo de estereotipo de los hispanos.

3. Mi / hermanas / y / yo / piel / la / tener / moreno / y / enorgullecerse / de / ello

   Mi hermanas y yo tenemos la piel moreno y nos enorgullecemos de ello.

4. si / Pero / alguien / decir / que / seductora / (yo) ser, / mucho / (yo) enfadarse

   Pero si alguien dicen que seductora soy mucho me enfado

5. ¿ / ? / (tú) Considerarse / hispano / o / preferir / no / usar / etiqueta / ninguna

   ¿Te consideraras hispano o preferiste no usos ninguna etiqueta

| Actividad 6 | Elige dos pares de verbos de la siguiente lista y escribe una oración para cada uno. |

recuperar / recuperarse   poner / ponerse   tomar / tomarse   acostar / acostarse

preparar / prepararse   distraer / distraerse   perder / perderse

1. a. lleva mucho tiempo me recupero despues del dia
   b. Yo recupero mas rapida después de las lesones.
2. a. Me preparo la cena todas las noches
   b. Yo preparo para mi entrevista de trabajo mañana.

Verbos con cambio ortográfico

Al trabajar con estos verbos vas a repasar mucho de lo que ya estudiaste.

VERBOS CON CAMBIO EN LA "C"

Actividad 1

Aunque estos verbos son irregulares, se incluyen aquí por el cambio que hacen de *c* a *zc*. Pronuncia el verbo de la primera columna con *acento español*: *th* /θ/ para la *ce*. Luego lee las palabras de la derecha exactamente cómo están escritas. Después identifica y subraya la opción que se escribe correctamente porque retiene el sonido /θ/. Es muy importante que pronuncies los verbos tal como están escritos.

1. parecer	pareco	paresco	parezco
2. amanecer	amaneco	amanesco	amanezco
3. conducir	conduco	condusco	conduzco
4. producir	produco	produsco	produzco
5. traducir	traduco	tradusco	traduzco

Recuerden, jamás jamás ni *ze* ni *zi*, y la "z" solo se intercambia con la "c".

VERBOS CON CAMBIO EN LA "G"

Actividad 2

Pronuncia estas palabras:

gato   guerra   gente   jabón   joven

Luego en la tabla coloca los verbos en la columna de la palabra que tiene el mismo sonido de "g" o "j". Sigue el ejemplo.

sigue   elijo   corriges   recogen   proteja   dirigen   acojamos   finges
infrinjo   emerjo   pagamos   persiga   distingo   consigues   extinguimos
prosigamos   protegemos   eliges   recojo   gime   infringes   distingues

gato / gota	guerra / guiño	gente / gitano	jabón / joven
	sigue		

VERBOS CON CAMBIO DE "I" A "Y"

Actividad 3 | Fíjate en las siguientes conjugaciones de verbos. En las partes subrayadas, escribe "c" encima de la letra si es una consonante, "i" si es la letra "i" y "v" si es otra vocal. Sigue los ejemplos. Luego contesta las preguntas.

oír	huir	contribuir	sustituir	destruir
v i c o<u>ig</u>o	h<u>uy</u>o	contrib<u>uy</u>o	sustit<u>uy</u>o	
o<u>ye</u>s	*v y v* h<u>uy</u>es	contrib<u>uy</u>es	sustit<u>uy</u>es	
v y v o<u>ye</u>	h<u>uy</u>e	contrib<u>uy</u>e	sustit<u>uy</u>e	
o<u>ím</u>os	h<u>uim</u>os	*v i c* contrib<u>uim</u>os	sustit<u>uim</u>os	
o<u>ye</u>n	h<u>uy</u>en	contrib<u>uy</u>en	sustit<u>uy</u>en	

- Marca los patrones que notaste en las conjugaciones: V I V / V Y V / V I C

- Usando ese patrón, conjuga el verbo de la última columna.

VERBOS CON TILDE POR HIATO

Actividad 4 | Antes viste que *sé* y *dé* tienen una tilde diacrítica que no tiene nada que ver con el sonido. También viste que *estás, está* y *están* tienen tilde porque son palabras agudas que terminan en *a, e, i, o, u, n* o *s*. Ahora vas a ver otra tilde —la tilde por hiato— que luego estudiarás más a fondo. Esta tilde también tiene que ver con el sonido.

1. Lee las siguientes palabras dando golpe de voz en la vocal con tilde: oímos   actúa   prohíbo

2. Ahora pronuncia estas palabras: oigo   actuar   actuamos   prohibir   prohibimos

3. Subraya las combinaciones en las que se oye más fuerte la "i" o la "u":

oi   oí   ohi   ohí   ua   úa   uo   úo   io   ío   ia   ía

Completa la siguiente tabla colocando una tilde por hiato SOLO donde haga falta.

	yo	tú	él, ella, Ud.	nosotros	ellos, ellas, Uds.
confiar	confío				
cohibirse					
insinuar				insinuamos	

☆ **Sintetizar:** Refiriéndote a lo que has estudiado, completa la tabla para resumir lo que has aprendido.

- Para mantener el sonido de la ce de los infinitivos terminados en *-cer* o *-cir*, en la conjugación del presente la 1ª persona singular [yo] se usa la terminación **(co / sco / zco)**.

- Para los infinitivos terminados en *-ger* o *-gir*, en la conjugación del presente la 1ª persona singular [yo] se cambia la ge a jota delante de **(a / e / i / o / u)**. [Tacha las que no corresponden.]

- Si al conjugar un verbo aparece la "i" entre dos vocales, **(no hace falta hacer nada / se cambia la "i" a "y")**.

- Si quiero escuchar una "i" o "u" cuando está junto a "a", "e", "o", pongo una tilde en la **(a / e / i / o / u)**.[Tacha las que no corresponden.]

RECUERDA: Si la sílaba que se pronuncia más fuerte es la última y la palabra termina en a, e, i, o, u, n, s, coloco una tilde en la **(vocal débil / vocal fuerte)** de la sílaba. Ejemplo: En "Juan abrió la puerta", la palabra *abrió* lleva tilde en la **(i / o)**.

Actividad 5 En las siguientes oraciones, elige el verbo que está bien deletreado o acentuado.

1. El mercado hispano (**empieza / empieca / empiesa**) cuando las agencias publicitarias (**construien / construyen**) campañas enfocadas en los diversos grupos de EEUU.

2. No (**conoco / conosco / conozco**) mucho sobre sus inicios, pero (**se / sé**) que cuando alguien (**distinge / distingue**) su publicidad de las demás, el resultado es mejor.

3. Sin duda el mercado hispano (**esta creciendo / está creciendo / esta cresiendo / está cresiendo**); por eso muchos (**actuan / actúan**) con demasiada prisa al crear su propaganda.

4. Pero si (**eliges / elijes**) una agencia reputable, lo cual no (**prohibe / prohíbe**) que sea joven, es más probable que (**consigas / consijas**) el éxito que buscas.

5. Yo (**distingo / distinjo**) bien los diversos mercados; por eso no (**infringo / infrinjo**) las sensibilidades latinas.

Tu turno De los cuatro tipos de en está sección, indica del 1 al 4 tu inseguridad con la ortografía, siendo 1 el que más te preocupa. Da ejemplos para cada uno.

_____ VERBOS CON CAMBIO EN LA "C" Y "Z" _____

_____ VERBOS CON CAMBIO EN LA "G" _____

_____ VERBOS CON CAMBIO DE "I" A "Y" _____

_____ VERBOS CON TILDE _____

Recapitular, analizar y editar

1. Cierto o falso La traducción de *préstamos léxicos* es "loan words".
   Ejemplo: _____

2. Cierto o falso Un préstamo léxico es una palabra tomada o prestada de <u>la misma lengua</u> con ninguna o poca adaptación de la palabra original.

3. Cierto o falso Un préstamo léxico es un fenómeno de las lenguas en contacto.

Mi entendimiento de	Excelente	Bueno	Débil	Para perfeccionar necesito...
lo que es un préstamo léxico es...				
lo que son préstamo y cognado es...				

4. Cierto o falso La tilde diacrítica cambia el sonido de la palabra.

5. Se usa la tilde diacrítica para distinguir entre dos palabras que se escriben de forma (igual / diferente) pero tienen una función (igual / diferente).

6. (Todos / No todos) los pares de palabras que se escriben igual tienen que llevar tilde diacrítica.

Mi entendimiento de	Excelente	Bueno	Débil	Para perfeccionar necesito...
lo que es una tilde diacrítica es...				
cuándo usar la tilde diacrítica es...				

7. *Ser* se usa para comunicar (algo inherente / algo mudable / *there is/are*).

8. *Estar* se usa para comunicar (algo inherente / algo mudable / *there is/are*).

9. *Hay* se usa para comunicar (algo inherente / algo mudable / *there is/are*).

Repasar. Indica si las oraciones comunican algo inherente o algo mudable.

inherente / mudable 1. Pepe está triste.

inherente / mudable 2. La fruta es verde.

inherente / mudable 3. Aliza es feliz.

inherente / mudable 4. Todos están contentos.

inherente / mudable 5. Esos libros son nuevos.

inherente / mudable 6. Estamos nerviosos.

inherente / mudable 7. El mar está tranquilo.

inherente / mudable 8. Sin duda, es mejor.

10. Un gerundio es un verbo (personal / impersonal / no personal).

11. Para formar los tiempos progresivos, se usa (ser / estar) + gerundio.

12. Para formar el gerundio de los verbos de la 1a conjugación (—ar), se añade _____ a la raíz.

13. Para formar el gerundio de los verbos de la 2a conjugación (—er), se añade _____ a la raíz.

14. Para formar el gerundio de los verbos de la 3a conjugación (—ir), se añade _____ a la raíz.

Mi entendimiento	Excelente	Bueno	Débil	Para perfeccionar necesito...
de cuándo usar ser, estar o haber es...				
de cómo formar el tiempo progresivo es...				
del uso del tiempo progresivo es ...				

15. Cierto o falso El infinitivo reflexivo tiene "se" al final.

16. Los verbos reflexivos requieren un pronombre reflexivo inmediatamente (delante / detrás) del verbo conjugado.

17. Cierto o falso Los verbos reflexivos tienen la misma conjugación verbal que los no reflexivos; la única diferencia es el uso del pronombre reflexivo.

18. Los pronombres reflexivos son _____, _____, _____, _____, _____.

19. Cierto o falso Los pronombres reflexivos son parte del verbo; no funcionan solos como sujeto.

20. Cierto o falso "Pronombre reflexivo" es lo mismo que "pronombre personal".

21. Los pronombres personales son _____.

22. Cierto o falso Los pronombres personales pueden funcionar como sujeto.

23. Para mantener el sonido de la "c" de los infinitivos terminados en –cer o –cir, en la conjugación del presente en la 1ª persona singular [yo] se usa la terminación (co / sco / zco).

24. Para los infinitivos terminados en –ger o –gir, en la conjugación del presente en 1ª persona singular [yo] se cambia la "g" a "j" delante de (a / e / i / o / u). [Tacha las que no corresponden.]

25. Si al conjugar un verbo aparece la "i" entre dos vocales, (no hace falta hacer nada / se cambia la "i" a "y").

26. Si quiero escuchar una "i" o "u" cuando está junto a "a", "e", "o", pongo una tilde en la (a / e / i / o / u). [Tacha las que no corresponden.]

27. Si la sílaba que se pronuncia más fuerte es la última y la palabra termina en a, e, i, o, u, n, s, coloco una tilde en la (vocal débil / vocal fuerte) de la sílaba.

Repasar. Coloca una ✓ en los verbos deletreados y acentuados correctamente.

___1. apagé	___3. elijieron	___5. construymos	___7. sabíamos
___2. realicé	___4. comiencen	___6. toquen	___8. gradúo

Mi entendimiento de	Excelente	Bueno	Débil	Para perfeccionar necesito...
lo que son un verbo y un pronombre reflexivo es ...				
la diferencia entre pronombre personal y reflexivo es ...				
los cambios ortográficos en los verbos es...				

Actividad 1 En los siguientes grupos de opción multiple todas las respuestas son correctas pero hay una mejor. Encuentra la mejor y justifica tu respuesta.

1. La palabra *volibol* es

a. un sustantivo porque designa una cosa inanimada, pero viene de otra lengua

b. un sustantivo que viene de otra lengua pero que suena como la palabra original

c. un sustantivo y un préstamo deletreado para reflejar la pronunciación de la palabra original

2. De la palabra *líder* se puede decir que

a. se pronuncia como la misma palabra en inglés y tiene el mismo significado

b. es un préstamo léxico que se ha deletreado basado en la palabra en otra lengua

c. es fácil de reconocer por los angloparlantes porque se parece al inglés

3. En la oración *Te tienes que levantar* hay un verbo

a. de la 2a conjugación en la segunda persona singular y un verbo no personal

b. personal de la 2a conjugación en la 2a persona singular, y un verbo no personal

c. personal reflexivo de la 2a conjugación en la 2a persona singular, y otro no personal

4. En la oración *Están estudiando* hay

a. un verbo de la primera conjugación y un gerundio

b. un verbo progresivo de la 3a persona que se compone de dos partes

c. un verbo en tercera persona plural del presente progresivo de *estudiar*

5. La oración *Santiago estaba nervioso* comunica

a. un estado mudable en el pasado

b. que el estar nervioso no es algo característico de Santiago

c. algo que ocurrió en un momento anterior al presente del hablante

6. En la oración *Servía el té cuando sonó el timbre* hay

a. acciones en el pasado y tildes por hiato, diacrítica y por no seguir las normas

b. dos acciones y varios tipos de tildes incluyendo por no seguir las normas de pronunciación

c. dos acciones pasadas de verbos de la 1a y 3a conjugación

Actividad 2 Conecta cada palabra con su clase y escribe la letra de su función.
Frecuentemente ibas a las fiestas y reuniones.

verbo (___)_____

sustantivo (___)_____

sustantivo (___)_____

artículo (___)_____

preposición (___)_____

adverbio (___)_____

conjunción (___)_____

a. Describe un verbo, adjetivo u otro adverbio.

b. Comunica una acción o estado.

c. Describe un sustantivo.

d. Designa o identifica personas y cosas.

e. Indica si un sustantivo es conocido o general.

f. Relaciona un sustantivo o pronombre al resto de la oración.

g. Toma el lugar de un sustantivo.

h. Une palabras o secuencias equivalentes.

Actividad 1 En cada una de las siguientes oraciones hay tres palabras subrayadas. Busca la palabra que tiene un error. Si no hay error en ninguna de ellas usa la opción "Sin error". En el espacio pon la letra de tu respuesta. **OJO: Si el uso es correcto, no es un error aunque haya otras posibilidades.**

1. No me imagino a quien puedo elegir entre todos.   Sin error. _____
    (a)   (b)   (c)   (d)

2. Nos estamos orgullosos de nuestra apariencia física.   Sin error. _____
    (a)   (b)   (c)   (d)

3. María es escribiendo un artículo sobre los estereotipos.   Sin error. _____
    (a)   (b)   (c)   (d)

4. No venimos a exigir que elijas este, sino a que digas qué quieres.   Sin error. _____
    (a)   (b)   (c)   (d)

5. Ese edificio está construido con mármol y piedras preciosas.   Sin error. _____
    (a)   (b)   (c)   (d)

6. No te apoyes en lo que dijeron porque actúaban con mala intención.   Sin error. _____
    (a)   (b)   (c)   (d)

Actividad 2 En cada uno de los párrafos hay un error. Elige la palabra equivocada entre las cinco opciones subrayadas y escríbela en el espacio. Luego escribe la forma correcta en el espacio "Corrección".

1. Durante **mí** niñez no leía cómics sino tebeos **e** iba a fiestas en vez de a *parties*. Como joven rebelde, me dediqué a **poner** carteles políticos en las paredes sin **darme** cuenta que lo que colgaba eran pósters, y en el colegio hacía **gimnasia** en vez de aeróbic. Luego, en la universidad **empecé** a cambiar y ponerme al día.

    Palabra equivocada: _____   Corrección: _____

2. **Actualmente** aquello ya no existe. Mis nietos **juegan** al fútbol y comen **sándwiches**, se limpian la **nariz** no con un pañuelo sino con *kleenex*, y los fines de semana **les** van de camping. Qué elegante suena, ¿verdad?

    Palabra equivocada: _____   Corrección: _____

3. Hoy **está necesario** sacar un título de *masters* para tener éxito en la vida y poder dejar el SUV o el todo terreno en el *garage* (fíjense **cómo** he revertido a escribirlo en inglés en vez de escribir *garaje*). ¡**Hay** tantas cosas **que** uno tiene que cambiar para estar al día!

    Palabra equivocada: _____   Corrección: _____

Pegatina (*bumper sticker*) de un coche:
If you can read this *estás muy close*

Si alguien te dice que eres "pocho", ¿qué sientes? O si escuchas a alguien decir "Nos vemos el Friday porque es Jimmy's party en el park", ¿qué piensas de esa persona? ¿Crees que esta mezcla de inglés y español se debe aceptar como una realidad de todos los hispanohablantes o desfavorece a quienes lo hablan?

Lectura

Espanglish: ¿sí o no?

Hay muchas maneras de definir lo que es espanglish o "Spanglish". Algunos lo definen como una mezcla informal y a veces peyorativa del español e inglés; otros dicen que es una versión del español fuertemente influenciada por el inglés. Todavía otros aluden a la mezcla de dos lenguas que ha existido desde la época de los conquistadores pero que ahora con el incremento de hispanohablantes en EEUU, es más prominente. Mas tal vez sea el comediante Bill Santiago quien mejor lo define en su libro *Pardon My Spanglish*: "Spanglish is the Reese's Peanut Butter Cup of languages: two great languages *que van* great together". Lo que quizás nunca nos ponemos a pensar es que igual que ni "hispano" ni "latino" realmente engloban lo que somos, "espanglish" también se queda corto si uno cree que es solo un fenómeno de los hispanohablantes estadounidenses o que solo se refiere a un tipo de español.

Empecemos por lo primero. Incluso entre algunos centroamericanos que jamás han vivido en o visitado EEUU, cuando se refieren a la camioneta que usan para acarrear cosas hablan de la *troca* y si parece más bien una furgoneta hablan de la *van*. Y en Perú uno puede ver carteles que dicen "Llámenos para delivery" y en México se ofrecen "Tips para marketing". Con solo navegar en internet uno tropezará más con "Haz clic aquí" que con "Pulse aquí" o un anuncio que ofrece "vacaciones de *relax*" porque la globalización cada vez aproxima más las dos lenguas. Ahora bien, sin duda es en EEUU donde más se oye —causándoles fuertes dolores de estómago a los puristas de la lengua o a los que crecimos con un fuerte menosprecio hacia el "pochismo"— porque es allí donde hay un mayor crecimiento del inglés en el habla diaria de los hispanohablantes.

Pero volviendo al segundo punto, y tomando en cuenta que hemos estado hablando de los hispanos y los medios de comunicación en esta unidad, hay que preguntarse si el espanglish que se oye en el A Train en Nueva York rumbo al *pequeño Cibao* sería el mismo que se escucha tomando café en Tampa o caminando por el *mall* en San Antonio. Lo más probable es que no porque el español en EEUU varía según la región, la etnia y el estrato social. En Tampa quizás se oiga "Tengo que comprar esprái polque no hay nada en la frigidaire" mientras que en San Antonio se oiga "Tengo que comprar sprait porque no hay nothing en el refrigerator". Para nosotros que usamos espanglish, lo bonito es que nos comunicamos y nos une. Pero para alguien que busca lanzar una campaña publicitaria en los medios hispanos, es muy importante que sepa a quién se va a dirigir para saber si debe usar *Spanglish* o *Mexicali Esperanto* o *Bodega-bonics* o *Pocho* o lo que más se use allí.

Actividad <u>Según la lectura</u>, elige la mejor opción para contestar o completar cada pregunta.

1. Para algunas personas, ¿desde cuándo existe el espanglish?
   a. Desde que se influenció el inglés por el español
   b. Desde que llegaron los españoles al continente americano
   c. Desde que ha incrementado el número de hispanos en EEUU

2. ¿Con qué compara Bill Santiago el espanglish?
   a. Un dulce
   b. Otras lenguas
   c. Un tipo de español

3. ¿Qué sorprende del espanglish?
   a. Es un fenómeno de los EEUU.
   b. Lo usan hispanos y latinos.
   c. Incluso se oye en Centroamérica.

4. Entre los lugares que se mencionan en el segundo párrafo ¿cuál no aparece?
   a. América Central
   b. América del Sur
   c. Guinea Ecuatorial

5. ¿A quiénes no les gustará el espanglish?
   a. A los que usan internet
   b. A los puristas de la lengua
   c. A quienes solo hablan inglés

6. ¿Dónde estará *el pequeño Cibao*?
   a. Nueva York
   b. Tampa
   c. San Antonio

7. Según el artículo ¿qué se puede decir del espanglish?
   a. Es igual; no importa dónde se hable.
   b. Varía debido a la influencia del inglés.
   c. Cambia según la región, la etnia y la clase social.

8. ¿Qué piensa el autor del espanglish?
   a. Sirve para unir a quienes lo hablan.
   b. Se debe usar en lugares como Mexicali.
   c. Es más propio de las bodegas.

9. ¿Qué piensas tú del espanglish? _____

_____

La lengua y sus variaciones: Los calcos

¿De pequeño alguna vez pusiste un dibujo en el cristal de la ventana para calcarlo en otra hoja de papel? ¿O usaste papel calco (*carbon paper*) para copiar un dibujo a otra hoja? El resultado fue una copia casi exacta del original, o sea, un calco del original.

Antes estudiaste los cognados y préstamos léxicos, y cómo han sido el resultado del contacto entre lenguas. En esta sección vas a estudiar los calcos que, como indica su nombre, toman el significado de una palabra o frase de otro idioma y lo expresan con palabras que ya existen.

Antes de leer Abajo hay varias palabras y frases en inglés. Con unos compañeros escriban el calco literal de cada una. Luego busquen el calco en un diccionario en internet para saber si ya forma parte del español estándar.

Palabra o frase en inglés	Calco	Palabra o frase en inglés	Calco
basketball	*baloncesto*	window (computer)	
skyscraper		black market	
mouse (computer)		greenhouse effect	
yellow press		self-service	

Lectura Lee las siguientes entradas de un blog acerca de los calcos. Al final de cada uno, escribe una respuesta.

Unos blogs

Yo creo que los calcos muestran lo "agringado" que nos estamos volviendo porque en la lengua se muestra la cultura. Con esto mostramos que creemos que nuestra cultura es inferior a la estadounidense.

_____

_____

Tenemos un idioma muy rico, con muchas palabras que pueden expresar lo que queremos decir. ¿Por qué tenemos que copiar lo que se dice en Washington?

_____

_____

Quiero invitar a mis compatriotas, como hispanohablantes sudamericanos, a pensar un poco más allá de las palabras y de las oraciones que aparecen en los programas de televisión norteamericana que reflejan una realidad que no es la nuestra. ¿Por qué hemos de ajustar nuestro rico vocabulario a lo que dicen los yanquis?

_____

_____

Creo que se ha prestado demasiada atención a luchar en contra de toda influencia de EEUU. La realidad es que estamos en un mundo cada vez más globalizado y no podemos combatir la influencia de los países más poderosos.

_____

_____

Yo lo único que pido es que no salgan con cosas como la que vi ayer pintada en el cristal de una tienda de abarrotes: "Deliberamos groserías". Sí que vivimos del turismo americano y queremos comunicarnos, pero esto ya es demasiado.

_____

_____

Sintetizar: Refiriéndote a lo que has estudiado, completa la tabla para resumir lo que has aprendido.

- Los calcos son el resultado de las lenguas en _____.

- Cierto o falso. Un calco es una traducción literal que se usa para expresar el significado de una palabra o frase en otro idioma.

| Actividad 1 | Con la clase, piensen en cinco calcos más. Escríbelos. |

_____

| Actividad 2 | Lee las siguientes palabras o frases y decide si son cognados, préstamos o calcos. Luego escríbelas en la columna correspondiente de la tabla. OJO: Hay unos "pochismos". |

base de datos   cibercafé   lonche   ironía   jardín de infancia   jeans   llamar para atrás
legal   llenar la aplicación   fabuloso   hora feliz   bistec   sándwich   software

Cognado	Préstamo	Calco

La ortografía: Mayúsculas y minúsculas

Aunque parecen muy sencillas, hay muchas normas para el uso de las mayúsculas y minúsculas. Aquí solo verás algunas que se semejan o diferencian entre el inglés y español. Por eso si al escribir tienes alguna duda, debes consultar un sitio en internet que trate el tema.

Actividad 1 — Fíjate en las palabras en la primera columna. Escribe las palabras correspondientes en inglés. Luego indica si el uso de la mayúscula o minúscula es igual en inglés y español.

En español	En inglés	Diferencia: Sí / No
1. abril	April	sí
2. Bolivia		
3. avenida Colón		
4. Navidad		
5. *Cuando era puertorriqueña*		
6. Cuba		
7. *Don Quijote*		
8. español		
9. Hospital Ribalta		
10. inglés		
11. "La cenicienta"		
12. océano Pacífico		
13. Primavera de Praga 1968		
14. golfo de México		
15. septiembre		
16. Torre Latinoamericana		
17. viernes		
18. yo		

Actividad 2   Conecta las palabras a la diferencia correspondiente.

_____ 1. noviembre

_____ 2. *Cien años de soledad*

_____ 3. latín

_____ 4. miércoles

_____ 5. río Amazonas

_____ 6. salvadoreño

_____ 7. *yo*

a. Los días de la semana se escriben con minúscula.

b. Los meses se escriben con minúscula.

c. Las nacionalidades se escriben con minúscula.

d. Los idiomas se escriben con minúscula.

e. Solo la primera palabra de títulos de libros, poemas, cuentos, etc. se escribe con mayúscula.

f. *Yo* se escribe con minúscula.

g. En los accidentes geográficos, se escribe con minúscula *río, océano, lago*, etc. salvo si es parte integral del nombre.

Sintetizar: Refiriéndote a lo que has estudiado, completa la tabla para resumir lo que has aprendido.

- (Hay / No hay) diferencias en los usos de las mayúsculas y minúsculas en inglés y español.

- Unas diferencias son el uso de la minúscula en (los días de la semana / las estaciones del año / los meses / las nacionalidades / los idiomas / los nombres propios / los títulos / "yo" / los accidentes geográficos / la primera palabra de las oraciones). [Tacha las que no corresponden.]

- **Puede no haber diferencia** en (los días de la semana / los meses / las nacionalidades / los idiomas / los títulos / "yo" / los accidentes geográficos). [Tacha las que no corresponden.]

Actividad 3   En las siguientes oraciones, corrige todas las faltas de mayúsculas.

1. con mis primos he pensado ir a méxico el verano entrante.

2. El abuelo de mi amigo luis conoció a bill santiago en los ángeles.

3. En estados unidos hay cantidad de personas que usan espanglish.

4. manuel vive en la calle josé martí en el barrio latino.

5. Acabo de leer un cuento llamado "cuando suenan los tambores" de un autor chicano.

6. ¿Sabes si el pequeño Cibao está cerca del río hudson?

7. en enero vamos a ir a un crucero por el océano atlántico.

8. ¿Cuál de las dos ciudades prefieres: Miami o san Antonio?

9. creo que su nombre completo es elena renée Welsh.

10. Usa mucho el inglés porque nació en inglaterra y su padre es de la india.

Actividad 4 En las siguientes oraciones, corrige todas las faltas de minúsculas.

1. Acabo de leer un libro muy interesante que se llama *La Desaparición de las Lenguas.*

2. En Verano pensamos hacer unos estudios sobre el Español en Puerto Rico.

3. Los Colombianos que viven en la Calle Simón Bolívar son muy animados.

4. Cada Sábado vamos al Café Habana para hablar con los amigos cubanos.

5. El Río Misisipi termina cerca de Nueva Orleans, pero Yo no sé dónde empieza.

Actividad 5 Corrige las faltas de mayúscula y minúscula que hay en el siguiente párrafo. Luego compara tu trabajo con el de un compañero.

en 2004 salió la Película *spanglish* que empieza con cristina moreno escribiendo un ensayo para ingresar a princeton University. en el ensayo cuenta la historia de su niñez a partir de cuando su Madre, flor, entra a servir en casa de una familia rica de los ángeles. flor habla muy poco Inglés así que cristina le traduce todo. Tanto por su manera de ser con su madre y con los hijos de la casa, cristina se gana el cariño de toda la Familia Clasky. pero con el tiempo flor se da cuenta que su Hija va perdiendo sus raíces, y después de algunos conflictos, finalmente deja el empleo y se lleva a Cristina a su país de origen. Por el camino cristina, que no quiere irse, le reprocha que se la lleve. la película termina varios años más tarde con Cristina reconociendo que su vida se funda en el hecho de que es hija de su Madre y su Cultura.

Actividad 6 Abajo escribe tres oraciones que contengan DOS faltas del uso de mayúsculas o minúsculas cada una. Luego dáselas a un compañero para que las corrija.

1. _____

2. _____

3. _____

¿Sabías que los historiadores piensan que los primeros alfabetos solo consistían de letras mayúsculas? Es más, algunas escrituras actuales, como el chino, el indio y el japonés, no distinguen entre letras mayúsculas y minúsculas. No debes olvidar que en español si una vocal lleva tilde, hace falta incluirla ya sea mayúscula o minúscula: *Ángela está junto al árbol.*

Lengua formal e informal: El voseo

¿Me entendés? ¿Verdad que sí?

El otro día mi amiga Jocelly me contó que el *voseo*, o sea el uso de *vos* en vez de *tú*, tiene una historia sociolingüística muy interesante. En sus inicios, se usaban tanto *tú* como *vos* de manera parecida al latín, del cual procede nuestra lengua. *Vos* se usaba entre los nobles y las parejas para hablarse con respeto; *tú* se usaba para hablarles a las personas de condición inferior. En el siglo XIII, en lo que ahora es España, apareció el *vosotros* que era una combinación de *vos* y *otros*, para distinguir entre la forma singular y la plural. Hoy en día, aunque en España aún se usa *vosotros*, no es el caso en las Américas.

Cuando llegaron los españoles a tierras americanas se trajo el *vos* que ha continuado en muchas partes de nuestro continente aunque desapareció en la península donde se prefirió el *tuteo,* o uso de *tú*, porque *vos* se consideraba despectivo. Y en las zonas colonizadas americanas donde se mantenía en contacto con España ocurrió lo mismo. En cambio, el *voseo* se estableció como el registro informal en casi dos tercios de Latinoamérica donde se sigue usando sin ninguna connotación menospreciativa. A la vez, en algunos países como Colombia, Venezuela y Ecuador con frecuencia la gente intercambia *tú* y *vos*: "vos comes", "tú comés" y "vos comés" (el *voseo* auténtico). En unos países se reserva el *voseo* para conversaciones muy familiares, mientras que en otros, como Costa Rica y Argentina, el uso de *tú* parece artificial o pretensioso.

Interesante, ¿no?, como la lengua nos puede revelar tanto de nuestra historia, desde sus raíces latinas a los usos sociales, a su desarrollo y efecto del grado de contacto con la península, a la diversidad en tan extensa zona americana. Ya sea que estés en el sur de México o te encuentres en la Patagonia, en Managua, Montevideo o Asunción, es posible que escuches el *voseo*, cada versión con su "toque especial" que refleja el habla de la región.

Actividad 1 En la lectura se habla de varios países y ciudades sudamericanos. Para probar tu memoria con unos compañeros escriban todos los países sudamericanos que puedan identificar. Luego completa el mapa con el resto de la clase.

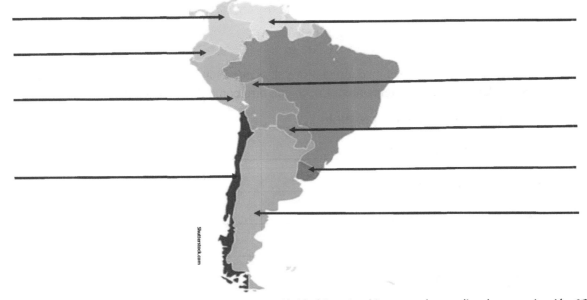

Unidad Dos: Los hispanos y los medios de comunicación **167**

Analizando los ejemplos, completa la siguiente tabla de diferentes registros.

Infinitivo	tú	vosotros	vos	usted
saber		sabéis	sabés	
perder		perdéis		pierde
tener	tienes	tenéis		
correr				
ser		sois		es
vender			vendés	
cantar		cantáis		canta
venir		venís		
querer			querés	

Actividad 3 Lee la siguiente conversación y subraya todos los verbos en registro informal: *tú* o *vos*. Luego decide cuál de las dos jóvenes es argentina y cuál es española.

Arabela. Al fin llegás. ¿Cómo te va? ¡Tenés el pelo larguísimo!

Gabriela. Hola, Arabela, ¡Qué gusto verte! ¿Cómo estás?

Arabela. Bien, ¿y vos?

Gabriela. Fenomenal, y feliz de estar aquí.

Arabela. Che lo vamos a pasar genial. Tenés que conocer toda Mendoza.

Gabriela. Sé que me va a encantar; pero perdona, tengo mucha hambre.

Arabela. ¿Querés comer? Hoy almorzás en el mejor restaurante de todos—el de mi abuelo.

Gabriela. ¡Eres un sol, Arabela! Hacer todo esto por mí…

Con un compañero escriban un diálogo breve en el que usen *vos* y *vosotros*. Usen las pautas para ayudarse a crear su intercambio. Luego con otro compañero hagan otro diálogo oralmente.

Estudiante A: (Saluda y hace una pregunta.) _____

Estudiante B: (Saluda y responde.) _____

Estudiante A: (Hace una pregunta.) _____

Estudiante B: (Responde y pregunta.) _____

Estudiante A: (Responde y se despide.) _____

Estudiante B: (Se despide.) _____

Gramática: El modo imperativo

Ya has estudiado el modo indicativo. Antes de pasar al modo subjuntivo, repasarás el modo imperativo. Te será fácil reconocerlo porque sin duda ya lo usas o escuchas con frecuencia

La historia de Orula y Obatalá

Durante siglos los esclavos africanos que fueron llevados a Cuba conservaron su lengua, música, leyendas, mitos y dioses a pesar de la presión de sus nuevos amos para que olvidaran su cultura. Para salvar su cultura africana a veces tuvieron que fusionarla con la cultura europea que les había sido impuesta. Uno de los ejemplos culturales que sobrevivieron son los *patakines*, historias fantásticas que los esclavos usaban con fines didácticos para dar lecciones sobre la vida.

Anoche hablaron en la televisión de uno de estos patakines. Cuenta la historia de cómo el dios Obatalá eligió a Orula como la mejor persona para gobernar el mundo. Según la historia, para probar que Orula era el mejor Obatalá le dijo: "Prepárame la mejor comida". Orula le preparó una lengua de toro y cuando Obatalá indagó por qué había elegido una lengua este le dijo que la lengua servía para discutir, hablar bien de las personas, exaltar las obras y proclamar la virtud. Otro día Obatalá le pidió a Orula: "Prepárame la peor comida", y este le trajo de nuevo una lengua de toro. Al verla Obatalá gritó: "Dime por qué me vuelves a traer una lengua". Orula le respondió que la lengua también era la peor comida porque servía para decir cosas malas de las personas, para exhortar a las personas a cometer acciones crueles y para engañar a la gente. Reconociendo la inteligencia y perspicacia del joven, Obatalá proclamó a Orula como el líder del mundo.

| Actividad 1 | Lee los siguientes mandatos, y considerando que Obatalá es mayor que Orula, coloca los que crees que le daría Obatalá a Orula y los que Orula le daría a Obatalá. |

Obatalá a Orula: Mandato informal (*tú*)	Orula a Obatalá: Mandato formal (*usted*)

1. Dígame lo que quiere que le prepare.
2. Prepárame la mejor comida.
3. Cómasela que está muy sabrosa.
4. No se deje nada en el plato.
5. Dime por qué me trajiste lengua.
6. No me mientas.
7. Llévasela a los demás para que la coman.
8. Déjeme que le traiga la peor comida.
9. Tráela.
10. Pruebe este platillo.

Actividad 2 Usando los siguientes **mandatos formales** como ejemplo, contesta las preguntas.

Prepárenle una comida sabrosa.   No se la traigan fría.   Obedézcame.   No me enfade.

1. (Hay / No hay) diferencia entre la conjugación de los mandatos formales afirmativos y negativos.

2. Si un mandato es afirmativo, los pronombres se (anteponen / se posponen y pegan) al mandato.

3. Si un mandato es negativo, los pronombres se (anteponen / se posponen y pegan) al mandato.

Actividad 3 Usando los siguientes **mandatos informales** como ejemplo, contesta las preguntas.

Prepárale una comida sabrosa.   No se la traigas fría.   Obedéceme.   No me enfades.

1. Los mandatos informales afirmativos se parecen a la ___ persona singular del presente de indicativo.

2. Si un mandato es afirmativo, los pronombres se (anteponen / se posponen y pegan) al mandato.

3. Si un mandato es negativo, los pronombres se (anteponen / se posponen y pegan) al mandato.

Actividad 4 Cambia las declaraciones a mandatos. Sigue el ejemplo.

1. Quiero que te vayas. *Vete.* _____

2. Deseo que no me lo digan. _____

3. Espero que me escuches. _____

4. Pido que me las traiga. _____

5. Exijo que no se lo diga. _____

Actividad 5 Usando los siguientes **mandatos en nosotros** como ejemplo, contesta las pregun-

Comamos la lengua.   No se la dejemos en la mesa.   Levantémonos.   Traigámosela.

1. Si un mandato es afirmativo, los pronombres se (anteponen / se posponen y pegan) al mandato.

2. Si un mandato es negativo, los pronombres se (anteponen / se posponen y pegan) al mandato.

3. Si un mandato afirmativo es reflexivo, (se deja / se omite) la ese antes de pegar el pronombre.

4. Si a un mandato afirmativo se le pospone el pronombre indirecto *se*, (se deja / se omite) la ese antes de pegar el pronombre.

Actividad 6 Cambia las declaraciones a mandatos. Fíjate que *ir* tiene dos formas en el afirmativo; da la segunda. No ocurre lo mismo con los otros mandatos en *nosotros*.

1. Quiero que nos vayamos. _Vayámonos_ / _____

2. Esperan que se la demos. _____

3. Manda que nos lo pidamos. _____

Usando tus conocimientos previos, completa la siguiente tabla de mandatos familiares, formales y de nosotros (*Let's…*). Cuando veas * ten cuidado porque puede haber una irregularidad o cambio en alguna(s) de sus formas imperativas.

	tú afirmativo	tú negativo	usted afirmativo	usted negativo	nosotros afirmativo	nosotros negativo
escuchar						
comenzar *						
alcanzar *						
tener *						
comer						
hacer *						
poner *						
pedir *						
venir *						
construir *						

Actividad 8

Haz memoria de cuando eras pequeño. Abajo escribe seis oraciones con mandatos que te repetían tus padres. Luego escribe si lo hacías o no. Sigue el ejemplo.

¿Lo hacías? Sí / No

1. Haz la tarea antes de salir a jugar. _____

2. _____ _____

3. _____ _____

4. _____ _____

5. _____ _____

6. _____ _____

7. _____ _____

Gramática: El modo subjuntivo

En está sección vas a aprender a usar el modo subjuntivo, y para ello recordarás mucho de lo aprendiste del presente indicativo. Pero antes, ¿recuerdas la actividad que hiciste en la Unidad Uno? Tenías que leer unas definiciones y luego fijándote en los verbos subrayados, determinar a qué modo pertenecía cada una de las oraciones de la tabla. Intenta volver a hacer la actividad pero esta vez al revés. Usando el modo identificado, busca el componente de la definición que justifica el modo que se ha usado.

> **El modo indicativo**: Indica o hace declaraciones objetivas basadas en hechos y en cosas concretas.

> **El modo subjuntivo**: Expresa varios estados no objetivos, reales como deseos, emociones, reacciones, posibilidades, juicios, dudas, opiniones, acciones que aún no han ocurrido y quizás no ocurran; también se usa para referirse a algo desconocido.

> **El modo imperativo**: Pide, exige o prohíbe algo de manera directa.

Modo	
subjuntivo	1. Dudamos **que el juicio sea imparcial.**
subjuntivo	2. El alguacil saca la pistola **para que Gregorio se asuste.**
imperativo	3. **Entremos** en la casa.
subjuntivo	4. Es triste **que no conozcan** las palabras.
indicativo	5. La palabra *yegua* **equivale** a *mare*.
indicativo	6. Las relaciones entre mexicanos y gringos **son** tensas.
indicativo	7. Los hermanos **trabajan** en el rancho.
subjuntivo	8. No se irá **sin que los hermanos vayan** con él.
imperativo	9. **Prepárese** para ser arrestado, Cortez.

Sintetizar: Refiriéndote a lo que has estudiado, completa la tabla para resumir lo que has aprendido.

- Si el hablante **pide, exige o prohíbe** algo de manera directa se comunica en modo (**indicativo / subjuntivo / imperativo**).
- Si el hablante indica o hace **declaraciones objetivas** se comunica en modo (**indicativo / subjuntivo / imperativo**).
- Si el hablante expresa algo no objetivo, necesidades o acciones que no han ocurrido y quizás no ocurran o se refiere a algo desconocido o inexistente se comunica en modo (**indicativo / subjuntivo / imperativo**).

Igual que los verbos en el modo indicativo pueden ser regulares, reflexivos, de cambio radical e irregulares, también lo son en el subjuntivo.

Actividad 1 Lee la selección del recuadro y observa los verbos subrayados. Luego fíjate en los ejemplos de las tablas y, basándote en tus observaciones, complétalas. Usa la muletilla "Es mejor que…" para ayudarte.

Primera conjugación: —AR

Mi amigo quiere que **opine** que sus productos no son caros para que tú **gastes** tu dinero en ellos. Además quiere que **consideremos** que son necesarios. Prefiere que las personas **compren** su producto solo por gusto, y que nadie **dude** de pagar cualquier precio.

Es mejor que…	opinar	comprar	gastar	considerar	dudar
yo	opine				
tú			gastes		
él, ella, usted					dude
nosotros				consideremos	
ellos , ellas, Uds.		compren			

Segunda conjugación: —ER

Es posible que con los programas de nutrición **aprendamos** a vivir mejor, pero mi madre duda que yo **coma** mejor. Dudo que mis amigos **crean** que soy vegetariano; no lo soy, y no creo que **ceda** en el futuro ni que tú **debas** seguir tratando de convencerme.

Es mejor que…	aprender	comer	ceder	creer	deber
yo		coma			
tú					debas
él, ella, usted			ceda		
nosotros	aprendamos				
ellos , ellas, Uds.				crean	

Tercera conjugación: —IR

Mi familia quiere que **<u>viva</u>** cerca del lugar donde trabajo, pero no creo que me **<u>persuada</u>**. No quieren que una amiga y yo **<u>compartamos</u>** un departamento hasta que no me **<u>abran</u>** una cuenta bancaria. ¿Es posible que pronto **<u>decidas</u>** dónde vas a vivir?

Es mejor que...	vivir	persuadir	compartir	abrir	decidir
yo	viva				
tú					decidas
él, ella, usted		persuada			
nosotros			compartamos		
ellos , ellas, Uds.				abran	

Actividad 2   Ahora, completa esta tabla de verbos en el indicativo y el subjuntivo. Regresa a las tablas anteriores cuando tengas dudas. Subraya las terminaciones.

	Indicativo	Subjuntivo (Es mejor que...)	Indicativo	Subjuntivo (Es mejor que...)
	hablar	**hablar**	**leer**	**leer**
yo	habl<u>o</u>	habl<u>e</u>		
tú				
él, ella, usted				
nosotros				
ellos , ellas, Uds.				
	vivir	**vivir**	**dudar**	**dudar**
yo				
tú				
él, ella, usted				
nosotros			dud<u>amos</u>	dud<u>emos</u>
ellos , ellas, Uds.				

¿Qué observaste? Los verbos que terminan en —*ar* usan (a / e) en sus terminaciones; los verbos que terminan en –*er* e –*ir* usan (a / e) en sus terminaciones. ¿Te hacen recordar los mandatos formales?

Sintetizar: Refiriéndote a lo que has estudiado, completa la tabla para resumir lo que has aprendido.

El presente de subjuntivo de los verbos regulares

	Infinitivos con –*ar* usan las terminaciones	Infinitivos con –*er* usan las terminaciones	Infinitivos con –*ir* usan las terminaciones
yo	--*e*		
tú			--*as*
él, ella, usted			
nosotros		--*amos*	
ellos, ellas, ustedes			

Actividad 3 **Ejercicio mecánico.** Completa la siguiente tabla de verbos para asegurar tu conjugación de los verbos regulares en el presente de subjuntivo.

Es mejor que...	yo	tú	él, ella, usted	nosotros	ellos, ellas, Uds.
bailar					
cambiar					
dejar					
mandar					
correr					
romper					
temer					
percibir					
recibir					
subir					

Antes de pasar a los otros tipos de verbos del presente de subjuntivo, vas a reconocer uno de los usos de este modo.

Actividad 1

Lee la siguiente conversación fijándote en los verbos y frases verbales subrayados. Luego, según su conjugación, colócalos en la columna correspondiente y escribe el infinitivo. Sigue el ejemplo.

Santi. No **creo** que Miguel **niegue** su uso del espanglish.

Elena. **Es posible** que no se **fije**.

Diego. Me **sorprende** que **opines** eso, Elena.

Elena. ¿**Quieres** que le **pregunte**?

Diego. No hace falta. Pero **no está bien** que lo **exprese**.

Santi. Además, **prefiero** que lo **admita**.

Elena. Pero, lo dijo ¿sí o no?

Modo indicativo		Modo subjuntivo	
infinitivo	verbo	infinitivo	verbo
creer	creo	negar	niegue
ser (posible)	es (posible)		

Actividad 2

¿Recuerdas que en la Unidad Uno estudiaste las cláusulas? (Si no, vuelve a la página 59.) Fíjate cómo la primera oración de la conversación entre Santi, Elena y Diego se divide en cláusulas.

cláusula principal   No creo

cláusula subordinada   que Miguel niegue...

cláusula principal   +   cláusula subordinada ⇒ oración compleja

Ahora, haz lo mismo con el resto de las oraciones. Incluye las etiquetas de las cláusulas y ponle un círculo a *que*.

1. Elena. _____

2. Diego. _____

3. Elena. _____

4. Diego. _____

5. Santi. _____

Actividad 3 Para esta actividad coloca los verbos de la cláusula principal en la tabla y marca la columna de lo que cada uno comunica. Sigue el ejemplo.

verbo de la cláusula principal	función (*lo que comunica*)				
	juicio	duda / negación	posibilidad	emoción / reacción	deseo
1. *no creo*		✓			
2.					
3.					
4.					
5.					
6.					

Actividad 4 Resalta el verbo de la cláusula principal y subraya lo que comunica este verbo que obliga a usar el subjuntivo en la cláusula subordinada. Luego rellena el espacio con la forma apropiada en el modo subjuntivo del verbo entre paréntesis.

(juicio / _deseo_)   1. Espero que el joven _____ _hable_ _____ (hablar) español.

(juicio / deseo)   2. Ojalá que no (él)_____ (expresar) su opinión.

(posibilidad / duda) 3. Todos dudan que (tú) _____ (persuadir) a Miguel.

(duda / juicio)   4. Es formidable que Elena _____ (creer) eso.

(reacción / deseo)   5. Me entristece que (ustedes) no _____ (acudir).

(juicio / deseo)   6. No es justo que (ellos) nos _____ (obligar) a ir.

Actividad 5   Basándote en la actividad anterior contesta las siguientes preguntas.

1. ¿Dónde aparece el verbo que indica emoción, duda, posibilidad, juicio, etc.: en la cláusula principal o subordinada? _____

2. ¿Qué palabra aparece delante de la cláusula subordinada? _____

3. ¿En qué modo está el verbo de la cláusula principal: indicativo / subjuntivo?

4. ¿En qué modo está el verbo de la cláusula subordinada: indicativo / subjuntivo?

5. ¿Qué vocal usan los verbos de la 1a conjugación en su terminación si usan el modo indicativo: a / e? ¿Y si usan el modo subjuntivo: a / e? ¿Qué vocal usan los verbos de la 2a conjugación y la 3a conjugación en su terminación si usan el modo indicativo: a / e? ¿Y si usan el modo subjuntivo: a / e?

Sintetizar: Refiriéndote a lo que has estudiado, completa la tabla para resumir lo que has aprendido.

Si el verbo de la cláusula principal comunica deseos, emociones, reacciones, posibilidades, juicios, dudas o negaciones

- el verbo de la cláusula principal usa el modo (**indicativo / subjuntivo**).

- el verbo de la cláusula subordinada usa el modo (**indicativo / subjuntivo**).

Tu turno Brevemente explica por qué la siguiente oración usa los modos correctamente.
Queremos que lleguen temprano.

_____

_____

_____

**Para recordar y repasar.** No olvides ir al final de la última unidad para anotar dudas o cosas para repasar, y para volver a ver las anotaciones que has hecho.

| Actividad 6 | En las siguientes oraciones escribe el pronombre personal del verbo indicativo. Luego subraya los infinitivos y los verbos en subjuntivo con su sujeto. |

1. _yo_ a. Quiero <u>aprender</u> bien el español.

   _yo_ b. Quiero que mi <u>hermana</u> también <u>aprenda</u>.

¿Cuántos sujetos gramaticales hay en la oración (a)? _____
¿y en la (b)? _2_

2. ____ a. ¿Me puedes ayudar con los ejemplos del voseo?

   ____ b. Necesito que me ayudes con el voseo.

¿Cuántos sujetos gramaticales hay en la oración (a)? _____
¿y en la (b)? _____

3. _____ a. Necesitamos dedicar más tiempo a las tildes.

   _____ b. Dudan que nos dediquemos a ello.

¿Cuántos sujetos gramaticales hay en la oración (a)? _____
¿y en la (b)? _____

Sintetizar: Refiriéndote a lo que has estudiado, completa la tabla para resumir lo que has aprendido.

> Si el verbo de la cláusula principal comunica **deseos, emociones, reaccones, posibilidades, juicios, dudas o negaciones**
> - se usa el **modo subjuntivo** en la cláusula subordinada si el sujeto de las dos cláusulas es (**el mismo / diferente**).
> - se usa el **infinitivo** si el sujeto de las dos cláusulas es (**el mismo / diferente**).

| Actividad 7 | Rellena los espacios con la forma correcta del verbo entre paréntesis. |

1. (Yo) _____ (esperar) _____ (llegar) temprano.

2. Ojalá que los hispanos _____ (participar) más en los medios.

3. Todos _____ (dudar) que (tú) _____ (mandar) mensajes de texto al noticiero.

4. No _____ (parecer) justo que Aliza y Dafna _____ (menospreciar) mi manera de hablar.

5. _____ (Ser) probable que la radiodifusora _____ (incluir) más programación en español.

| Actividad 8 | Forma oraciones lógicas con las partículas. Conjuga los verbos, haz que los sustantivos y adjetivos concuerden y <u>usa la puntuación necesaria</u>. |

1. (yo) (insistir en) / amistades / mi / que / (leer) / libro / de / el / bill santiago

_____

2. ojalá / que / amazon / ejemplares / (mandar) / vario

_____

3. (yo) (esperar) / tú / que / (procurar) / encontrar / para / leerlo / tiempo

_____

El presente de subjuntivo: Verbos irregulares y de cambio radical

Actividad 1 Usando tus conocimientos de los verbos irregulares en el presente de indicativo y lo que has aprendido del presente de subjuntivo, completa estas tablas.

Es mejor que...	ir	hacer	saber	poner	salir
yo		haga			
tú		hagas			
él, ella, Ud.		haga			
nosotros		hagamos			
ellos, ellas, Uds.		hagan			

Es mejor que...	dar	caber	traer	ver	valer
yo	dé				
tú					
él, ella, Ud.		quepa			
nosotros					
ellos, ellas, Uds.					

Es mejor que...	decir	tener	venir	mantener	prevenir
yo		tenga			
tú					
él, ella, Ud.	diga				
nosotros				mantengamos	
ellos, ellas, Uds.					

Basándote en lo aprendiste de los verbos de cambio radical y fijándote en el patrón de los verbos de la tabla, completa las conjugaciones en el subjuntivo que faltan.

—ar: pensar y almorzar		—er: poder y atender		—ir: sentir y morir	
(yo) piense _____	(nosotros) pensemos _____	(yo) pueda atienda	(nosotros) podamos _____	(yo) sienta _____	(nosotros) sintamos _____
(tú) pienses almuerces	(vosotros) penséis _____	(tú) puedas	(vosotros) podáis	(tú) sientas _____	(vosotros) sintáis _____
(él, ella, Ud.) piense _____	(ellos, ellas, Uds.) piensen _____	(él, ella, Ud.) pueda _____	(ellos, ellas, Uds.) puedan _____	(él, ella, Ud.) sienta muera	(ellos, ellas, Uds.) sientan _____

¿Recuerdas los gerundios de los verbos de cambio radical en la 3a conjugación: **mentir = mintiendo**; **sentir = sintiendo**; **dormir = durmiendo**? ¿Qué relación hay entre estos gerundios y los verbos de cambio radical en la 1ª y 2ª persona plural (*nosotros, vosotros*) del presente de subjuntivo?

_____

Actividad 3   **Ejercicio mecánico.** Completa este ejercicio. **Recuerda: jamás, jamás *ze* o *zi*.**

Es mejor que...	yo	tú	él, ella, usted	nosotros	ellos, ellas, Uds.
forzar (ue)					
atravesar (ie)					
quebrar (ie)					
jugar (ue)					
cocer (ue)					
entender (ie)					
descender (ie)					
repetir (i)					
pedir (i)					
inferir (ie)					

Sintetizar: Refiriéndote a lo que has estudiado, completa la tabla para resumir lo que has aprendido.

Los verbos irregulares y de cambio radical del presente de subjuntivo

- **(tienen / no tienen)** las mismas terminaciones que los verbos regulares del presente de subjuntivo.

- tienen cambio radical en los verbos de la **(primera / segunda / tercera)** conjugación en la forma de *nosotros* y *vosotros*.

- terminados en *–zar* cambian la z a **(c / s)** delante de la e.

- Cierto o falso Los gerundios de los verbos de cambio radical terminados en *–ir* y la forma de *nosotros* y *vosotros* de los verbos terminados en *–ir* tienen el mismo cambio en la raíz.

| Actividad 4 | Imagina que escribes una columna para un periódico local en el que das consejos. Lee los siguientes comentarios que recibes y responde con unas recomendaciones. Usa el subjuntivo por lo menos **dos veces** en cada respuesta. |

Mi hijo se niega a hablar con nosotros en español pero no nos quiere decir por qué. ¿Qué puedo hacer para que no pierda su lengua de herencia?

_____

_____

_____

Mi profesor se enfada cada vez que nos escucha mezclar el inglés y el español. Pero es que a veces no sé las palabras en español, y otras veces no las sé en inglés. ¿Qué puedo hacer?

_____

_____

_____

Mi novia habla español mejor que yo, pero lo escribe muy mal. A veces quiere ayudarme, pero sé que lo escribirá todo mal. ¿Cómo se lo puedo decir? ¿Qué debo hacer?

_____

_____

_____

| 🎤 **Tu opinión en un minuto** | Le vas a plantear una situación parecida a las anteriores a un compañero. Luego, durante un minuto te va a dar consejo sobre lo que debes hacer. Mientras te aconseja, hazle algunas preguntas adecuadas. |

Vas a escuchar diez oraciones sobre el espanglish. Mientras las escuchas, decide si usan el subjuntivo correctamente o no. Después las volverás a escuchar y las escribirás en la columna "oraciones" para comprobar si acertaste.

Oraciones	Sí	No
1.		
2.		
3.		
4.		
5.		
6.		
7.		
8.		
9.		
10.		

Ahora con un compañero escriban las razones que justifican sus respuestas. Vuelvan a "Sintetizar" para ayudarse.

1. _____

2. _____

3. _____

4. _____

5. _____

6. _____

7. _____

8. _____

9. _____

10. _____

¿Recuerdas lo que es una conjunción? ⚭ Ponle una X a la definición correcta.

Una conjunción ____ comunica acción ____ describe ____une palabras o secuencias equivalentes

En esta sección vas a trabajar con ciertas conjunciones que obligan a usar el presente de subjuntivo.

Conjunciones de contingencia (dependence on a condition) o propósito (purpose)

| Actividad 1 | Lee las siguientes oraciones y escribe si la conjunción subrayada comunica que la cláusula subordinada que introduce va a depender de una **contingencia** (*unless, in case, so long as*) o indica un **propósito** (*so that*). Finalmente subraya el verbo de la cláusula subordinada e indica si está en indicativo o subjuntivo. Sigue el ejemplo. |

contingencia / propósito

subjuntivo

____contingencia _____ 1. **A menos que** respetes el contexto, no vas a entender el valor de esta lengua híbrida.

_____ 2. Algunas personas rechazan la mezcla de lenguas **para que** los demás las acepten.

_____ 3. Vamos a a estar de acuerdo con todo **con tal de que** nos dejen continuar hablando así.

_____ 4. **En caso de que** quieras saber más, te traigo este libro que lo explica muy bien.

_____ 5. Estoy dispuesto a buscar un punto medio **a fin de que** me escuches.

_____ 6. No obstante, vamos a prepararnos **en caso de que** no se quieran convencer.

_____ 7. No vamos a entendernos **sin que** tomen en cuenta nuestra diversidad.

_____ 8. No vamos a poder hacer adelantos **a menos que** cambies tu actitud.

_____ 9. **Sin que** entendamos lo que representa el espanglish, no deben dar ninguna opinión.

_____ 10. **Con tal de que** estés de acuerdo con lo que queremos hacer, te daremos la información necesaria.

Primero, subraya el verbo de la cláusula principal una vez y el verbo de la cláusula subordinada dos veces. Luego ponle un círculo a la conjunción y escribe si comunica condición o propósito.

_____ 1. A menos que tenga la mente abierta, no aceptará el espanglish.

_____ 2. Algunos lo estudian para que los demás lo entiendan.

_____ 3. Con tal de que lo aprecies, te lo voy a explicar.

_____ 4. En caso de que quieras saber más, te presto este libro.

_____ 5. Voy a hacerte el favor sin que me lo pidas.

Actividad 3 Basándote en la actividad anterior contesta las siguientes preguntas.

1. En estas oraciones ¿qué determina el uso del subjuntivo en la cláusula subordinada: la conjunción que introduce la cláusula subordinada o el verbo de la cláusula principal?

2. ¿Se puede estar seguro que el propósito se va a lograr? Sí / No

3. ¿Se puede estar seguro que la condición se va a cumplir? Sí / No

4. ¿En qué modo está el verbo de la cláusula principal: indicativo / subjuntivo?

5. ¿En qué modo está el verbo de la cláusula subordinada: indicativo / subjuntivo?

OJO: *sin que* y *para que* son conjunciones y pueden introducir una cláusula subordinada. **PERO** *sin* y *para* son preposiciones y <u>NO pueden</u> introducir una cláusula. Les sigue un infinitivo.

No lo voy a hacer **<u>sin que</u>** me den permiso.　　Lo voy a hacer **<u>para que</u>** me den permiso.

No lo voy a hacer **<u>sin</u>** pedir permiso.　　Lo voy a hacer **<u>para</u>** tener permiso.

Sintetizar: Refiriéndote a lo que has estudiado, completa la tabla para resumir lo que has aprendido.

- Cierto o falso <u>Sin que, a menos (de) que, en caso (de) que, con tal de que</u> son conjunciones que introducen una situación que depende de otra (*contingencia*).

- Cierto o falso <u>Para que, a fin de que, con tal de que</u> son conjunciones que introducen una situación que se pretende conseguir (*propósito*).

- Cierto o falso <u>Con tal de que</u> puede expresar contingencia o propósito según el contexto.

- Estas conjunciones van delante de la cláusula (**principal / subordinada**).

- <u>Sin, con, para</u> son (**conjunciones / preposiciones**) y van seguidas de (**un infinitivo / una cláusula**).

Conjunciones de tiempo

Actividad 4 Lee las siguientes conjunciones y escribe su traducción en el espacio.

hasta que _____ después (de) que _____

en cuanto _____ cuando _____

antes (de) que _____ tan pronto como _____

¿Qué tienen en común? __ Describen algo. __ Se refieren a "tiempo". __ Son preposiciones.

¿Llevan tilde diacrítica *cuanto, que, cuando* o *como*? Entonces, ¿son palabras interrogativas? Sí / No

¿Comunican contingencia (*unless, in case, so long as*) o propósito (*so that*)? Sí / No

Actividad 5 En las siguientes oraciones, resalta la conjunción en negrilla. Luego subraya el verbo de la cláusula principal una vez y dos veces el de la cláusula subordinada. Después indica la acción que ocurre primero.

1. La actitud de los puristas <u>va a tener</u> que cambiar **después de que** <u><u>acepten</u></u> el espanglish.

2. Habrá más interés **tan pronto como** empiecen los investigadores a publicar sus estudios.

3. Muchas personas no van a aceptarlo **hasta que** estén convencidos de su valor cultural.

4. **En cuanto** se escuche más, habrá más aceptación.

5. No obstante uno debe usar un español estándar **cuando** vaya a una entrevista.

Actividad 6 Basándote en la actividad anterior contesta las siguientes preguntas.

1. En estas oraciones ¿qué es más importante: que la conjunción comunique un momento temporal o que comunique contingencia o propósito? _____

2. ¿En qué tiempo está el verbo de la cláusula principal: futuro o pasado? ¿Cuándo ocurre la acción de la cláusula subordinada: (antes de / después de) la acción de la cláusula principal?

3. ¿En qué modo está el verbo de la cláusula principal: indicativo / subjuntivo?

4. ¿En qué modo está el verbo de la cláusula subordinada: indicativo / subjuntivo?

Sintetizar: Refiriéndote a lo que has estudiado, completa la tabla para resumir lo que has aprendido.

- En las oraciones con conjunciones de tiempo como *cuando, después de que, hasta que, tan pronto como, en cuanto* la acción de la cláusula principal se refiere al **futuro** y ocurre (antes / después) de la acción de la cláusula subordinada que es hipotética.

- Cierto o falso Las conjunciones de tiempo y las conjunciones de contingencia y propósito no se diferencian, o sea, se pueden intercambiar.

Sintetizar: Refiriéndote a lo que has estudiado, completa la tabla para resumir lo que has aprendido.

- Cierto o falso Sin que, a menos que, en caso de que, con tal de que son conjunciones que introducen una situación que depende de otra (*contingencia*) y puede suceder o no suceder.

- Cierto o falso Para que, a fin de que, con tal de que son conjunciones que introducen una situación que se pretende conseguir (*propósito*) pero que puede suceder o no suceder.

- _____, _____, _____, _____, _____ y _____ introducen situaciones que todavía no han ocurrido y quizás no ocurran; se refieren a un tiempo o momento.

- Estas conjunciones van delante de la cláusula (**principal / subordinada**).

- Se usa el presente o futuro de indicativo en la cláusula (**principal / subordinada**).

- Se usa el presente de subjuntivo en la cláusula (**principal / subordinada**).

- Sin, con, para, antes de, después de son (**conjunciones / preposiciones**) y van seguidas de (**un infinitivo / una cláusula**).

| Actividad 7 | Escribe una oración con la conjunción que aparece. Luego subraya el verbo de la cláusula principal una vez y subraya el verbo de la cláusula subordinada dos veces. Finalmente intercambia las oraciones con un compañero y edítenlas con cuidado. |

1. **sin que** _____

_____

2. **con tal de que** _____

_____

3. **para que** _____

_____

4. **tan pronto como** _____

_____

5. **cuando** _____

_____

6. **a fin de que** _____

_____

| Tu turno | Explica por qué es lógico que estas conjunciones obliguen a usar el subjuntivo. |

_____

_____

El presente de subjuntivo: Verbos reflexivos y con cambio ortográfico

Como habrás notado, el hecho de que el verbo sea regular, irregular o de cambio radical no afecta la decisión de usar el modo indicativo o subjuntivo. Ahora vas a ver las dos conjugaciones que faltan: verbos reflexivos y con cambio ortográfico. Igual que las otras conjugaciones, estas no afectan la decisión de modo.

Actividad 1 Usando lo que has aprendido de verbos reflexivos y el subjuntivo, completa la siguiente tabla.

Es mejor que...	irse	hacerse	apresurarse	reponerse	salirse
yo		me haga			
tú			te apresures		
él, ella, Ud.				se reponga	
nosotros	nos vayamos				
ellos, ellas, Uds.					se salgan

⚡ **Sintetizar:** Refiriéndote a lo que has estudiado, completa la tabla para resumir lo que has aprendido.

PARA RECORDAR:

El infinitivo reflexivo tiene _____ al final.

- Los verbos reflexivos indicativos o subjuntivos requieren un pronombre reflexivo inmediatamente (delante / detrás) del verbo conjugado.

- Los verbos reflexivos indicativos o subjuntivos tienen (la misma / otra) conjugación indicativa o subjuntiva que los no reflexivos.

Actividad 2 **Ejercicio mecánico.** Usa tu intuición y lo que has aprendido para completar el siguiente ejercicio mecánico. Aunque todos los verbos son reflexivos, hay mezcla de regular, irregular y cambio radical. Debes identificar la clase de verbo antes de conjugarlo en el **subjuntivo.** Sigue el ejemplo.

Es mejor que...	Clase de verbo	yo	tú	él, ella, usted	nosotros	ellos, ellas, Uds.
cambiarse	regular reflexivo	me cambie				

Es mejor que...	Clase de verbo	yo	tú	él, ella, usted	nosotros	ellos, ellas, Uds.
subirse						
sentarse						
cansarse						
caerse	irregular reflexivo					
hacerse						
distraerse			te distraigas			
decirse						
detenerse						
dormirse						
repetirse		me repita				
cuidarse						

Tu turno Como repaso antes de continuar, explica lo que es *verbo: regular, irregular, cambio radical, cambio ortográfico, reflexivo*. Usa ejemplos en tu explicación.

_____

_____

_____

_____

Actividad 3 | Ya has visto estas oraciones, pero ahora han cambiado para incluir el subjuntivo. Igual que antes, haz todos los cambios necesarios.

1. Un / hispanos / parecerse /, pero (yo) no creer / ser / todos / que / igual

_____

2. (Ellos) pensar / que / para que / (tú) ser / hispano / (tú) necesitar / una / mirada / seductor

_____

3. Ser / fabuloso / mi / hermanas / piel / la / tener / moreno / y / enorgullecerse / de / ello / que

_____

4. Con tal de que / nadie / decir / que / (yo) ser seductora, / (yo) no enfadarse

_____

5. ¿ / ? / (tú) Dudas / (nosotras) considerarse / hispano / que

_____

LOS CAMBIOS ORTOGRÁFICOS

Antes de ver los cambios ortográficos en el presente del subjuntivo, merece la pena recordar los del indicativo porque son parecidos. No obstante, algunos verbos como *oír* cambian.

oiga   oigas   oiga   oigamos   oigan

Otra cosa para recordar es que la forma de <u>nosotros no es esdrújula en el presente del subjuntivo</u>.

ha<u>ble</u>mos   escu<u>che</u>mos   sal<u>ga</u>mos   inclu<u>ya</u>mos   nos acos<u>te</u>mos   escri<u>ba</u>mos

---

PARA RECORDAR...

- Para mantener el sonido de la "c" de los infinitivos terminados en –cer o –cir, la conjugación del presente de la 1ª persona singular [*yo*] usa la terminación **(co / sco / zco)**.

- Para los infinitivos terminados en –ger o –gir, la conjugación del presente en 1ª persona singular [*yo*] cambia la "g" a "j" delante de **(a / e / i / o / u)**. [Tacha las que no corresponden.]

- Si al conjugar un verbo aparece la "i" entre dos vocales, **(no hace falta hacer nada / se cambia la "i" a "y")**.

- Si quiero escuchar una "i" o "u" cuando está junto a "a", "e", "o", pongo una tilde en la **(a / e / i / o / u)**. [Tacha las que no corresponden.]

- Cierto o falso Si la sílaba que se pronuncia más fuerte es la última **y** la palabra termina en a, e, i, o, u, n, s coloco una tilde en la **vocal fuerte** de la sílaba.

*Los verbos terminados en –gar y –car usan –gue y –que en el subjuntivo: *niegue / aparque*.

En la siguiente tabla se te dan algunas conjugaciones de verbos irreulares y con cambio ortográfico en el presente del indicativo. Completa esas conjugaciones y luego escribe la conjugación correspondiente en presente de subjuntivo.

	Indicativo	Subjuntivo (Es mejor que...)	Indicativo	Subjuntivo (Es mejor que...)
	parecer	**parecer**	**actuar**	**actuar**
yo	parezco	parezca		
tú				
él, ella, usted			actúa	
nosotros				
ellos , ellas, Uds.				
	construir	**construir**	**elegir**	**elegir**
yo				
tú				
él, ella, usted				
nosotros			elegimos	elijamos
ellos , ellas, Uds.				
	pagar	**pagar**	**sacar**	**sacar**
yo				
tú				
él, ella, usted				
nosotros				
ellos , ellas, Uds.				

Con antecedentes no conocidos

¿Recuerdas lo que hacen los adjetivos? ⬧ Pon una X en su función.

_____ describir   _____ unir   _____ nombrar

En está sección vas a ver el uso del indicativo o el subjuntivo con relación a cláusulas subordinadas que describen un referente (persona o cosa a la que se refieren).

Actividad 1   Conecta las oraciones con su traducción en el recuadro abajo.

___ 1. Necesito un amigo que pueda explicar lo que es un dialecto.
___ 2. Tengo un amigo que puede explicar lo que es un dialecto.

___ 3. Busco un hombre que sepa mucho de este tema.
___ 4. Busco a un hombre que sabe mucho de este tema.

___ 5. Será fenomenal comprar un libro que hable de las lenguas híbridas.
___ 6. Será fenomenal comprar un libro que habla de las lenguas híbridas.

> a. I have a friend that can explain what a dialect is.
>
> b. I want a friend that may be able to explain what a dialect is.
>
> c. I'm looking for a man who may know a lot about this theme.
>
> d. I'm looking for a man who knows a lot about this theme.
>
> e. It will be great to buy a book that may talk about hybrid languages.
>
> f. It will be great to buy a book that talks about hybrid languages.

Actividad 2   Subraya el verbo de la cláusula subordinada en cada oración. Luego contesta las preguntas. Sigue el ejemplo.

a. Quiero un amigo que <u>pueda</u> explicar lo que es un dialecto.
b. Tengo un amigo que <u>puede</u> explicar lo que es dialecto.

1. ¿Cuál de las dos oraciones se refiere a una persona que el hablante seguramente conoce? _b_
2. ¿Cuál de las dos oraciones se refiere a una persona que es seguro que lo puede explicar? _____
3. ¿Cuál de las dos oraciones se refiere a una persona o una capacidad desconocidas? _____
4. ¿En qué modo está la cláusula subordinada en la oración de la pregunta 3? _____

c. Busco un hombre que sepa mucho de este tema.
d. Busco a un hombre que sabe mucho de este tema.

5. ¿Cuál de las dos oraciones se refiere a un hombre que es seguro que conoce el tema? _____
6. ¿Cuál de las dos oraciones se refiere a un hombre que es seguro que el hablante conoce? ___
7. ¿Cuál de las dos oraciones se refiere a una persona o un conocimiento desconocidos? _____
8. ¿En qué modo está la cláusula subordinada en la oración de la pregunta 7? _____

e. Será fenomenal comprar un libro que habla de las lenguas híbridas.

f. Será fenomenal comprar un libro que hable de las lenguas híbridas.

9. ¿Cuál de las dos oraciones se refiere a un libro que quizás hable de lenguas híbridas? _____

10. ¿En qué modo está el verbo de la cláusula subordinada en la oración f? _____

11. ¿En qué modo está el verbo de a cláusula subordinada en la oración e? _____

Sintetizar: Refiriéndote a lo que has estudiado, completa la tabla para resumir lo que has aprendido.

- En la cláusula subordinada que se refiere a un referente (cosa o persona) que sí existe o se conoce, se usa el modo (**indicativo / subjuntivo**).

- En la cláusula subordinada que se refiere a un referente (cosa o persona) que no existe o se desconoce, se usa el modo (**indicativo / subjuntivo**).

Actividad 3 Según si la cláusula subordinada se refiere a algo conocido o desconocido / existente o no existente, elige el verbo apropiado entre paréntesis.

1. Necesito cualquier solución que (satisface / satisfaga) a todos.

2. Mi hermano es una persona que (entiende / entienda) bien las lenguas.

3. Las opiniones que (ofreces / ofrezcas) son de los puristas.

4. No hay nada que (requiere / requiera) tanto debate.

5. El espanglish es un tipo de lengua que (representa / represente) la variedad de hispanos.

6. ¿Conoces a alguien que (traduce / traduzca) el español al espanglish?

Actividad 4 Basándote en la actividad anterior contesta las siguientes preguntas.

1. ¿Qué es un referente: algo mencionado / algo con el mismo sonido?

2. En estas oraciones ¿qué es más importante: el verbo de la cláusula principal, la conjunción o el referente?

3. ¿Qué palabra va delante de la cláusula subordinada? _____

4. ¿En qué modo está el verbo de la cláusula principal: indicativo / subjuntivo?

5. Si el referente es conocido ¿en qué modo está el verbo de la cláusula subordinada: indicativo / subjuntivo?

6. Si el referente es desconocido o no existe ¿en qué modo está el verbo de la cláusula subordinada: indicativo / subjuntivo?

En estas actividades vas a repasar los usos del subjuntivo que has estudiado hasta ahora.

A. Conjuga los siguientes verbos en indicativo y subjuntivo. Para los verbos en subjuntivo, piensa en la frase "**Es mejor que**" delante de cada conjugación para ayudarte.

	levantarse		hacer		sentir	
	indicativo	subjuntivo *Es mejor que*	indicativo	subjuntivo *Es mejor que*	indicativo	subjuntivo *Es mejor que*
yo						
tú						
él, ella, Ud.						
nosotros						
ellos, ellas, ustedes						

B. Conecta las oraciones con la razón por la cual se usa el subjuntivo en la cláusula subordinada.

Razón:
a. Deseos, reacciones, posibilidades, juicios, dudas, negaciones
b. Acciones que aún no han ocurrido y dependen de una condición
c. Acciones que aún no han ocurrido y presentan una meta o propósito
d. Acciones que aún no han ocurrido y quizás no ocurran
e. Referirse a lo no conocido o no seguro

_____1. Busco un libro que **hable** de los hispanos en los medios, pero no sé si lo tiene.

_____2. Es probable que no lo **tengamos**, pero déjeme ver.

_____3. Aquí tengo unos títulos para que los **busque**.

_____4. No lo voy a dejar ir sin que mis empleados **encuentren** lo que necesita.

_____5. ¿Conoce a alguien famoso que **trabaje** en la televisión o la radio?

_____6. Conozco a alguien pero dudo que **sea** famosa.

_____7. No importa. Con tal de que **pueda** entrevistarlo, es suficiente.

_____8. Le voy a escribir el nombre para que **se comunique** con ella.

_____9. ¡Ah! Es mujer. Le voy a llamar tan pronto como **llegue** a casa.

_____10. Es una mujer excepcional. A menos que **esté** muy ocupada, seguro que lo recibirá.

C. En las siguientes oraciones elige el subjuntivo o el infinitivo.

1. Espero que los muchachos (encontrar / encuentren) lo que necesitan.

2. Estudio para (sacar / saque) una buena nota en el examen.

3. No conozco a nadie que (trabajar / trabaje) tanto como usted.

4. Lo repasaremos hasta que lo (saber / sepamos).

5. No presentarán el proyecto hasta (estar / estén) seguros de que todo saldrá bien.

D. En las siguientes oraciones elige el presente de indicativo o subjuntivo.

1. ¿Me (puedes / puedas) traer ese libro que (está / esté) en la mesa?

2. (No creo / No crea) que (es / sea) buena idea.

3. ¿(Hay / Haya) alguien, cualquier persona, que (se alegra / se alegre) tanto como yo?

4. Lo (voy / vaya) a hacer con tal de que (reconocen / reconozcan) su error.

5. Esta (es / sea) la hoja que necesito que (haces / hagas).

6. (Me preocupa / Me preocupe) que tu hermano no (está / esté) aquí.

7. Le (quiero / quiera) informar de un amigo que (vende / venda) películas antiguas.

8. Los padres de Manolo le (prohíben / prohíban) que (sale / salga) entre semana.

9. (No se permite / No se permita) que nadie (se lleva / se lleve) trabajo a casa.

10. (Necesitamos / Necesitemos) que (hablan / hablen) español perfectamente.

E. En <u>algunas</u> de las oraciones hay un error de concordancia o modo. Corrige el error si lo hay.

1. Unas personas crean que es mejor nunca usar el espanglish.

2. Pienso que mi prima Renee se equivoca al no aceptarlo.

3. Mi abuela siempre manda que hablamos español cuando estamos en su casa.

4. Sin que ella me lo dice, siempre trato de hacerlo.

5. Me molesta que mis primos hable español mejor que yo.

6. Pero no dudo que pronto voy a hablar tan bien como ellos.

7. Este verano mis padres me manden a Costa Rica para visitar a mis abuelos.

8. Está seguros que después de unos meses, hablaré de maravilla.

Tu turno	Piensa en el uso del subjuntivo que más te causa problemas. Escribe una oración con ese uso y explica por qué se debe usar el subjuntivo.

_____

_____

_____

F. Escribe una oración compleja con la palabra o frase que se te da y complétala con el indicativo o subjuntivo en la cláusula subordinada. Debajo explica por qué elegiste el modo que usaste. Luego intercambia las oraciones con un compañero y editen su trabajo. Revisen tanto su uso del modo y la explicación como la ortografía, concordancia, etc. de cada oración

1. es posible: _Es posible que vayamos contigo. _____

_Si el verbo de la cláusula principal indica duda, se usa el subjuntivo en la subordinada.___

2. sin que: _____

_____

3. tan pronto como: _____

_____

4. Es cierto: _____

_____

5. para que: _____

_____

6. nadie: _____

_____

7. Quiero: _____

_____

8. buscamos al señor: _____

_____

Con un compañero escriban una entrevista breve. Usen las pautas para ayudarse a crear su diálogo. Luego con otro compañero hagan otro diálogo oralmente, sin preparación escrita.

Estudiante A: (Saluda y pregunta sobre un gusto.) _____

_____

Estudiante B: (Saluda y responde.) _____

Estudiante A: (Pregunta sobre un deseo.) _____

Estudiante B: (Responde negativamente y pregunta sobre alguien conocido.) _____

_____

Estudiante A: (Responde y da las gracias.) _____

Estudiante B: (Se despide.) _____

1. Cierto o falso Si el hablante pide, exige o prohíbe algo de manera directa se comunica en modo imperativo.
2. Cierto o falso Si el hablante indica o hace declaraciones objetivas se comunica en modo indicativo.
3. Cierto o falso Si el hablante expresa algo no objetivo, que no ha ocurrido o no es seguro que ocurra o que es desconocido, se comunica en modo subjuntivo.
4. Cierto o falso En el presente de subjuntivo, las terminaciones de los verbos regulares, irregulares y de cambio radical son diferentes.
5. Cierto o falso No hay cambios ortográficos en los verbos de presente de subjuntivo.

Mi entendimiento de	Excelente	Bueno	Débil	Para perfeccionar necesito...
lo diferencia entre los modos es...				
de las conjugaciones en presente de subjuntivo es				

Repasar. En el espacio en blanco pon una *I* si el modo es indicativo y una *S* si es subjuntivo.

___1. reduzca   ___2. reduce ___3. buscamos   ___4. busquemos   ___5. dice   ___6. diga

___7. hablan   ___8. hablen ___9. vivimos   ___10. vivamos   ___11. cuece ___12. cueza

6. El modo subjuntivo normalmente se usa en la cláusula (principal / subordinada).

Repasar. Primero subraya el verbo de la cláusula principal una vez y el verbo de la cláusula subordinada dos veces. Luego en el espacio escribe la letra de la razón del uso del subjuntivo.

___1. Lo hacen para que estudies.

___2. Me molesta que hagan eso.

___3. Busco un libro que sea bueno.

___4. No vendrán sin que los invites.

___5. Nos iremos cuando lleguen.

a. El verbo de la cláusula principal indica duda, reacción, etc.

b. La conjunción indica contingencia.

c. La conjunción indica propósito.

d. El antecedente es desconocido o inexistente.

e. No es seguro que se realice la acción subordinada.

Mi entendimiento	Excelente	Bueno	Débil	Para perfeccionar necesito...
del subjuntivo con dudas, juicios, etc. es...				
del subjuntivo con conjunciones es...				
del subjuntivo con referentes es...				

Actividad 1   En los siguientes grupos de opción multiple todas las respuestas son correctas pero hay una mejor. Encuentra la mejor y justifica tu respuesta.

1. La palabra *baloncesto* es

     a. un sustantivo masculino porque designa una cosa inanimada, pero viene de otra lengua

     b. un sustantivo masculino singular que viene de otra lengua y se ha adaptado al español

     c. un sustantivo masculino singular y un calco que traduce literalmente la palabra original

2. De la palabra *agosto* se puede decir que

     a. es un cognado pero se diferencia del inglés en la puntuación

     b. se parece mucho a la palabra en inglés y los angloparlantes la pueden reconocer

     c. es un cognado por su semejanza a la palabra *August* en inglés

3. La palabra *sabés* identifica al hablante

     a. como alguien del continente americano aunque suena como la forma de vosotros

     b. como alguien que proviene de un país en el que la tendencia es usar el voseo

     c. como alguien que usa el voseo, un registro particular de ciertos países americanos

4. En la oración *Quiero que piensen,* "piensen" es

     a. un verbo de cambio radical en la tercera persona de la primera conjugación

     b. un verbo personal de cambio radical en la tercera persona plural de la 1a conjugación

     c. un verbo personal y de cambio radical en la tercera persona de la primera conjugación

5. La diferencia entre "yo salgo" y "yo salga" es que

     a. el primero es indicativo y puede formar una cláusula principal

     b. el primero es indicativo; el segundo es subjuntivo y está en primera persona

     c. pertenecen a modos diferentes aunque ambos están en primera persona singular

6. De *cuando lleguen* se puede decir que

     a. contiene una conjunción temporal que introduce una cláusula subordinada

     b. contiene una conjunción que introduce una cláusula subordinada cuya acción no se sabe si va a ocurrir

     c. el verbo está en modo subjuntivo porque no se sabe si la acción va a ocurrir

Actividad 2   Recordando lo que has estudiado, en la oración identifica cada clase de palabras.

Mi hermano me preguntó dónde se escucha el espanglish.

Mi: _____   hermano: _____   me: _____

preguntó: _____   dónde: _____   se: _____

escucha: _____   el: _____   espanglish: _____

Actividad 1 En cada una de las siguientes oraciones hay tres palabras subrayadas. Busca la palabra que tiene un error. Si no hay error en ninguna de ellas usa la opción "Sin error". En el espacio pon la letra de tu respuesta. Debes poder explicar tu elección.

1. <u>no</u> conozco a nadie que <u>pueda</u> saber <u>más</u> que tú.   <u>Sin error</u>. _____
   (a)   (b)   (c)   (d)

2. Dudo <u>que</u> <u>entreguen</u> el artículo antes de <u>salir</u>.   <u>Sin error</u>. _____
        (a)   (b)   (c)   (d)

3. <u>Es</u> importante que Luisa <u>sea</u> escuchando lo que le <u>dice</u>.   <u>Sin error</u>. _____
   (a)   (b)   (c)   (d)

4. <u>Deseo</u> que todo lo que <u>estás</u> haciendo <u>salga</u> bien.   <u>Sin error</u>. _____
   (a)   (b)   (c)   (d)

5. Antes de <u>salgas</u> quiero que <u>pases</u> por <u>mi</u> oficina.   <u>Sin error</u>. _____
            (a)   (b)   (c)   (d)

6. <u>Todas</u> las tardes <u>llovizna</u> porque <u>la</u> clima es especial.   <u>Sin error</u>. _____
   (a)   (b)   (c)   (d)

Actividad 2 Elige la palabra equivocada entre las cinco opciones subrayadas y escríbela en el espacio. Luego escribe la forma correcta en el espacio "Corrección".

1. Hay **muchas** maneras de definir lo que es espanglish o "Spanglish". Algunos lo definen **como** una mezcla informal y a veces peyorativa; otros **dicen** que es una versión del español fuertemente influenciada por el **Inglés**; todavía otros aluden a la **mezcla** de dos lenguas que ha existido desde la época de los conquistadores.

   Palabra equivocada: _____   Corrección: _____

2. Sin que **exista** globalización no se aproximarán las lenguas. Eso les dará gusto a los puristas de la lengua **por qué** igual que los que han **crecido** con un fuerte menosprecio **hacia** las lenguas híbridas, no **encuentran** ningún valor en la mezcla de dos idiomas.

   Palabra equivocada: _____   Corrección: _____

3. Para **lanzar** una campaña publicitaria en los medios **hispanos**, es muy importante que se **respeta** tanto a quienes **prefieren** no mezclar las lenguas como a **quienes** usan una versión del espanglish, sea cual sea.

   Palabra equivocada: _____   Corrección: _____

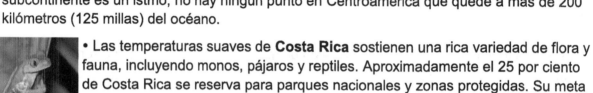 Ahora leerás más cosas de interés de nuestra geografía y cultura hispana. Esta sección es de América Central también conocida como Centroamérica.

UNA JOYA ECOLÓGICA

Aunque solo constituye el 0,1 por ciento de la masa terrestre, América Central alberga el 7 por ciento de la biodiversidad de la Tierra. Costa Rica y Panamá son los más diversos, seguidos por Guatemala y Belice (cuyo idioma oficial es el inglés) y luego por Honduras, Nicaragua y El Salvador. Como este subcontinente es un istmo, no hay ningún punto en Centroamérica que quede a más de 200 kilómetros (125 millas) del océano.

• Las temperaturas suaves de **Costa Rica** sostienen una rica variedad de flora y fauna, incluyendo monos, pájaros y reptiles. Aproximadamente el 25 por ciento de Costa Rica se reserva para parques nacionales y zonas protegidas. Su meta es ser el primer país neutro en carbono para el 2021.

• La región selvática panameña del **Darién,** protegida por el parque nacional, es tan densa que la Carretera Panamericana no la logra cruzar. Allí habitan distintas especies endémicas como guacamayos, tapires, loros y águilas harpías.

• El **Lago Nicaragua** es uno de los mayores depósitos de agua dulce del mundo y alberga cerca de 500 islas, algunas habitadas, y numerosas especies de peces, incluyendo tiburones adaptados al agua dulce; algunos sostienen que unos ejemplares, como el tiburón toro, desafortunadmente han desaparecido por el exceso de pesca.

• El bosque nebuloso en el **Parque Nacional Montecristo** de El Salvador ostenta árboles de hasta 30 metros de altura. Allí también se encuentra el Jardín de los Cien Años con una majestuosa exhibición de orquídeas. En cierta época habitan unas 275 especies de aves endémicas en la zona.

UNA JOYA ARQUEOLÓGICA Y ANTROPOLÓGICA

• **Copán**, en Honduras, es uno de los sitios arqueológicos mayas más impresionantes. Fue un destacado centro ceremonial además de uno de los principales centros científicos del período maya clásico, siendo utilizado como observatorio astronómico.

• La cultura autóctona de **Guatemala** es una mezcla de la herencia maya y la influencia española. De hecho, un tercio de la población es indígena. Petén, al norte del país, cuenta con los principales yacimientos de la civilización maya. Entre ellos destaca el Parque Nacional de **Tikal**, declarado Patrimonio Natural y Cultural de la Humanidad por la UNESCO en 1979. El **lago de Atitlán** es uno de los tesoros nacionales de Guatemala. En los márgenes del lago se levantan tres majestuosos volcanes--Atitlán, Tolimán y el volcán de San Pedro--que superan los 3.000 metros sobre el nivel del mar.

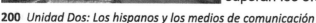

Actividad 1

Haz el siguiente crucigrama. Si la palabra está en **inglés**, escríbela en español, y si está en **español**, escríbela en inglés. Al leer o escribirlas, fíjate bien en cómo se deletrean.

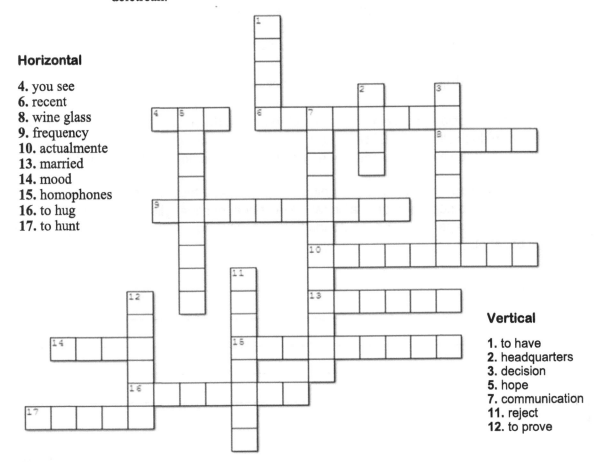

Horizontal

4. you see
6. recent
8. wine glass
9. frequency
10. actualmente
13. married
14. mood
15. homophones
16. to hug
17. to hunt

Vertical

1. to have
2. headquarters
3. decision
5. hope
7. communication
11. reject
12. to prove

Actividad 2

Lee las siguientes oraciones y decide cuál de las traducciones es la mejor.

1. ABC announced it is going to increase Hispanic programs.
a. ABC va a anunciar que incrementará los programas hispanos.
b. ABC anuncia que va a incrementar los programas hispanos.
c. ABC anunció que va a incrementar los programas hispanos.

2. Actually the study showed the rhetoric led to hate crimes.
a. Actualmente el estudio mostró que la retórica llevó a crímenes.
b. Realmente el estudio muestra que la retórica llevó a crímenes odiosos.
c. De hecho el estudio mostró que la retórica llevó a crímenes de odio.

3. I can't understand why he said that, but at least he didn't do it.
a. No entiendo por qué lo dijo, pero por lo menos no lo realizó.
b. No entiendo porque lo dijo, pero por lo menos no lo va a llevar a cabo.
c. No pude entender por qué lo dijo, pero por lo menos no lo realizó.

4. No one is going to see the movie he produced.
a. No va a haber nadie para ver la película que produjo.
b. Nadie va a ir a ver la película que produjo.
c. Ninguna persona verá la película que produce.

5. Do you laugh a lot when you hear Spanglish jokes?
a. ¿Te reíste mucho cuando escuchaste los chistes en espanglish?
b. ¿Se ríe mucho cuando escucha chistes en espanglish?
c. ¿Se ríen mucho si los chistes se cuentan en espanglish?

| Actividad 3 | Abajo traduce los siguientes fragmentos. |

1. El fenómeno conocido como espanglish es el resultado de la cantidad de hispanohablantes que viven entre dos culturas en EEUU y que por inercia han adoptado los dos idiomas que usan a diario. Aunque muchos lo critican, es una realidad que no se puede negar.

2. El crecimiento demográfico de la comunidad hispana y el interés de los académicos en este fenómeno lingüístico deja claro que, a pesar de la crítica, el espanglish no va a desaparecer, ni en EEUU ni en los países hispanos donde hay una población de habla inglesa que también recurre al espanglish.

1. _____
_____
_____
_____

2. _____
_____
_____
_____

Ahora traduce lo que escribiste a español. Luego compara tu traducción con la original. No tienen que ser idénticas.

1. _____
_____
_____
_____

2. _____
_____
_____

La lengua y la literatura

A INVESTIGAR... Ve a internet y busca información sobre las cadenas de televisión en EEUU que retransmiten en español. ¿Qué tipo de noticieros ofrecen? ¿Quiénes son los presentadores: hombres, mujeres, ambos? ¿Hay reporteros en otros países? ¿Cuáles son los países que aparecen en las noticias? ¿Se limitan a las Américas o también hay noticias de otras partes del mundo? Incluye otros datos interesantes que encuentres.

_____

_____

_____

_____

_____

_____

Antes de leer Según la revista *Newsweek*, Jorge Ramos es uno de los 25 hispanos más influyentes de EEUU, y una encuesta del Pew Hispanic Center lo señaló como el segundo líder hispano más reconocido. En las elecciones de 2012 se le consideró el comentarista, hispano o no hispano, que más podría influir en los electores. Estos méritos han sido ganados a pulso y con integridad por este conductor del Noticiero Univisión. Además de haber cubierto cinco guerras, importantes eventos históricos incluyendo el 11 de septiembre y el fin del apartheid en Sudáfrica, ha entrevistado a figuras culturales y políticas de alto alcance, como los últimos presidentes de casi todos los países americanos y escritores como Octavio Paz, Isabel Allende, Carlos Fuentes, Mario Vargas Llosa, entre otros. La lista es casi interminable.

Pero además de periodista, es escritor prolífico. Escribe una columna semanal que se publica en más de cuarenta periódicos a través del mundo y tiene en su haber once libros. De unos de ellos, *Atravesando fronteras*, se ha tomado la siguiente selección.

Lectura

Atravesando fronteras

No me siento en casa. Nunca. En ningún lado.

Quien me ve por las noches presentando un noticiero, trajeado y encorbatado, podía suponer que tengo la vida resuelta. Que no me falta nada. Pero, en realidad, me falta encontrar un lugar—tanto físico como emocional—al cual pertenecer.

Llevo casi 20 años viviendo en Estados Unidos y todavía me siento como un inmigrante. De hecho, si decidiera algún día hacer de Estados Unidos mi residencia permanente sospecho que moriría sintiéndome como un inmigrante. Es una idea que me hace estremecer.

1. ¿Cuál es el tono de estos primeros párrafos: sarcástico/melancólico/irónico/despectivo?

2. ¿Por qué crees que le hace estremecer la idea de morir sintiéndose como un inmigrante?

From *Atravesando Fronteras* by Jorge Ramos, pp. 15-16. © 2002 by Jorge Ramos. Used by permission of Harper-Collins Publishers.

3. ¿Cómo traducirías "fuera de lugar"?

_____ ¿Crees que es un cognado, préstamo o calco? Explica.

4. ¿Cuáles son las tres minorías que existen en Miami?

5. ¿Por qué crees que algunas personas consideran a Ramos traicionero?

6. ¿Hay alguna relación entre que se le diga "agringado" y que afirme que salpica su español con espanglish? Explica.

7. ¿A qué mundos se refiere Ramos en "Lo que no sé...pertenezco"?

8. ¿Por qué usará Ramos la palabra *light*?

9. ¿Qué entiendes por "Pero no...camino"?

10. ¿Qué ventajas y desventajas encuentra Ramos con "no tener fronteras definidas"?

11. ¿Que querrá decir Ramos con "reinventarme"?

Inevitablemente ser un inmigrante implica sentirse fuera de lugar. No, no es necesariamente el sentirse discriminado en una nación ajena. Es el saber, como dice la canción, que "no soy de aquí ni soy de allá." Es tener la conciencia de que nunca te sentirás en paz porque estás lejos del país donde naciste. Y cuando regresas a ese país, lo percibes cambiado, extraño; es otro del que dejaste.

En Miami, donde vivo, soy un mexicano, es decir, miembro de una minoría en medio de otra minoría—la cubanoamericana—en medio de otra minoría, la latina. En México soy el que se fue, el agringado e incluso—en la mente de algunos—el traicionero. Mi español semineutral se entiende en América Latina pero le brinca a mis familiares y amigos de la infancia. Y cuando hablo inglés cualquiera se da cuenta que arrastro un irremediable y añejo acento. Me critican por no hablar el castellano de la Real Academia Española—salpicado de *espanglish*—y por pronunciar todas las vocales al decir Shakespeare o Beatles. "¿De dónde eres?" me preguntan a cada rato. Nací en México pero mis hijos son estadounidenses. Viví 25 años en México y 20 en Estados Unidos. ¿Qué soy? ¿Latino, *hispanic*, inmigrante latinoamericano o mexicano? No es que tenga un conflicto de identidad. No. Sé perfectamente quien soy. Lo que no sé es a cuál de los dos mundos pertenezco. Quizás un poquito a cada uno.

Soy un exiliado *light*; no fui forzado a irme de una dictadura sino que decidí, por voluntad propia, alejarme de un sistema político y de una sociedad que me sofocaban. Fue una decisión personal. Nadie me obligó a irme a Estados Unidos. Pero no llegué, me quedé en el camino.

Vivo sin casa y sin fronteras.

Estos son tiempos interesantes; buenos, muy buenos, para ser un ciudadano y periodista del mundo. No tener fronteras definidas me ha dado la flexibilidad y la distancia que requiere un periodista para ver y analizar. Pero no tener casa me obliga—como Ulises en *La odisea* de Homero—a pensar constantemente en el regreso.

El viaje me ha cambiado.

No soy el mismo que dejó México un dos de enero de 1983. Soy simultáneamente lo que fui y lo que quise ser. El pasado y la tierra—México—me siguen jalando. Pero Estados Unidos con su obsesión con lo nuevo me ha enseñado, también, a mirar hacia delante y a reinventarme.

| Aplicación en la lectura | Individualmente o con un compañero contesta las preguntas.

1. ¿Qué persona predomina en esta selección: 1a, 2a, 3a, singular, plural? _____

2. Busca y escribe tres verbos no personales en la lectura. _____

3. Contesta las preguntas de esta oración: *Es tener la conciencia de que nunca te sentirás en paz porque estás lejos del país donde naciste* (Ojo: *porque* es una conjunción subordinante).

    a. ¿Qué tipo de oración es: simple, compuesta, compleja? _____

    b. Subraya las palabras con tilde e identifica el tipo de tilde. _____

4. Vuelve a la lectura y busca por lo menos un ejemplo para la tilde diacrítica e interrogativa.

_____

5. Contesta las preguntas de esta oración: *Es una idea que me hace estremecer.*

    a. Subraya los verbos personales.

    b. ¿Qué tipo de verbo es *estremecer*? _____ ¿A qué conjugación corresponde? _____

    c. ¿Qué tipo de oración es: simple, compuesta, compleja? _____

    d. Escribe la cláusula principal. _____

    e. Escribe la cláusula subordinada. _____

6. Contesta las preguntas de esta oración: *Nací en México pero mis hijos son estadounidenses.*

    a. Subraya los verbos personales.

    b. ¿Qué clase de palabra es *pero*? _____ ¿Cuál es su función?

_____

    c. ¿Qué tipo de oración es: simple, compuesta, compleja? _____

    d. Escribe la 1a cláusula independiente. _____

    e. Escribe la 2a cláusula independiente. _____

7. Contesta las preguntas de esta oración: *No, no es necesariamente el sentirse discriminado en una nación ajena.*

    a. Subraya una vez el verbo personal y dos veces los no personales.

    b. ¿Qué tipo de oración es: simple, compuesta, compleja? _____

    c. ¿Es una oración declarativa, interrogativa o exclamativa? Explica. _____

_____

Escritura: Analizar la estructura de las oraciones

Para escribir bien, es importante que tus oraciones varíen y se relacionen. En esta sección trabajarás con la estructura.

Paso Uno. Escribe un párrafo de ocho oraciones sobre algún tema que te interese (tu programa de televisión favorito, tu película favorita, etc.).

_____

_____

_____

_____

_____

_____

_____

_____

_____

_____

Paso Dos. Numera cada oración del 1 al 8.

Paso Tres. Completa la tabla.

Oración	Tipo de oración: simple, compuesta, compleja	Primera palabra de cada oración	Verbo(s) usado(s)	Pronombre(s) usado(s)
1.				
2.				
3.				
4.				
5.				
6.				
7.				
8.				

Paso Cuatro. Observar.

- Compara el tipo de oraciones que has usado. Debes tener una variedad.
- Compara la primera palabra de cada oración. ¿Las repites? ¿Siempre empiezas con un sustantivo, pronombre, etc.? Reestructura tus oraciones para que haya variedad.
- Fíjate en tus verbos. ¿Son activos o tiendes a usar "ser", "estar", "haber"? ¿Son precisos? Por ejemplo en vez de "fue", ¿podrías haber usado: *caminó, corrió, se lanzó*?
- Fíjate en tus pronombres. ¿Tienen un referente claro? ¿Has usado los pronombres personales innecesariamente? Recuerda que tu verbo incluye el pronombre y solo lo quieres usar para aclarar.

Paso Cinco. Edita y vuelve a escribir cada oración. Luego compártelas con un compañero para que te dé su opinión.

1. _____

2. _____

3. _____

4. _____

5. _____

6. _____

7. _____

8. _____

Reflexionar | Según tus fallos, indica del 1 al 4 los puntos en los que debes concentrarte al revisar tus escritos para mejorarlos.

___ Tipo de oración   ___ Estructura de las oraciones   ___ Verbos   ___ Pronombres

La reseña

La reseña, o crítica, es un recurso informativo y popular que usa mucha gente para decidir si quiere ver una película o un programa de televisión, leer un libro, descargar un video, etc. En la reseña el autor emite su juicio sobre lo que ha visto o escuchado, y según su reputación puede influir en el éxito o fracaso de un proyecto artístico.

Hay varios elementos que deben aparecer en cualquier reseña. Aunque solo vas a escribir una reseña breve, estos elementos deben estar presentes.

Abajo se te dan varias versiones de un mismo tipo de reseña. En la columna de la derecha aparecen los elementos que debe incluir. Marca los que encuentres en cada versión.

VERSIÓN A

Indica si la reseña contiene los componentes.

La vida es para disfrutar es un programa de televisión que ofrece aventuras de viajeros adinerados para criticar el extremo al que van estos privilegiados para destacar. Esta semana salió el episodio de D. Luis Obregón y Plata (Domingo) que alquila un yate con una tripulación de veinte marineros para celebrar la boda de su hijo (Carlos Ruiz) con una conocida actriz de telenovelas (Mimi Arés). Pero D. Luis no cuenta con los chubascos repentinos caribeños y justo cuando va a salir la novia , empieza un fuerte viento seguido por una lluvia torrencial que empapa a todos.

La vida es para disfrutar es un programa de humor en el que la actuación satírica no ofende sino que causa mucha gracia. Le va a gustar.

Sí	No	
		Introducción Se menciona
☐	☐	Nombre del programa
☐	☐	El género
☐	☐	Si es de episodio
☐	☐	Dónde se puede ver
☐	☐	Cuándo se puede ver
		Contenido
☐	☐	Los protagonistas y artistas
☐	☐	Trama del programa o episodio
		Evaluación
☐	☐	¿Hacen bien el papel los participantes?
☐	☐	Recomendación
☐	☐	Razón para recomendar o no recomendar
☐	☐	Público
☐	☐	Comparación con otros programas semejantes
☐	☐	Comentario general

Abajo, con un compañero apunten los componentes que le faltaron.

_____

_____

_____

Indica si la reseña contiene los componentes.

VERSIÓN B

Sí	No	
		Introducción Se menciona
☐	☐	Nombre del programa
☐	☐	El género
☐	☐	Si es de episodio
☐	☐	Dónde se puede ver
☐	☐	Cuándo se puede ver
		Contenido
☐	☐	Los protagonistas y artistas
☐	☐	Trama del programa o episodio
		Evaluación
☐	☐	¿Hacen bien el papel los participantes?
☐	☐	Recomendación
☐	☐	Razón para recomendar o no recomendar
☐	☐	Público
☐	☐	Comparación con otros programas semejantes
☐	☐	Comentario general

La vida es para disfrutar es un programa de televisión conducido por el actor y humorista Miguel Domingo que ofrece aventuras de viajeros adinerados para criticar el extremo al que van estos privilegiados para destacar. Este viernes salió el episodio de D. Luis Obregón y Plata (Domingo) que alquila un yate con una tripulación de veinte marineros para celebrar la boda de su hijo (Carlos Ruiz) con una conocida actriz de telenovelas (Mimi Arés). Desde que llegan los invitados y suben a bordo del barco adornado con orquídeas, amenizado con cuartetos de cuerda en diferentes sitios y salpicado con fuentes de champán francés, parece de ensueño y la envidia le entra al televidente. Pero D. Luis no cuenta con los chubascos repentinos caribeños, y justo cuando va a salir la novia empieza un fuerte viento seguido por una lluvia torrencial que empapa a todos y los hace resbalar y pegarse trompazos. Los pobres lloran de dolor e indignación, pero los espectadores lloran de risa.

En resumen, *La vida es para disfrutar* es un programa de humor que mediante las exageraciones y los reveses que viven los ricos, el espectador se ríe, siente envidia y hasta se conmueve.

¿Qué componentes tiene esta versión que no tuvo la versión A?_____

_____

_____

¿Qué le faltó a esta versión? _____

_____

Indica si la reseña contiene los componentes.

La vida es para disfrutar es un programa de televisión que puede ver todos los viernes a las 8 de la noche en el canal 22. Conducido por el humorista Miguel Domingo, ofrece aventuras de viajeros adinerados para criticar el extremo al que van estos privilegiados para destacar. Claro está, el protagonista central de la serie son múltiples caracterizaciones de Domingo, aunque como él mismo dice, han nacido de años de cuidadosa observación de ese mundo privilegiado al que en alguna ocasión ha sido invitado.

Este viernes salió el episodio de D. Luis Obregón y Plata (Domingo) que alquila un yate con una tripulación de veinte marineros para celebrar la boda de su hijo (Carlos Ruiz) con una conocida actriz de telenovelas (Mimi Arés). Desde que llegan los invitados y suben a bordo del barco adornado con orquídeas, amenizado con cuartetos de cuerda en diferentes sitios y salpicado con fuentes de champán francés, parece de ensueño, y la envidia le entra al televidente. Pero D. Luis no cuenta con los chubascos repentinos caribeños, y justo cuando va a salir la novia empieza un fuerte viento seguido por una lluvia torrencial que empapa a todos y los hace resbalar y pegarse trompazos. Los pobres lloran de dolor e indignación, pero los espectadores lloran de risa.

En resumen, *La vida es para disfrutar* es un programa de humor que mediante las exageraciones y los reveses que viven los ricos, el espectador se ríe, siente envidia y hasta se conmueve. La actuación satírica de Domingo, que siempre hace de protagonista, es excelente y no ofende sino que causa mucha gracia. Hay que mencionar que este programa no es una nueva idea de Domingo ni de la directora Marta Alonso, sino que ya ha aparecido en otros países. No obstante, ninguno ha logrado el éxito de *La vida es para disfrutar*. A pesar de alguna que otra escena, lo recomiendo a todo mundo porque todos encontrarán algo que les hará reír y llorar.

Sí	No	
		Introducción Se menciona
☐	☐	Nombre del programa
☐	☐	El género
☐	☐	Si es de episodio
☐	☐	Dónde se puede ver
☐	☐	Cuándo se puede ver
		Contenido
☐	☐	Los protagonistas y artistas
☐	☐	Trama del programa o episodio
		Evaluación
☐	☐	¿Hacen bien el papel los participantes?
☐	☐	Recomendación
☐	☐	Razón para recomendar o no recomendar
☐	☐	Público
☐	☐	Comparación con otros programas semejantes
☐	☐	Comentario general

¿Qué hace que esta reseña sea mejor que las otras?

En la comunidad

A través de la unidad has visto la relación entre los hispanos y los medios de comunicación. Ahora te toca ver un programa de televisión en español y dar tu opinión de él en una reseña.

Según indique su instructor, van a trabajar individualmente, en parejas o en grupos de tres para realizar esta tarea. Si trabajan en parejas o grupos cada participante recibirá una nota individual basada en parte en la evaluación que harán sus compañeros de su participación y ayuda para recopilar datos, desarrollar la reseña y revisarla.

Actividad 1 Para preparar su reseña, comenten los siguientes pasos y vuelvan a las reseñas de la parte de escritura. Si trabajas individualmente, haz los pasos por ti mismo.

Paso 1. Decidan qué tipo de programa van ver.

Paso 2. Decidan si van a ver un episodio o si van a comentar varios episodios.

Paso 3. Decidan quién va a hacer la búsqueda de datos necesarios (nombre de los actores, productor, director, etc.)

Paso 4. Decidan cuándo y dónde se van a reunir para ver el programa.

Paso 5. Determinen quién se va a enfocar en cada uno de los componentes que van a incluir en la reseña mientras lo ven: los personajes, la ambientación, etc.

Actividad 2 Las siguientes son preguntas que les pueden ayudar. Pueden incluir otras.

1. ¿Cuál es el título del programa?

_____

2. ¿A qué género pertenece: drama, comedia, policiaco, suspenso, entrevista?

_____

3. ¿A qué episodio(s) te vas a referir?

_____

4. ¿Quiénes son los protagonistas (incluye los nombres de los artistas)?

_____

5. ¿Hacen bien su papel?

_____

6. ¿Lo recomiendas? ¿Por qué? ¿A quién?

_____

7. ¿Cómo se compara con otros programas del mismo género?

_____

8. ¿Cuál es tu impresión general del programa?

_____

Primer párrafo Después de volver a leer la reseña anterior, escriban el borrador de su reseña abajo. Usen los siguientes párrafos como guía para su escrito.

La vida es para disfrutar es un programa de televisión que puede ver todos los viernes a las 8 de la noche en el canal 22. Conducido por el humorista Miguel Domingo, ofrece aventuras de viajeros adinerados para criticar el extremo al que van estos privilegiados para destacar. Claro está, los personajes de la serie son múltiples caracterizaciones de Domingo, aunque como él mismo dice, han nacido de años de cuidadosa observación de ese mundo privilegiado al que en alguna ocasión ha sido invitado.

_____

_____

_____

_____

_____

_____

_____

_____

_____

_____

_____

Cuerpo de la reseña

Este viernes salió el episodio de D. Luis Obregón y Plata (Domingo) que alquila un yate con una tripulación de veinte marineros para celebrar la boda de su hijo (Carlos Ruiz) con una conocida actriz de telenovelas (Mimi Arés). Desde que llegan los invitados y suben a bordo del barco adornado con orquídeas, amenizado con cuartetos de cuerda en diferentes sitios y salpicado con fuentes de champán francés, parece de ensueño, y la envidia le entra al televidente. Pero D. Luis no cuenta con los chubascos repentinos caribeños, y justo cuando va a salir la novia empieza un fuerte viento seguido por una lluvia torrencial que empapa a todos y los hace resbalar y pegarse trompazos. Los pobres lloran de dolor e indignación, pero los espectadores lloran de risa.

_____

_____

_____

_____

_____

_____

_____

_____

_____

_____

_____

_____

_____

_____

Conclusión y recomendación

En resumen, *La vida es para disfrutar* es un programa de humor que mediante las exageraciones y los reveses que viven los ricos, el espectador se ríe, siente envidia y hasta se conmueve. La actuación satírica de Domingo, que siempre hace de protagonista, es excelente y hecha de tal forma que no ofende sino que causa mucha gracia. Hay que mencionar que este programa no es una nueva idea de Domingo ni de la directora Marta Alonso, sino que ya ha aparecido en otros países. No obstante, ninguno ha logrado el éxito de *La vida es para disfrutar*. A pesar de alguna que otra escena, lo recomiendo a todo mundo porque todos encontrarán algo que les hará reír y llorar.

_____

_____

_____

_____

_____

_____

_____

_____

Editar — Después de terminar el borrador y antes de escribir la versión final, revísalo con cuidado y haz las correcciones necesarias. Usa la hoja de retroalimentación que sigue para asegurarte de haber incluido todos los componentes de una reseña. Asimismo asegúrate de que no haya fragmentos, que todas las oraciones contengan por lo menos un verbo personal o impersonal. Finalmente, repasa la ortografía y la puntuación.

Usa esta hoja para ayudarte a producir la mejor reseña posible al dar y recibir retroalimentación de lo que has escrito. Recuerda que al dar retroalimentación no solo ayudas a tus compañeros sino a ti mismo.

HOJA DE RETROALIMENTACIÓN—LA RESEÑA _____

Retroalimentación para _____ realizada por _____

	Excelente	Bien	Débil	Sugerencias para mejorar
La introducción incluye				
El título				
El género				
Breve resumen general				
Dónde se puede ver				
Cuándo se puede ver				
El cuerpo contiene				
Protagonistas, artistas, otros				
Trama de lo que viste				
Evaluación de los participantes				
La conclusión incluye				
Recomendación				
Razón para recomendar o no				
Público				
Comparación con semejantes				
Comentarios generales				
Vocabulario				
Variado, no redundante				
Formal				
Verbos activos				
Gramática y oraciones				
Conjugación correcta				
Concordancia correcta				
Ortografía correcta				
Oraciones variadas				
Formato correcto				

UNIDAD 3: NUESTRAS TRADICIONES

Apreciar	Aplicar	Contextualizar
La herencia indígena, europea, árabe, asiática y africana La lengua y la cultura: arcaísmos Los usos de la lengua: La influencia amerindia en la lengua Entre dos lenguas	G, J, H, X / B, V: Ortografía y homófonos ch / ph / th → C, QU / F / T; Las consonantes dobles Los artículos Los pronombres Los verbos valorativos El pasado de indicativo: pretérito e imperfecto El imperfecto de subjuntivo Presente perfecto y pluscuamperfecto La a personal Por / para El condicional y el futuro Cláusulas con *si*	La organización de un escrito El párrafo narrativo Lectura: "Feliz cumpleaños E. U. A." En la comunidad: La historia oral

El legado indígena

Aunque haya algunos hispanos sin sangre amerindia, no obstante el legado indígena es muy fuerte. Mira la línea cronológica. ¿Puedes identificar qué trazo o qué zona pertenece a cada una de las cuatro civilizaciones principales americanas: olmeca, maya, azteca e inca? (Las fechas son aproximadas pues nuevas investigaciones con frecuencia ofrecen nuevos datos.)

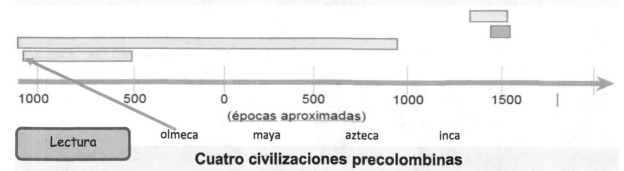

| 1000 | 500 | 0 | 500 | 1000 | 1500 | |

(épocas aproximadas)

olmeca   maya   azteca   inca

Lectura

Cuatro civilizaciones precolombinas

No se puede concebir una América sin pensar en los indígenas tanto por su presencia notable en la población actual (alrededor de 13 por ciento) como por su gran legado presente y pasado. De este último cuatro grandes civilizaciones vienen a mente: la olmeca, la maya y la azteca en Mesoamérica y la incaica en el área andina. Para muchos historiadores la cultura olmeca, que data de aproximadamente1200 a 400 a.E.C., es la madre de las civilizaciones mesoamericanas.

Se desarrolló en la zona de lo que ahora son los estados mexicanos de Veracruz y Tabasco, y creó un sistema de escritura jeroglífica; algunos le atribuyen la invención del cero y el calendario mesoamericano. Su organización política, que se basó en ciudades estado fuertemente jerarquizadas, fue imitada por prácticamente todas las civilizaciones mexicanas y centroamericanas que le siguieron. Como no hay referencia directa superviviente de sus creencias religiosas, los arqueólogos han tenido que reconstruirlas. En esencia los olmecas consideraban todo lo que los rodeaba como seres vivos, incluyendo cuevas, barrancas, manantiales, árboles y montañas. Estas últimas eran para los olmecas el vínculo del cielo con la tierra y el inframundo, y eran el lugar donde habitaban los ancestros y los espíritus de la tierra, la lluvia y el inframundo.

Los mayas formaron una de las culturas mesoamericanas precolombinas más importantes ya que su legado científico, astronómico y literario es universal. Aunque como civilización empezó hacia 2000 a.E.C, su mayor esplendor fue alrededor de 250 a 900 E.C. Algunos clasifican la antigua civilización maya como un imperio, pero otros estudiosos no están de acuerdo porque no se sabe si en el momento de colonizar, los mayas impusieron su cultura; además se organizaban en ciudades estado independientes. Lo que sí está claro es que vivían en una teocracia porque además de estar el gobierno en manos de los sacerdotes, la religión siempre estaba presente en la vida, el arte y la cultura. Sus dioses más conocidos eran Kukulkán, el dios del viento también llamado "serpiente emplumada", Itzamná, el dios de los cielos, la noche y el día, y Chaac, el dios de la lluvia. A Itzamná se le atribuía la invención del calendario y la escritura, una combinación de símbolos fonéticos e ideogramas. Sin duda los monumentos más notables de los mayas fueron las pirámides que construyeron en sus centros religiosos. Aunque por mucho tiempo se consideró un misterio el declive de los principales centros urbanos mayas, hoy en día existen varias teorías sólidas que explican ese abandono de las ciudades a la selva.

En el siglo XIV los aztecas se asentaron en el lago Texcoco y fundaron la ciudad de Tenochtitlan; a partir de entonces establecieron un imperio que fue dominando toda la región. A pesar de que obligaban a los pueblos sometidos a brindarles tributos, les dejaban conservar sus propias autoridades. De hecho la expansión azteca se basaba principalmente en el poderío de su ejército; no obstante las rebeliones de los pueblos sometidos eran frecuentes y muchos se aliaron con los españoles para derrotar a los aztecas. Tenochtitlan, que se comunicaba por calzadas canal, era el centro del imperio. Su población era muy numerosa —unas 300.000 personas— y en el centro de la ciudad había unos setenta y ocho edificios, entre ellos el templo, una cancha de pelota, los palacios de los señores y abundantes jardines y huertas. Igual que otros pueblos su gobierno era teocrático: al emperador se le atribuía un origen divino y los sacerdotes se encargaban de numerosas funciones de gobierno.

En lo que ahora es Sudamérica, los incas constituyeron un poderoso imperio más o menos cuando Cristóbal Colón iniciaba su viaje. Su vasto dominio abarcaba desde las sierras de la actual Colombia hasta el norte de Chile y Argentina, y desde la costa del océano Pacífico hasta el este de los bosques del río Amazonas. Era un pueblo originario de las sierras; desde allí conquistaron a los pueblos de las otras zonas. Establecieron como capital del imperio (*Tahuantinsuyo*, que quiere decir las cuatro partes del mundo) la ciudad de Cuzco, a la que consideraban el centro del universo. Al frente del imperio regía el Inca, y las zonas conquistadas estaban dirigidas por los *curacas* o gobernadores de provincia. La base de la sociedad incaica era el *ayllu* o colectividad. Las tierras se dividían en tres zonas: la de las comunidades, cuya producción alimentaba a las familias campesinas; la del Inca, que mantenía al Inca, a los sacerdotes y al ejército; y la del Sol, con la que se mantenía el culto a los dioses. Los campesinos debían obligatoriamente trabajar en todas las zonas por el bien del pueblo.

Abajo completa la tabla cronológica con cada civilización y su región.

Época aproximada	Civilización / Imperio	Ubicación	Tipo de gobierno
1200 a 400 a. e. c.			
2000 a. e. c a 900 e. c.			
Siglo xiii a xvi			
Siglo xiv a xvi			

Actividad 1 Contesta las preguntas según la lectura.

1. Según la lectura, ¿cuál de las siguientes no es una de las cuatro grandes civilizaciones de las Américas?
a. La maya
b. La olmeca
c. La cheroqui

2. ¿Qué significará "a. e. c."?
a. Antes de la época común
b. Antes de la época colombina
c. Antes de la época cultural

3. ¿Cuál fue una cosa que seguramente se tomó de los olmecas?
a. Las creencias religiosas
b. El sistema de escritura
c. La organización política

4. En la oración "Estas últimas…inframundo", ¿qué significa la palabra *vínculo*?
a. Carroza
b. Lazo
c. Bebida

5. ¿Por qué no quieren algunos considerar a la civilización maya como un imperio?
a. No se sabe si impusieron su cultura al colonizar.
b. Su organización política no era de ciudades estado.
c. Tardaron muchos años en llegar a su máximo esplendor.

6. En una teocracia, ¿en manos de quién está el gobierno?
a. Los dioses
b. Los artesanos
c. Los sacerdotes

7. ¿Cuál de los tres dioses mayas tenía el nombre de *serpiente emplumada*?
a. Chaac
b. Itzamná
c. Kukulkán

8. ¿En qué lago se asentaron los aztecas?
a. Texcoco
b. Tenochtitlan
c. Itzamná

9. ¿Qué les exigían los aztecas a los dominados?
a. Tributos
b. Autoridad
c. Poderío

10. ¿Cómo consideraban los aztecas al emperador?
a. Un amigo
b. Un dios
c. Un administrador

11. ¿Dónde se originó el pueblo incaico?
a. La costa
b. La sierra
c. Los bosques

12. ¿Cuál fue la capital del Imperio incaico?
a. Tahuantinsuyo
b. Cuzco
c. Tenochtitlan

13. ¿Cuál era la base de la sociedad incaica?
a. El Inca
b. La colectividad
c. Los guerreros

14. ¿Qué zona alimentaba a los sacerdotes?
a. La de las comunidades
b. La del Inca
c. La del Sol

15. ¿Qué tipo de oración es la primera del artículo: "*No se puede…presente y pasado*"?
a. Simple
b. Compuesta
c. Compleja

16. ¿Qué tipo de comparación hay en la primera oración: "*No se puede…presente y pasado*"?
a. Igualdad
b. Desigualdad
c. Superlativa

Se han mencionado cuatro civilizaciones en la lectura: olmeca, maya, azteca e inca. Imagina que podrías volver a vivir en ellas. Según tu preferencia, ordénalas abajo y al lado escribe por qué. Luego con unos compañeros explíquense su preferencia.

Orden de preferencia	Razón
1.	
2.	
3.	
4.	

Actividad 3

Lee una clasificación que se da a las zonas americanas antes de la llegada europea. Después, según la información, dibuja una flecha de cada zona a su sitio correspondiente en el mapa. Si es necesario, recurre al Internet.

Mesoamérica: Comprende parte de México, Guatemala, Honduras y parte de Nicaragua.

Área Circuncaribe: Con centro en el mar Caribe, comprende las Antillas, los países meridionales de América Central y las costas atlánticas de Colombia y Venezuela. Hacia el sur, los límites pasan por las Guayanas, siendo impreciso hacia el interior.

Área Andina: Se extiende a lo largo de la zona de los Andes, integrada por el sur de Venezuela, Ecuador, Perú, oeste de Bolivia, noroeste de Argentina y norte y centro de Chile.

Actividad 4 La tarea final de esta unidad va a ser un historia oral. Como parte de tu preparación, abajo completa un árbol genealógico lo más amplio posible: incluye a todos tus parientes (trata de llegar hasta tus bisabuelos o tatarabuelos) y padrinos. Habla con tu familia para crear el árbol más completo posible, e incluye ambos apellidos de cada persona donde puedas.

Actividad 5 Vas a ir a internet y buscar información de tu nombre y apellido. Luego pregúntale a algún familiar por qué te pusieron tu nombre(s) de pila, si por algún familiar, etc.

Según lo que investigué mi nombre de pila (*first name*) proviene de _____

_____

y significa _____

Me pusieron el nombre porque _____

Según lo que investigué mis dos apellidos provienen de _____

_____

Algo interesante que descubrí: _____

_____

_____

La lengua y la cultura: La influencia amerindia en el español

No se puede hablar de una lengua amerindia porque son muchas las familias de lenguas que componen las lenguas americanas. Ni tampoco se puede cifrar el número de lenguas indígenas porque unos estudios estiman que hay algo más de 900 lenguas habladas actualmente, mientras que otros estiman entre 400 y 1.500. Lo que sí es indudable es que el español americano se ha visto muy influenciado por las lenguas indígenas americanas. Por ejemplo, en la fonética el quechua ha dejado su marca en cambios como *cídula* (cédula), *cóñado* (cuñado), *deas* (días), *capras* (cabras). Y el uso de /tl/ que le resulta tan fácil a cualquier mexicano, a veces sirve de trabalenguas para otros hispanohablantes.

Igual de interesante son los préstamos lingüísticos amerindios al español. Al llegar los europeos y no encontrar palabras para designar animales, comidas, plantas, etc. en su idioma porque eran desconocidos, tuvieron que recurrir al vocablo indigena. En México y Centroamérica se incorporaron muchos préstamos del náhuatl que a veces, como en el caso de *coyote* (coyō-tl), *chile* (chīl-li), *tomate* (toma-tl) y *chocolate* (chokolā-tl) pasaron al inglés y otras lenguas.

| Actividad 1 | Abajo tienes una lista de palabras en náhuatl. Usa tu intuición para dar la palabra correspondiente en español. |

1. (chapol-in) _____

2. (wuah-xōlō-tl) _____

3. (māpach-in) _____

4. (papalō-tl) _____

5. (ketsa-l-li) _____

6. (tekolō-tl) _____

7. (tlakwā-tzin) _____

8. (tsopilo-tl) _____

9. (āwaka-tl) _____

10. (kakawa-tl) _____

11. (kamoh-tli) _____

12. (ēlō-tl) _____

13. (miski-tl) _____

14. (saka-tl) _____

15. (a-tōl-li) _____

16. (mōl-li) _____

17. (nex-tamal-li) _____

18. (tamal-li) _____

19. (poso-lotl) _____

20. (pinol-li) _____

¿Sabías que California es el estado con el mayor número de hablantes del idioma náhuatl en los EEUU debido a una alta inmigración de mexicanos nahuas que trabajan en los campos de cultivo californianos?

Actividad 2 | ¿**Cómo andas de memoria?** En la Unidad Uno usaste el siguiente mapa para identificar dónde aún se hablan las principales lenguas indígenas en Latinoamérica. ¿Las recuerdas? Rellena los espacios.

a. quechua

b. guaraní

c. (aimara) aymara

d. náhuatl

e. lenguas mayas

f. mapudungun (mapundungun)

g. lenguas del Caribe

Actividad 3 | Usando la lista abajo, toma las palabras identificadas con su origen y colócalas en su zona correspondiente. Sigue el ejemplo.

alpaca – quechua *allpaka*
barbacoa – taíno (Caribe) *barbricot*
cacique – taíno *kassequa*
caimán – taíno *acayuman*
canoa – taíno *canahua*
che – guaraní, mapudungun
chinchilla – aymara *chinchilla*

cigarro – maya *sik'ar*
cóndor – quechua *kuntur*
guacamole – náhuatl *ahuaca-molli*
gaucho – quechua *wakcha*
hamaca – taíno
huracán – taíno *hurakan*
iguana – taíno *iwana*
jaguar – guaraní *jaguá*

maguey – taíno
maíz- taíno *mahis*
maraca – guaraní *mbaracá*
mate – quechua *mati*
papaya – maya *páapay-ya*
papa – quechua
piraña – guaraní *pirátsainha*
poncho - mapudungun *pontro*

México, América Central, el Caribe	América del Sur
	alpaca—quechua

Actividad 4

UNA CARTA INFORMAL Anteriormente escribiste una carta formal. Ahora vas a escribir una carta informal a un amigo o pariente de tu misma edad o menor que tú para informarle del legado indígena en las Américas. Puedes usar información de la lectura introductoria o de la lectura de la influencia amerinindia en el español. Sigue los siguientes pasos para preparar y escribir tu carta.

Paso 1. Voy a escribir de _____ .

Información que voy a incluir: _____

_____

_____

_____

_____

Paso 2. Voy a escribirle a _____ (Debe ser alguien de tu edad o menor).

Paso 3. Voy a usar un registro informal así que el pronombre personal será _____ (Debes tener cuidado de mantenerte en el registro informal).

Paso 4. Saludo que voy a usar: (Ej: Querido / Hola / Quéhubole / Otro _____)

_____

Paso 5. Oración con la que voy a empezar: (Ej. Hace días que he estado pensando en ti / ¿Cómo te va todo? / Solo unas líneas para… / (Otra _____)

_____

Paso 6. Despedida que voy a usar: (Ej. Un abrazo / Con cariño / Un saludo / Besos)

_____

Paso 7. Borrador de la carta (Rough draft).

(Fecha): _____

(Saludo): _____

(Contenido): _____

_____

_____

_____

_____

_____

_____

_____

_____

(Despedida): _____

(Firma): _____

¡Guerra a la *h* y *j*!

En la apertura del Primer Congreso Internacional de la Lengua Española en Zacatecas, México, Gabriel García Márquez, ganador del premio Nobel, ofreció su discurso "Botella al mar para el dios de las palabras". Recordando que los mayas conocían tan bien el poder de la palabra que tenían un dios especial de la palabra, pasó a decir que al entrar en el tercer milenio la lengua española tiene que prepararse para "un porvenir sin fronteras" por su vitalidad y fuerza de expansión. Lo que "Gabo" pidió a los oyentes, y claro está eso incluye a muchos más que estábamos pendientes de todo lo que pudiera decir, es que simplificaran las normas gramaticales que rigen la lengua. Entre las asimilaciones que sugirió estaban que se devolviera al presente de subjuntivo el "esplendor de sus esdrújulas" o sea que se use *váyamos* en vez de *vayamos*, *cántemos* en vez de *cantemos* o *muéramos* en vez del siniestro *muramos*. Además pidió que se "jubilara" la ortografía, que impone terror desde que se nace, enterrando las haches, delimitando los límites entre la ge y jota y poniendo "más uso de razón" en las tildes porque de todas maneras el hispanohablante sabe pronunciar las palabras aunque carezcan de tilde.

No había terminado la ponencia cuando ya aparecieron tanto las protestas como los aplausos en los medios. Poco después en una entrevista, García Márquez contestó a los detractores diciendo que habían sacado fragmentos del discurso fuera de contexto para tergiversar lo que dijo. Según el insigne escritor lo que él pedía no era suprimir la gramática sino simplificarla y humanizarla. En cuanto a la ortografía, negó haber dicho que se suprimiera la hache; lo que había dicho era que se omitiera donde no fuera necesaria y se conservara cuando tuviera una razón de ser como en la combinación /ch/. Además, continuó, tampoco pidió que se eliminaran ni la ge ni la jota sino que simplemente se hiciera algo para dejarnos saber cuándo usar una u otra. En este punto hizo referencia al poeta español Juan Ramón Jiménez que libró una batalla contra la ge como se puede ver en el título de uno de sus bellos poemas "Intelijencia dame el nombre exacto de las cosas".

A mí personalmente lo que más me gustó fue su observación sobre las tildes que aún me causan problemas. ¡Ojalá lo hayan escuchado todos los dioses de la palabra!

Para ver el discurso escribe "García Márquez botella al mar para el dios de las palabras" en tu buscador.

Actividad 1 Pon una equis (X) junto a las palabras que te parecen **no estar bien** deletreadas. Luego compara tu lista con el resto de la clase.

___ abilidad	___ Ejipto	___ jente
___ a hido	___ elojiar	___ jesto
___ cacauates	___ enrogecer	___ lijero
___ colejio	___ espectativa	___ page
___ conección	___ extrangero	___ protejer
___ crugiente	___ garage	___ teger
___ desacer	___ girafa	___ urjente
___ desehbrada	___ horilla (*edge*)	___ verguenza

Actividad 2   Si marcaste todas las palabras en la actividad anterior, acertaste. Algunas cosas te pueden ayudar para saber cuándo usar la *ge* o la *jota,* como la siguiente tabla. Complétala con palabras que conoces. En algunos de los apartados puedes usar tanto la *g* como la *j*; en otros tienes que añadir una letra para la pronunciación.*

OJO: Como la "ge / je" y "gi / ji" no se distinguen, debes aprender la ortografía de las palabras que las contienen.

Con la vocal	Para sonar /g/ como en gato; Ejemplo	Para sonar /x/ como en jabón ; Ejemplo
a	ga agarrar	
e		
i		
o		
u		

*Para oír la "u" entre la "g" y la "e" o "i", hay que colocarle una "diéresis" a la "u": agüero; cigüeña.

Sintetizar: Refiriéndote a lo que has estudiado, completa la tabla para resumir lo que has aprendido.

- El sonido /G/ con una vocal se escribe GA / JA / GE / GUE / JE / GI / GUI / JI / GO / JO / GU / JU [Tacha las que no corresponden.]
- El sonido /J/ con una vocal se escribe GA / JA / GE / GUE / JE / GI / GUI / JI / GO / JO / GU / JU [Tacha las que no corresponden.]
- Para que se oiga el sonido de la "u" cuando está entre la "g" y la "i" o "e", la "u" debe llevar (una tilde / una diéresis).

Actividad 3   Abajo hay transcripciones fonéticas donde la "x" se pronuncia /s/ o /ks/. Escribe correctamente las palabras de las transcripciones. La (') indica la sílaba tónica.

1. [se no 'fo bia]   _____

2. [si 'lo fo no]   _____xilófono_____

3. [es kla 'mar] o [eks kla 'mar]   _____

4. [es pli 'kar] o [eks pli 'kar]   _____

5. [es 'per to] o [eks 'per to]   _____

6. [es plo 'tar] o [eks plo 'tar]   _____

7. [es te 'rior] o [eks te 'rior]   _____

8. [ek 'sa men]   _____

9. ['prok si mo]   _____

10. [ek sa 'lar]   _____exhalar_____

11. [ek saws 'ti βo]   _____

12. [ek si 'βir]   _____

13. [eks pre 'sjon]   _____

14. [eks kar θe 'lar]   _____

(¿Dónde se pronunciará así esta última palabra: América o España?) _____

Sopa de letras. Primero pronuncia y deletrea en voz alta las palabras de la lista. Luego búscalas en la sopa. (ü = u con diéresis)

J	A	C	O	B	I	J	A	B	C	D	X	O	R	Z	K
W	I	M	L	D	E	F	Q	G	A	R	A	J	E	Q	W
S	E	R	R	T	Y	U	P	I	O	P	A	S	D	F	G
E	H	J	A	K	L	Z	A	X	C	V	B	N	M	Q	P
G	W	O	E	F	I	R	G	U	T	Y	Q	A	Z	T	X
U	S	W	E	D	A	C	U	V	F	R	T	H	N	R	M
I	J	U	I	O	L	V	E	R	G	Ü	E	N	Z	A	P
D	R	T	F	P	C	V	B	H	U	I	J	N	M	J	L
O	D	X	Z	I	S	E	W	A	Q	L	K	J	H	O	G
Q	P	M	N	N	B	V	C	G	X	Z	A	M	S	D	F
W	T	R	A	G	E	D	I	A	E	R	J	E	F	E	T
S	D	F	G	Ü	H	J	K	J	L	P	O	X	I	U	Y
X	N	K	L	I	R	R	C	O	N	E	X	I	Ó	N	S
T	C	R	V	N	M	R	S	D	F	G	Y	C	N	Y	W
Y	D	H	C	O	R	A	J	E	J	K	H	A	O	V	R
K	L	M	N	W	G	S	R	A	W	T	I	N	X	C	B
X	P	C	Y	E	K	R	C	I	R	E	C	O	J	A	N
T	M	L	E	N	G	U	A	J	E	U	I	S	T	W	N

JIRAFA

GARAJE

SEGUIDO

PAGUE

PINGÜINO

TRAJO

VERGÜENZA

TRAGEDIA

JEFE

GAJO

RECOJAN

COBIJA

HA

CONEXIÓN

MEXICANO

LENGUAJE

CORAJE

En las siguientes filas hay solo una palabra o frase bien deletreada. Con un compañero pronuncien las palabras. Luego encuentren la correcta y escríbanla en el espacio.

1. lenguage   lenguahe   lenguaje   _____

2. lo a visto   lo ha visto   loa visto   _____

3. ha, ha, ha   ja, ja, ja   ga, ga, ga   _____

4. oblige   obligue   obligüe   _____

5. congunto   conhunto   conjunto   _____

6. huele   juele   uele   _____

7. roxo   roho   rojo   _____

8. horno   ohrno   orno   _____

9. ierba   hierba   iherba   _____

10. recoge   recohe   recoje   _____

Actividad 6 Algunas de las siguientes oraciones contienen faltas ortográficas. Léelas con cuidado y ponles un círculo a las palabras mal deletreadas. Luego encima escribe la corrección. OJO: Una falta no tiene que ver con ge, jota, hache o equis.

1. Gabriel García Márquez abló en un congreso de la lengua española.

2. Diho que los mayas tenían un dios especial de la palabra.

3. También comentó que la lengua española es vital y se va expandiendo.

4. Pidió a los hoyentes que simplifiquen la gramática.

5. Sujirió que se devuelva el esplendor al presente de subjuntivo.

6. También pidió que se jubile la ortografía y se suprima la ache.

7. Asimismo dijo que se use más la razón con los accentos escritos.

Actividad 7 Un estudiante escribió el siguiente reporte que contiene DIEZ faltas ortográficas usando g, j, x, h. Busca y subraya las diez faltas; luego vuelve a escribir el reporte corregido.

Los mayas icieron grandes he impresionantes ciudades como El Mirador, Tikal y Copán. Los monumentos más notables son las pirámides que construyeron en sus centros relijiosos hunto a los palacios de sus gobernantes, siendo el mayor encontrado asta aohra el de Cancuén, en el sur del Petén. Las losas de piedra tallada, ah las que llaman estelas, muestran efijies de los gobernantes y describen sus jenealogías. La cerámica maya está catalogada como una de las más variadas, finas y helaboradas del mundo antiguo.

estela maya

_____

_____

_____

_____

_____

_____

_____

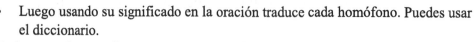

Actividad 1	• Primero lee en voz alta la palabra subrayada en cada par de oraciones y después la oración.

• Luego usando su significado en la oración traduce cada homófono. Puedes usar el diccionario.

En los espacios, escribe apuntes que te ayuden a recordar la ortografía correcta.

Homófonos con *H*	Traducción
1. Voy a **hojear** el discurso de García Márquez.	
Creo que será mejor **ojear** el contenido para saber lo que dijo.	
Apuntes: *Ojo se escribe con o, así que eso sería to glance, y hoja es leaf = to leaf through.*	
2. **Ha** vuelto a enfadarse por lo que dije.	
Le voy **a** decir que me devuelva las entradas.	
¡**Ah**! Ahora ya no está molesto.	
Apuntes:	
3. **Habría** que darle la razón en lo que dice.	
Con decir eso **abría** una gran polémica en aquel instante.	
Apuntes:	
4. Un nuevo delegado se dirige **hacia** el conferenciante.	
Parece que viene de alguna universidad de **Asia**.	
Apuntes:	
5. **He** reconocido que lo que dijo tiene sentido.	
¡**Eh**! ¡Que no debes pensar eso!	
Pero es que trajo nuevas razones **e** ideas.	
Apuntes:	
6. **Echo** de menos a mis viejos amigos conferenciantes.	
No creo que nadie haya **hecho** discursos tan buenos como los suyos.	
Apuntes:	

7. No me gusta nadar en piscinas muy **hondas**.	
Me gusta que el agua se mueva como las **ondas** del mar.	
Apuntes:	
8. **Hay** que ir pronto antes de que empiecen las ponencias.	
¡**Ay!** Se me había pasado la hora.	
Apuntes:	
9. Ojalá que **haya** suficientes asientos.	
Creo que si usted se va ahora, **halla** por lo menos uno.	
Apuntes:	
10. No creo que nadie vaya a **rehusar** dejarle entrar.	
Pero no vaya a **reusar** la excusa de siempre porque ya la conocen.	
Apuntes:	
11. **A ver** si me dejan entrar.	
Debe de **haber** alguien que lo conozca en la puerta.	
Apuntes:	

Actividad 2 En las siguientes oraciones, subraya la opción correcta.

1. ¿Has (hojeado / ojeado) el periódico?

2. (Ay / Hay) un artículo muy interesante sobre la lengua.

3. Me sorprende que alguien escriba del español en (Asia / Hacia).

4. (Abría / Habría) que averiguar si se estudia mucho allí.

5. (E / Eh / He) de reconocer que nunca había pensado en ello.

6. Pero por lo visto se han (echo / hecho) varios estudios sobre el español en Asia.

7. Esa gruta es muy (honda / onda).

8. Espero que en el futuro (halla / haya) congresos sobre el tema.

9. Vamos (a ver / haber) si podemos organizar algunos.

10. Si (hallas / hayas) algo interesante, avísamelo.

Actividad 3 Escribe una oración que incluya los homófonos que se te dan. Si prefieres, escribe una oración para cada uno. Sigue el ejemplo.

1. a ver / haber _____*Voy a ver si va a haber alguien allí.* _____

2. a / ha _____

_____

3. he / e _____

_____

4. hecho / echo _____

_____

5. haya / halla _____

_____

6. a ver / haber _____

_____

7. hojear / ojear _____

_____

8. hacia / Asia _____

_____

9. he / eh _____

_____

10. hondas / ondas_____

_____

Tu turno Piensa en los dos homófonos que te causan más problema. Imagina que un compañero tiene los mismos problemas. Dale una estrategia para solucionar el problema.

Problema 1 y sugerencia para evitarlo. _____

_____

Problema 2 y sugerencia para evitarlo. _____

_____

¿Recuerdas cuál es la función de los sustantivos? ¿de los artículos? ¿de los pronombres? Rellena el espacio con la clase de palabra correspondiente.

El _____ identifica o designa seres animados e inanimados.

El _____ indica si el sustantivo es conocido o general.

El _____ toma el lugar de un sustantivo.

Actividad 1

Después de leer las siguientes oraciones, ponles un círculo a todos los sustantivos. Luego conecta las palabras subrayadas a <u>sus funciones</u>. Finalmente encima de cada palabra subrayada escribe su traducción.

___ ___1. **Los** mayas formaron **una** cultura importante.

___ ___2. En **el** libro estudiamos **el** debate de si fue

_____ **un** imperio.

_____3. En **él** se dice que no era imperio porque se

formaba de ciudades estado.

___ ___4. **La** religión siempre estaba presente en **la**

___ ___ vida debido a que **el** sistema era **una** teocracia.

_____5. **Las** mujeres tenían un papel importante

_____ porque **las** estimaban como madres.

FUNCIÓN

a. Indicar si el sustantivo es conocido.

b. Indicar si el sustantivo es general (vago).

c. Tomar el lugar de un sustantivo.

Actividad 2   Completa la tabla con las formas correspondientes de los artículos.

Artículo Definido		Artículo Indefinido	
singular	plural	singular	plural

Usos de los artículos definidos

Actividad 1   Completa las siguientes oraciones con el <u>artículo definido</u> correspondiente.

1. En aquella sociedad _____ ricos eran parte de la clase privilegiada.

2. _____ águila era una de _____ aves muy estimadas.

3. En una vasija se ve a un hombre con _____ hacha levantada; frecuentemente

_____ hachas eran de madera u obsidiana.

4._____ gente respetaba (al / a el) guerrero casi como a un dios.

| Actividad 2 | Subraya el sustantivo con el artículo definido que usaste en los espacios anteriores. Luego escribe las palabras en el recuadro de las normas correspondientes. Usarás algunas dos veces. Sigue el ejemplo. |

1. En aquella sociedad los ricos eran parte de los privilegiados.

2. El águila era una de las aves muy estimadas.

3. En una vasija se ve a un hombre con el hacha levantada; frecuentemente las hachas eran de madera u obsidiana.

4. La gente respetaba al guerrero casi como a un dios.

a. Si un sustantivo femenino <u>singular</u> empieza con *a* o *ha* tónica, se usa *el*.	*el águila*
b. Si un sustantivo femenino <u>plural</u> empieza con *a* o *ha* tónica, se usa *las*.	
c. Los sustantivos que funcionan como sujeto no suelen empezar sin un artículo u otro acompañamiento.	
d. Se le antepone el artículo definido a un adjetivo para formar un sustantivo.	
e. *A* + *el* forma la contracción *al*; es obligatorio usarla. Pero a + él no forma contracción.	

| Actividad 3 | Escribe una oración para cada uno de los usos anteriores. |

1. _____

2. _____

3. _____

4. _____

5. _____

| Tu turno | Explica la diferencia entre *al* y *a él*. Usa ejemplos en tu explicación. |

_____

_____

Usos de los artículos indefinidos

Actividad 1 Completa las oraciones con el artículo indefinido **si es necesario.** Luego comprueba tus respuestas con la actividad abajo.

1. Moctezuma era _____ azteca; era _____ azteca muy poderoso.

2. _____ ave muy apreciada por sus plumas era el quetzal.

3. En la corona de plumas de Moctuzuma habría más de _____ cien plumas de colores brillantes; posiblemente serían_____ doscientas plumas.

Actividad 2 Subraya el sustantivo con el artículo en las oraciones. Luego escríbelas en el recuadro de las normas correspondientes. Usarás algunas oraciones dos veces.

1. Moctezuma era azteca; era un azteca muy poderoso.

2. Un ave muy apreciada por sus plumas era el quetzal.

3. En la corona de plumas de Moctezuma habría más de cien plumas de colores brillantes; posiblemente serían unas doscientas plumas.

a. Con un sustantivo no modificado (sin adjetivo) + ser + profesiones, religión, nacionalidad se omite el artículo indefinido.	
b. Un sustantivo modificado + ser + profesiones, religión, nacionalidad usa el artículo indefinido.	
c. Si un sustantivo femenino singular empieza con a o ha tónica, se usa un en vez de una.	
d. Se omite el artículo indefinido delante de cien, cierto, otro, mil, medio.	
e. Se usa el artículo indefinido con números para expresar	

Actividad 3 Escribe una oración para cada uno de los usos anteriores.

1. _____

2. _____

3. _____

4. _____

5. _____

En las unidades anteriores viste que los verbos comunican un estado o acción en el presente, pasado o futuro, y que a los verbos personales también se les llama *conjugados*. En la Unidad Dos te enfocaste en el presente indicativo y el presente subjuntivo. En esta unidad te vas a enfocar en los tiempos pasados: pretérito e imperfecto.

| Actividad 1 | Para recordar lo que aprendiste del tiempo pasado lee acerca de las cartas que escribió Colón después de su llegada a América. Luego completa la tabla. |

¿Las escribiría Colón?

En 1493 **apareció** una serie de cartas cuya autoría se le ha atribuido al propio Cristóbal Colón. En ellas **describió** las islas que **descubrió**, particularmente las que ahora son Cuba y La Española, y las costumbres de sus habitantes. Sin embargo parece ser que **abundaron** las exageraciones acerca del tamaño de las islas, las riquezas y la docilidad de los indígenas.

Otros estudiosos dicen que **fueron** el mismo rey Fernando y su tesorero Luis de Santángel quienes, inspirados en los diversos informes que **mandó** Colón a los reyes al regresar de su viaje, **escribieron** las cartas. Dejando a un lado las dudas de la autoría, lo que realmente es históricamente importante es que **constituyeron** la única fuente disponible en vida de Colón sobre ese primer viaje y lo que **vio** y **vivió** mientras **estuvo** allí.

Otra nota importante es que gracias a la recién inventada imprenta, su difusión **fue** rápida. De esa manera **llegaron** a ser una extraordinaria propaganda para promover el Descubrimiento y exhortar a los aventureros y religiosos a viajar a ese nuevo mundo que para muchos fue una revelación.

Completa la tabla con los primeros 7 verbos subrayados de la lista y la información que se te pide. Sigue el ejemplo. Asegúrate de incluir la tilde si la lleva el verbo. En la siguiente página, escribe los demás.

verbo	infinitivo (verbo no personal)	1a / 2a / 3a conjugación	pronombre personal correspondiente
1. apareció	aparecer	2a conjugación (-er)	ella (una serie)
2. describió	describir	3a conjugación (-ir)	él (Colón)
3.			
4.			
5.			
6.			
7.			

| Tu turno | Explica por qué *mandó* lleva tilde pero *fueron* no necesita tilde. _____ |

_____

8.			
9.			
10.			
11.			
12.			
13.			

Actividad 2   Los verbos que acabas de usar están en el tiempo *pretérito de indicativo*. Lee dos definiciones de la palabra *pretérito* y luego escribe una definición sencilla que le podrías dar a alguien que te pregunta qué es el pretérito.

DEFINICIONES DEL DICCIONARIO. 1. Tiempo para denotar acciones anteriores al momento en el que se habla. 2. Adj. m. Que ocurrió o se dio en el pasado

MI DEFINICIÓN. _____

_____

Verbos regulares

En está sección de la unidad te vas a enfocar solamente en practicar las conjugaciones del pretérito para asegurar tu entendimiento de cómo se forma. Tendrás que aplicar lo que has aprendido de las tildes y la ortografía.

Actividad 3   Completa la tabla. **Recuerda**: "gu" para el sonido de /g/ delante de "e" o "i".

Primera conjugación: —AR

	opinar	comprar	gastar	considerar	pagar
yo	opiné				
tú					pagaste
él, ella, usted		compró			
nosotros				consideramos	
ellos , ellas, Uds.			gastaron		

¿Sabías que existen lenguas sin marcas verbales para indicar pasado o futuro? Usan adverbios como "hoy", "mañana" o "después" para señalar un instante de tiempo diferente del presente.

Segunda conjugación: —ER

	aprender	comer	parecer	perder	deber
yo		comí			
tú					debiste
él, ella, usted			pareció		
nosotros	aprendimos				
ellos , ellas, Uds.				perdieron	

Tercera conjugación: —IR

	vivir	exigir	compartir	asumir	decidir
yo	viví				
tú					decidiste
él, ella, usted		exigió			
nosotros			compartimos		
ellos , ellas, Uds.				asumieron	

Actividad 4 En cada oración elige el verbo **en el pretérito** correspondiente de los que están entre paréntesis. Cuida que haya concordancia entre el sujeto y el verbo.

1. Cuando Colón (llega / llegó) se (queda / quedó) asombrado con lo que (ve / vio).

2. Los reyes (deciden / decidieron) prestarle el dinero, y les (sale / salió) bien la inversión.

3. Unos hombres (siguen / siguieron) a Colón, pero algunos (pierden / perdieron) la vida.

4. Otros (exigen / exigieron) quedarse en esas nuevas tierras.

5. Al inicio del viaje a nadie le (parece / pareció) que encontrarían un nuevo continente.

⚡ **Sintetizar:** Refiriéndote a lo que has estudiado, completa la tabla para resumir lo que has aprendido.

El pretérito indicativo de los verbos regulares

	Infinitivos con -ar usan las terminaciones	Infinitivos con -er usan las terminaciones	Infinitivos con -ir usan las terminaciones
yo	--é		
tú			--iste
él, ella, usted			
nosotros		--imos	
ellos, ellas, ustedes			

Actividad 5	**Ejercicios mecánicos.** Completa la siguiente tabla de verbos para asegurar tu conjugación de los verbos regulares en el pretérito.

	yo	tú	él, ella, usted	nosotros	ellos, ellas, Uds.
bailar					
cambiar					
dejar					
correr					
romper					
temer					
abrir					
recibir					
subir					

De cambio radical y ortográfico

Actividad 1 Completa la tabla con los verbos de cambio radical en el **presente.**

—ar: *pensar y almorzar*		—er: *perder y atender*		—ir: *sentir y morir*	
(yo) pienso _____	*(nosotros)* pensamos _____	*(yo)* pierdo atiendo	*(nosotros)* perdemos _____	*(yo)* siento _____	*(nosotros)* sentimos _____
(tú) piensas almuerzas	*(vosotros)* pensáis _____	*(tú)* pierdes _____	*(vosotros)* perdéis _____	*(tú)* sientes _____	*(vosotros)* sentís _____
(él, ella, Ud.) piensa _____	*(ellos, ellas, Uds.)* piensan _____	*(él, ella, Ud.)* pierde _____	*(ellos, ellas, Uds.)* pierden _____	*(él, ella, Ud.)* siente muere	*(ellos, ellas, Uds.)* sienten _____

Actividad 2 Ahora completa la misma tabla con los verbos de cambio radical en el **pretérito.**
Recuerda tu ortografía: $z \rightarrow ce, ci.$

—ar: *pensar y almorzar*		—er: *perder y atender*		—ir: *sentir y morir*	
(yo) pensé _____	*(nosotros)* pensamos _____	*(yo)* perdí atendí	*(nosotros)* perdimos _____	*(yo)* sentí _____	*(nosotros)* sentimos _____
(tú) pensaste _____	*(vosotros)* pensasteis _____	*(tú)* perdiste _____	*(vosotros)* perdisteis _____	*(tú)* sentiste _____	*(vosotros)* sentisteis _____
(él, ella, Ud.) pensó _____	*(ellos, ellas, Uds.)* pensaron _____	*(él, ella, Ud.)* perdió _____	*(ellos, ellas, Uds)* perdieron _____	*(él, ella, Ud.)* sintió murió	*(ellos, ellas, Uds.)* sintieron _____

Actividad 3 En cada oración elige el verbo correspondiente de los que están entre paréntesis.

1. El mes pasado (yo) (comenzaste / comencé / comenzamos) a leer sobre el viaje de Colón.

2. Muchos aventureros (prefirieron / preferí / preferimos) ir en el primer viaje.

3. Otros (pensó / pensaron / pensé) que era mejor esperar.

4. Después de varias semanas sin ver tierra, la tripulación (sentí, sintió, sentiste) miedo.

5. Poco después el miedo se (convirtió / convertí / convirtieron) en rencor hacia Colón.

Actividad 4 Usa tu intuición y lo que has aprendido para completar el siguiente ejercicio mecánico de varios verbos. Cambia la vocal subrayada cuando sea necesario en los verbos de cambio radical, pero **recuerda que solo los verbos –_ir_ tienen cambio radical en el pretérito.** También debes estar pendiente de los siguientes cambios ortográficos:

- La **z + e** se tiene que cambiar a (**ce / se**); la **z + i** se tiene que cambiar a (**ci / si**).

- El sonido /G/ con una vocal se escribe GA, _____, _____, _____, _____.

- El sonido /X/ con una vocal se escribe GE, _____, _____, _____, _____, _____, _____.

- Para que se oiga el sonido de la "u" cuando hay "gue" o "gui", la "u" lleva _____.

- La letra "i" entre dos vocales se convierte en _____ (excepto con "gui"+vocal, por ejemplo _siguiendo_ o _guion_).

	yo	tú	él, ella, usted	nosotros	ellos, ellas, Uds.
forzar					
rogar					
averiguar					
jugar					
apaciguar					
buscar					
entender					
caer					
preferir (i)					
seguir (i)					
dormir (u)					
repetir (i)					
pedir (i)					
inferir (i)					
mentir (i)					

Verbos irregulares

Actividad 1

Algunos verbos son irregulares en el pretérito, es decir, no siguen las formas que has estudiado hasta ahora. Abajo hay algunos.

Con un compañero y usando la intuición, completen las siguientes tablas. **Fíjense cómo la 1ª persona singular (*yo*) establece el patrón.**

	ir	ser	estar	andar	tener
yo		fui			
tú			estuviste		
él, ella, Ud.				anduvo	
nosotros	fuimos				
ellos, ellas, Uds.					tuvieron

	poner	caber	saber	poder	querer
yo		cupe			
tú					
él, ella, Ud.					
nosotros	pusimos				
ellos, ellas, Uds.					

	venir	hacer	ver	dar	satisfacer
yo					satisfice
tú					
él, ella, Ud.					
nosotros					
ellos, ellas, Uds.					

Actividad 2 En cada espacio escribe la forma correspondiente del **pretérito**. Cuida la concordancia, los cambios radicales, las irregularidades y la ortografía.

1. El año pasado _____ (ir—*yo*) a hacer unas investigaciones sobre los olmecas.

2. _____ (encontrarse—*yo*) con varios compañeros cuando (_____ estar—*yo*) allí.

3. _____ (querer—*nosotros*) ir a una ciudad recién excavada pero al principio no _____ (poder).

4. A través de un amigo _____ (saber—*nosotros*) que había muchos artefactos que los buscadores de tesoro precolombino no _____ (destruir).

5. Mi amigo Luis _____ (tener) la bondad de llamar al gobernador de Veracruz y a las pocas horas todos _____ (ponerse—*nosotros*) en camino.

6. Una vez allí, _____ (averiguar—*yo*) que Luis era muy conocido en esa zona porque _____ (obtener) fondos para construir varias escuelas.

7. Mis amigos _____ (pedir) permiso para ayudar con las excavaciones y pronto los _____ (ver—*yo*) hasta los codos en polvo.

8. A pesar del calor _____ (seguir—*ellos*) excavando hasta que oscureció.

9. Esa noche _____ (dormir—*ellos*) como benditos.

10. Al día siguiente _____ (andar—*nosotros*) hasta otro sitio de excavación.

11. Miguel y Ángela _____ (preferir) quedarse en el primer sitio; no _____ (querer) venir con nosotros.

12. _____ (sentir—*ellos*) no venir con nosotros porque pensaban que la caminata sería muy pesada, y la verdad _____ (tener) razón.

13. Esa noche, _____ (juntarse—*nosotros*) a la hora de la cena y todos _____ (estar) de acuerdo en regresar al año siguiente.

14. Este año _____ (venir—*nosotros*) por casualidad, pero no _____ (caber) duda que al siguiente año no sería así.

15. Nadie _____ (ver) razón para no estar de acuerdo.

16. _____ (despedirse—*nosotros*) felices de todo lo que habíamos aprendido y disfrutado con nuestros amigos.

Decir, traer y verbos terminados en *-ucir*

Actividad 1   Hay otro grupo de verbos irregulares en los que debes poner mucha atención, particularmente en la 3ª persona plural (*ellos, ellas, ustedes*).

	decir	traer	producir	conducir	traducir
yo	dije				
tú		trajiste			
él, ella, Ud.			produjo		
nosotros				condujimos	
ellos, ellas, Uds.					tradujeron

	reducir	introducir	predecir	atraer	distraer
yo					
tú					
él, ella, Ud.					
nosotros					
ellos, ellas, Uds.					

Actividad 2   Escribe una oración en el **pretérito** con los verbos y pronombres personales indicados.

1. decir—ellos _____

2. traer—ustedes _____

3. reducir—yo _____

4. atraer—nosotros _____

5. distraer—tú _____

6. predecir—usted _____

7. venir—nosotros _____

El pretérito de indicativo: Un repaso de lo que has aprendido

Sintetizar: Refiriéndote a lo que has estudiado, completa la tabla para resumir lo que has aprendido.

- **Cierto o falso** Un verbo en el **pretérito** comunica una acción que tomó lugar.

- Los verbos de cambio radical en el pretérito son los de (1a / 2a / 3a) conjugación y la vocal cambia a (una vocal / un diptongo). Ejemplo: _____

- Si el verbo conjugado es agudo pero termina en vocal, n, s (**no / sí**) lleva tilde.

  Ejemplo: _____

- Si el verbo conjugado es llano y termina en vocal, n, s (**no / sí**) lleva tilde.

  Ejemplo: _____

Actividad 1   Rellena los espacios de las siguientes oraciones con la forma correcta del verbo en el **pretérito**. Recuerda que debes cuidar la concordancia, la ortografía y las tildes.

1. Los habitantes _____ (seguir) las normas religiosas de los sacerdotes.

2. Sin duda los guerreros _____ (tener) un alto puesto en la sociedad.

3. Los campesinos _____ (dedicarse) al bienestar de la comunidad.

4. Por mucho tiempo nadie _____ (saber) la causa del declive de los mayas.

5. Algunos investigadores _____ (suponer) que había sido por enfermedades.

6. Ante la duda, yo _____ (buscar) nueva evidencia.

7. Mis amigos _____ (predecir) que no encontraría nada concreto.

8. De hecho, todos _____ (creer) que el enigma nunca se solucionaría.

9. Sin duda, hasta cierto punto _____ (dudar—*tú*) de mí, también.

10. No obstante, mis datos _____ (traer) nuevas posibilidades a la discusión.

11. En la conferencia nadie _____ (introducir) otra teoría.

Actividad 2   Forma oraciones **en el pretérito** con los siguientes elementos. Conjuga los verbos y haz todos los cambios necesarios. **OJO** con "*a+el*" y "*de+el*".

1. El / cultura / incaica / (ser) / el / resultado / de / el / mezcla / de / tres / culturas / anterior.

_____

2. El / imperio / (dividirse) / en / cuatro / región / y / las / (gobernar) / cuatro / *copas*.

_____

3. A / el / jefe / le / (dar) / el / súbditos / todo / el / poderes / de / el Estado.

_____

4. El / incas / (vivir) / principalmente / de / el / agricultura

_____

5. (Usar – *ellos*) / técnicas / avanzada / que / (adecuar - *ellos*) / a / el / terreno / andino

_____

6. El / producto / principal / (ser) / frijoles / algodón / y / papas

_____

7. El / unidad / social / (ser) / el / familia / grande / , llamada / ayllu, / compuesto / por / el / descendientes / de / un / mismo / antepasado / común

_____

_____

8. (Construir – *ellos*) / fortalezas / y / templos / como / los / de / Machu Picchu

_____

9. (Imponer – *ellos*) / su / modo / de / vida / en / el / zonas / conquistado

_____

10. A pesar de / su / grandeza / el / imperio / (durar) / poco / más / de / un / siglo

_____

| Actividad 3 | Escribe una oración para cada sujeto. Usa un verbo diferente del banco de palabras para cada oración. No incluyas el pronombre si no es necesario. |

seguir   decir   traer   conducir   repetir   apaciguar   reducir
caber   querer   estar   elegir   oír   aprender   dormir   compartir
predecir   tener   venir   inferir

1. yo: _____

2. tú: _____

3. él: _____

4. ella: _____

5. usted: _____

6. nosotros: _____

7. ellos _____

8. ellas: _____

9. ustedes: _____

1. Si un sustantivo <u>femenino singular</u> empieza con *a* o *ha* tónica, se usa el artículo (el /la).

   Ejemplo: _____

2. Si un sustantivo <u>femenino plural</u> empieza con *a* o *ha* tónica, se usa (los / las).

   Ejemplo: _____

3. Cierto o falso Los sustantivos que funcionan como sujeto de una oración suelen empezar sin un artículo u otro acompañamiento.

4. Para convertir un adjetivo en sustantivo, se le antepone el artículo (definido / indefinido).

   Ejemplo: _____

5. Es obligatorio usar (al / a + el). Ejemplo: _____

6. A + él (sí / no) forma contracción. Ejemplo: _____

Repasar. Marca con ✓ las frases que usan los artículos definidos correctamente.

| ___1. las aguas azules | ___2. los águilas calvas | ___3. Vamos a la casa de mi amigo. |
| ___4. la hada madrina | ___5. el alberca | ___6. Mis amigos se fueron a el cine. |

Mi entendimiento de	Excelente	Bueno	Débil	Para perfeccionar necesito...
lo que es un artículo definido es...				
los usos de los artículos definidos es...				

7. Con un sustantivo <u>no modificado + ser</u> + profesiones, religión, nacionalidad se (usa / omite) el artículo indefinido delante de la profesión, religión o nacionalidad.

   Ejemplo: _____

8. Un sustantivo <u>modificado + ser</u> + profesiones, religión, nacionalidad (usa / omite) el artículo indefinido delante de la profesión, religion o nacionalidad.

   Ejemplo: _____

9. Cierto o falso Si un sustantivo femenino singular empieza con *a* o *ha* tónica, se usa *un* en vez de *una*.

10. Cierto o falso Se omite el artículo indefinido delante de *cien, cierto, otro, mil, medio*.

Repasar. Marca con ✓ las frases que usan los artículos indefinidos correctamente.

| ___1. unas buenas ambiciones | ___2. unos hachas | ___3. Una mitad de la gente sí vino. |
| ___4. una acta legal | ___5. una anfitriona | ___6. Te voy a decir una otra cosa. |

Mi entendimiento de	Excelente	Bueno	Débil	Para perfeccionar necesito...
lo que es un artículo indefinido es...				
los usos de los artículos indefinidos es...				

11. El pasado comunica una acción que

      a. ya ha tomado lugar

      b. toma lugar

      c. va a tomar lugar

12. Cierto o falso Un verbo en el **pretérito** comunica una acción que tomó lugar.

13. Los verbos del pretérito de indicativo pueden ser (regulares / irregulares / cambio radical / cambio ortográfico / personales / impersonales / no personales). [Tacha lo no correspondiente.]

14. Los verbos de cambio radical en el pretérito son los de la (1a / 2a / 3a) conjugación y la vocal cambia a (una vocal / un diptongo). Ejemplo: _____

15. Las palabras agudas terminadas en _____ no necesitan tilde.

16. Las palabras agudas terminadas en _____ necesitan tilde.

17. La **z + e** se tiene que cambiar a (**ce** / **se**); la **z + i** se tiene que cambiar a (**ci** / **si**).

18. El sonido /G/ con una vocal se escribe GA / JA / GE / GUE / JE / GI / GUI / JI / GO / JO / GU / JU. [Tacha las que no corresponden.]

19. El sonido /X/ con una vocal se escribe GA / JA / GE / GUE / JE / GI / GUI / JI / GO / JO / GU / JU. [Tacha las que no corresponden.]

20. Para que se oiga el sonido de la u cuando hay *gue* o *gui*, la u lleva _____.

21. La letra *i* entre dos vocales se convierte en _____ (excepto con *gui* + vocal).

Repasar. Marca con ✓ los verbos en pretérito que están deletreados y acentuados correctamente. Para los que contienen error, escribe la correción encima del verbo.

___1. empezé	___2. perseguimos	___3. fuí	___4. page	___5. estacioné
___6. apacigüé	___7. oyeron	___8. almorzamos	___9. sintieron	___10. trajieron
___11. force	___12. produció	___13. duermió	___14. rogué	___15. mintieron
___16. exijió	___17. llegué	___18. jugo	___19. saqué	___20. ataque

Mi entendimiento de	Excelente	Bueno	Débil	Para perfeccionar necesito...
lo que es el pretérito es....				
las conjugaciones en el pretérito es...				
la ortografía en el pretérito es...				
las tildes en el pretérito es...				

Actividad 1 En los siguientes grupos de opción multiple todas las respuestas son correctas pero hay una mejor. Encuentra la mejor y justifica tu respuesta.

1. De la palabra *Asia* se puede decir que

a. en algunos países es un homófono de *hacia* porque se pronuncia igual.

b. para muchos españoles no es un homófono porque distinguen entre la ese y la ce.

c. es un homófono de *hacia* para los americanos que pronuncian igual la ese y la ce.

2. De la palabra *hojear* se puede decir que

a. es un homófono de *ojear*.

b. se parece mucho ortográficamente a la palabra *ojear*.

c. su homófono, *ojear*, no contiene la hache muda de *hojear*.

3. La palabra *pinguino* está mal deletreada porque

a. si una *u* cae entre la ge y una vocal, a veces no se pronuncia.

b. para oír la u hay que ponerle diéresis; si no solo se oiría la i.

c. si se colocara una tilde, habría un golpe de voz en la u.

4. La oración *A las mujeres las entrenaban como madres* contiene

a. un artículo definido y un pronombre que toma el lugar de un sustantivo.

b. un pronombre plural y un artículo definido que es femenino.

c. un pronombre plural femenino y un artículo definido plural femenino.

5. La oración *Moctezuma fue un emperador azteca* contiene un

a. verbo en el pretérito, un artículo indefinido, dos sustantivos y un adjetivo que modifica el sustantivo *emperador.*

b. verbo personal pretérito, un sustantivo y un artículo indefinido porque el sustantivo *emperador* es una profesión modificada.

c. verbo personal pretérito, un sustantivo modificado correctamente por un adjetivo y un artículo indefinido, y otro sustantivo que es el sujeto de la oración.

Actividad 2 En la siguiente oración identifica la clase de palabras. Si tienes dudas, busca la palabra en el diccionario en línea de la RAE (rae.es) u otro diccionario.

Los habitantes siguieron las normas religiosas de los sacerdotes porque era una sociedad teocrática.

Los: _____ habitantes: _____ siguieron: _____

las: _____ normas: _____ religiosas: _____

de: _____ los: _____ sacerdotes: _____

porque: _____ era: _____ una: _____

sociedad: _____ teocrática: _____

Actividad 1   Entre las tres palabras subrayadas busca el error. Si no lo hay elige "Sin error".
OJO: Si el uso es correcto, no es un error aunque haya otras posibilidades.

1. Le <u>trajieron</u> unas reliquias <u>al</u> director <u>del</u> museo para exhibirlas.   <u>Sin error</u>. _____
    (a)   (b)   (c)   (d)

2. Nadie <u>estubo</u> presente <u>cuando</u> entregaron <u>el</u> premio.   <u>Sin error</u>. _____
       (a)   (b)   (c)   (d)

3. Al siguiente <u>día</u> <u>introdujeron</u> nuevas medidas de <u>seguridád</u>.   <u>Sin error</u>. _____
           (a)   (b)   (c)   (d)

4. <u>El</u> programa de la herencia <u>indígena</u> <u>recibio</u> varios premios.   <u>Sin error</u>. _____
  (a)   (b)   (c)   (d)

Actividad 2   Busca un error entre las seis opciones subrayadas y escríbela en el espacio.
Luego escribe la forma correcta en el espacio "Corrección".

1. Para muchos historiadores la cultura olmeca, que data de aproximadamente 1200 a 400 a.E.C., es la madre de las **civilizaciones** mesoamericanas. Se desarrolló en la zona de lo que ahora son los estados mexicanos de Veracruz y Tabasco, y **creó un** sistema de escritura jeroglífica; algunos le **atribuyen** la invención del cero y el calendario mesoamericano. Su organización política, que se basó en ciudades estado fuertemente jerarquizadas, **fue** imitada por prácticamente todas las civilizaciones mexicanas y centroamericanas que le **sigieron**.

Palabra equivocada: _____   Corrección: _____

2. En la apertura **del** Primer Congreso Internacional de la Lengua Española **el** premio Nobel Gabriel García Márquez **ofreció** su discurso "Botella al mar para el dios de las palabras". Recordando que los **mayas** conocían tan bien el poder de la palabra que tenían un dios especial de la palabra, **paso** a decir que al entrar en el tercer milenio la lengua española tiene que prepararse para "un porvenir sin fronteras" por su **vitalidad** y **fuerza** de expansión.

Palabra equivocada: _____   Corrección: _____

Actividad 3   Busca y subraya cuatro errores en la seleccion. Luego completa la tabla.

En 1493 apareció una serie de cartas cuya autoría se <u>a</u> atribuido al propio Cristóbal Colón. En ellas describio las islas que descubrió, particularmente las que ahora son Cuba y La Española, y las costumbres de sus habitantes. Sin embargo parece ser que abundaron las exageraciónes acerca del tamaño de las islas, la riquezas y la docilidad de los indígenas.

error	corrección	error	corrección
a	ha		

El legado europeo y árabe

¿Qué sientes cuando oyes la frase *herencia española*? ¿Sientes rencor? ¿admiración? Y ¿te suena familiar hablar del legado árabe en tierras americanas? En esta sección de la unidad leerás del legado que estas dos culturas han aportado a nuestra herencia.

Lo español y lo árabe en nuestra herencia

El hablar del legado de España en las Américas generalmente suscita fuertes polémicas tanto entre historiadores como antropólogos y hasta los mismos ciudadanos. Por un lado hay quienes resienten en particular el trato a los indígenas y el saqueo mineral que se llevó a cabo. Otros mantienen que eventos históricos tan complejos como los del descubrimiento y conquista

de América se deben analizar en el contexto de las normas prevalecientes en la época en la que ocurrieron y considerarlos con un espíritu autocrítico carente de las ideas preconcebidas que ha fomentado la llamada "leyenda negra" anglosajona.

Tratar el tema en tan breve espacio sería injusto e imposible, pero sí hay un aspecto del legado español que se presta a ello y que es parte del paisaje urbanístico americano: la arquitectura colonial. Estos edificios, mezcla de una sobria arquitectura barroca y un carácter indígena, representan el acontecer de una época sociocultural y política significativa para cualquier americano pues están presentes desde California hasta el Cono Sur. Como estilo artístico, el valor de la arquitectura no radica en el lugar donde nace sino en la manera de adoptar vivencias, creencias e incluso materias primas de otras naciones a lo suyo. En Hispanoamérica, la arquitectura colonial surge de la colaboración entre peninsulares, criollos e indígenas para crear un estilo que tomó formas de lo barroco y de lo renacentista italiano.

Ya antes de llegar a tierras americanas, España poseía un alto grado de madurez arquitectónica, en parte gracias a las aportaciones de la cultura árabe. Hay que recordar que por más de ocho siglos, desde 711, había habido una fuerte presencia musulmana en toda la península ibérica. Gracias a esta fusión entre los dos pueblos—árabe y español—se originó el arte mudéjar que alcanzó su máximo esplendor durante el siglo XV. Los árabes trajeron consigo los arcos, las bóvedas y las cúpulas, y los peninsulares aportaron los estilos románico y gótico. De origen español fue el estilo plateresco que toma su nombre de la extraordinaria decoración con elementos semejantes a las piezas en plata que trabajaban los orfebres.

A pesar de que la arquitectura colonial esencialmente nace del barroco europeo y se mezcla y adapta al medio americano, hay diferencias muy específicas dependiendo de la región en la que se ubica. En particular esto ocurre en el trazado de las calles urbanas. Generalmente se usaba el modelo español: calles en forma perpendicular con una plaza mayor en el centro donde se ubican las sedes de las instituciones políticas y religiosas. Por ello siempre destaca una iglesia como edificio predominante en el centro de las ciudades coloniales. Esta distribución de ciudad proviene del *castrum* romano que se usó en Hispania, recordando así que lo que ahora es España fue una provincia del Imperio romano. Otro modelo fue el del rey Felipe II que no permitía nuevas construcciones en zonas donde hubiera asentamientos indígenas para que no se alterara su estilo de vida. Este trazado urbano tenía un eje central desde el cual salían cuatro calles destinadas al comercio. Si la ciudad se ubicaba en zonas cálidas, las calles eran angostas para resguardar a la población del sol, pero si la ciudad estaba localizada en una zona fría las calles eran anchas para dejar que el sol calentara a los transeúntes.

Se podría seguir hablando de la arquitectura colonial por páginas y páginas, pues hay tanto que apreciar y disfrutar. Sin duda las construcciones son bellas y los trazados de calles interesantes, pero si se toma en cuenta el rico contexto sociocultural que está en torno a ellos, el deleite será aún mayor.

| Actividad 1 | Contesta las preguntas según la lectura.

1. ¿Cuál es una cosa que se resiente del legado español?
a. Que haya polémicas
b. El trato a los indígenas
c. Los minerales que se encontraron

2. ¿Qué dicen algunos críticos?
a. Hay que apegarse a *la leyenda negra*.
b. Hay que limitarse a ideas preconcebidas.
c. Hay que entender los hechos en su contexto.

3. ¿Qué elementos se mezclan en la arquitectura colonial?
a. Anglosajones y españoles
b. Españoles e indígenas
c. Indígenas y árabes

4. En esta lectura la palabra *americano* se refiere a
a. cualquier habitante de los continentes americanos
b. los habitantes de la zona hispana de California
c. los sudamericanos que viven en el Cono Sur

5. El arte mudéjar se refiere a una mezcla de
a. lo americano y lo español
b. lo español y lo árabe
c. lo árabe y lo americano

6. ¿Cuál es un estilo que recuerda el trabajo en metal de los joyeros?
a. Barroco
b. Románico
c. Plateresco

7. ¿Quién no permitió que se construyeran calles donde vivían los indígenas?
a. Felipe II
b. Los romanos
c. Los árabes

8. ¿Qué clase de palabra es *rico* en la frase *el rico contexto sociocultural*?
a. Adjetivo
b. Adverbio
c. Sustantivo

9. ¿Qué tiempo predomina en la selección?
a. Presente
b. Pasado
c. Futuro

La lengua y la cultura: Los arcaísmos

Aunque no lo solemos pensar, la lengua es un organismo vivo que evoluciona, se ajusta a su entorno y se transforma. Y como es de esperar, su aspecto más flexible es el vocabulario pues continuamente aparecen palabras nuevas mientras que otras caen en desuso. A estas últimas, que dejan de usarse porque salen vocablos nuevos para el mismo objeto o porque dicho objeto pierde utilidad, se les llama arcaísmos. Pero, hay que tener cuidado de no generalizar porque a veces lo que parece una palabra arcaica en una zona no lo es en otra donde aún se usa.

Actividad 1   Abajo tienes una lista de palabras que se consideran arcaísmos, pero muchas todavía se usan. Primero subraya el arcaísmo que todavía escuchas. Luego conecta los arcaísmos de la lista con la palabra en uso generalizado hoy en dia.

1. ___ dizque
2. ___ pararse
3. ___ anteojos
4. ___ platicar
5. ___ prieto
6. ___ liviano
7. ___ luego
8. ___ muy noche
9. ___ asina
10. ___ escogencia
11. ___ fierro
12. ___ agora
13. ___ enflacar
14. ___ aquesto
15. ___ empero
16. ___ ¿qué tanto?
17. ___ cazos o ollas
18. ___ antier
19. ___ se me hace
20. ___ fermosura

a. adelgazar
b. ahora
c. anteayer
d. así
e. conversar
f. cuánto
g. elección
h. en otro momento
i. esto
j. gafas
k. hermosura
l. hierro
m. cazos u ollas
n. ligero
o. me parece
p. muy de noche
q. oscuro
r. pero
s. ponerse de pie
t. supuestamente

Actividad 2   Abajo hay varias citas literarias españolas de los siglos XVI y XVII. Fíjate en las palabras en negrilla y luego en los espacios, escribe su versión moderna.

Pues en **un hora** junto me **llevastes**
todo el bien que por término me **distes**,
llevadme junto el mal que **dejastes**
    Si no sospecharé que me **pusistes**
en tanto bienes porque **deseastes**
verme morir entre memorias tristes.

_____

_____

Garcilaso de la Vega, "Soneto X"

Mis llamas con tu nieve y con tu **yelo**

_____

Francisco de Quevedo

En un lugar de la Mancha, de cuyo nombre no quiero acordarme, no **ha mucho tiempo** que **viuia vn** hidalgo de los de **lança**... _____

_____

Miguel de Cervantes Saavedra
El ingenioso hidalgo don Quixote de la Mancha

> *¿Sabías que* Don Quijote de la Mancha (1610, 1615), la obra más destacada de la literatura española y una de las principales de la literatura universal, es la primera novela moderna y la primera polifónica (diferentes voces que dan su visión de un tema)? Don Quijote, un idealista que lucha por el bien y la justicia, vive una serie de aventuras reveladoras con su escudero, Sancho Panza.

phatymak's studio / Shutterstock.com

¿Es posible que algunos errores ofrezcan una riqueza lingüística?

El otro día escuché a unas personas hablando y pensé: ¿por qué dicen *vide* y *la calor*? No es que quisiera criticar su manera de hablar, sino que me interesó saber cuándo y por qué se pasó a decir *el calor* y *vi*. Ya antes había visto palabras semejantes al leer textos de la Edad Media y los siglos XVI y XVII, pero no me había tomado el tiempo para pensar en ello. Entonces decidí buscar en el Internet, pero no encontré mucho que me ayudara. Al contrario encontré un comentario en un blog que me resultó chocante. Alguien preguntaba si era "el o la calor", y quien respondió dijo que además de jamás haber oído "la calor", como él o ella solo hablaba correctamente y no lo decía, no era "la calor".

Me molestó el tono pedante de la respuesta. Si bien es verdad que tampoco digo *la calor* y sé que hoy en día no es aconsejable usar ni eso ni *vide* ni *asina*, quien respondió no supo apreciar que la lengua es algo viviente y que en muchas zonas aún queda una riqueza lingüística histórica en el habla oral. Claro está que estoy de acuerdo que debemos aprender y usar los términos aceptados, particularmente en situaciones formales. Pero a la misma vez me parece que hay que reconocer el valor sociolingüístico de los arcaísmos en el habla regional u oral, particularmente porque leí en un sitio de internet que *con su hermano* es un arcaísmo gramatical y que debe ser *con un hermano suyo*. Si el blog está en lo correcto ahora resulta que ¡hablo arcaicamente! Pero, la verdad, no creo que sea un arcaísmo. He de investigarlo.

Actividad 3 Abajo hay más arcaísmos. Algunos son absolutos (ya no se usan) pero otros son arcaísmos relativos porque todavía se esuchan en algunas zonas. Marca los que has escuchado. Luego pregúntales a tus amigos o parientes si los conocen.

1. falcón	sí / no	4. aventar	sí / no	7. cada poco	sí / no
2. enaguas	sí / no	5. orear	sí / no	8. encomendar	sí / no
3. adrede	sí / no	6. mandil	sí / no	9. convidar	sí / no

Sintetizar: Refiriéndote a lo que has estudiado, completa la tabla para resumir lo que has aprendido.

- **Cierto o falso** Hay arcaísmos relativos que todavía se usan hoy en ciertas regiones.
- **Cierto o falso** Según la región o la situación los arcaísmos no siempre son incorrectos.

🎤 **Tu opinión en un minuto** Imagina que estás en una reunión de familia en la cual conoces a algunas de las personas, pero no a otras. Escuchas a una persona decir "la calor" o "vide". ¿La corregirías? Durante un minuto explícale a un compañero lo que harías y justifica tu decisión. Usa ejemplos para respaldar tu opinión.

Actividad 4 Responde al siguiente blog: *Los que usan arcaísmos son unos incultos.*

_____

_____

_____

La ortografía: La tilde por hiato

Hay dos tildes que cambian el sonido de las palabras: una depende de la última letra del tipo de palabra (aguda, llana y esdrújula). La otra es la tilde por hiato que ya viste brevemente. En esta sección aplicarás esta tilde para darle la fuerza de voz a las vocales débiles y así romper un diptongo (la combinación de una vocal débil—*i, u*—con una vocal fuerte: *a, e, o*).

| Actividad 1 | Pronuncia los siguientes pares de palabras fijándote en la sílaba subrayada. Luego completa la tabla. Piensa, si la *h* es muda, ¿puede afectar la pronunciación? |

		Palabra en la que las dos vocales suenan juntas	Palabra en la que la "i" o la "u" se oye por separado
1. c**ai**ga	c**aí**da	*caiga*	*caída*
2. prop**ia**	d**ía**		
3. R**aú**l	**au**la		
4. ag**ua**	p**úa**		
5. p**ei**ne	r**eí**r		
6. esp**íe**	p**ie**nso		
7. trans**eú**nte	**Eu**ropa		
8. act**úe**	f**ue**ron		
9. diar**io**	r**ío**		
10. **oí**mos	**oi**go		
11. b**ou**	n**oú**meno		
12. b**úho**	c**uo**ta		

☀ **Sintetizar:** Refiriéndote a lo que has estudiado, completa la tabla para resumir lo que has aprendido.

- Las vocales fuertes son _____, _____, _____; las débiles son _____, _____.
- Cierto o falso Un diptongo es la combinación de una vocal fuerte con una vocal débil.
- La tilde por hiato (**separa / une**) una vocal débil y una vocal fuerte.
- La tilde por hiato se coloca en la vocal (**fuerte / débil**).
- Para evitar el hiato si hay un diptongo acentuado, se coloca la tilde en la vocal (**fuerte / débil**).

| Actividad 2 | En parejas lean las siguientes palabras en voz alta. Luego decidan si necesitan tilde por hiato. |

ataud   auge   jaula   raiz   paisaje   pais   diario   prohibo   ingenuo   cohibido   muela
estadounidense   libreria   historia   oido   autor   androide   baile   aliada   maullido

| Actividad 3 | En la tabla escribe un ejemplo propio para cada tipo de tilde. Luego, lee las palabras abajo en voz alta. Todas llevan tilde: diacrítica, por hiato o porque no siguen las normas de pronunciación—es decir son llanas pero no terminan en vocal, *n, s,* **o** son agudas pero no terminan en consonante no *n, s.* Finalmente coloca cada palabra en el recuadro correspondiente de la tabla. |

huésped   minoría   inscribió   té   cacatúa   exposición   automóvil   hélice   puntúan   sé   gritándonos
acuático   esquí   Asuán   término   flúor   rígido   amaneció   coágulo   latín   qué   vahído   árbol
llamó   dejémoslo   infusión   mí   estás   tú   habíamos   él   guía   fría   sistemático   ángel

Tilde porque la palabra no sigue las normas de pronunciación. Ejemplo: _____	
Tilde por hiato Ejemplo: _____	
Tilde diacrítica Ejemplo: _____	

| Actividad 4 | Lee la siguiente selección en voz alta, tal como está. Subraya cada palabra que no "suena" bien. Luego vuelve a esas palabras y decide si necesitan tilde ortográfica o por hiato. Finalmente, busca todas las palabras que necesitan una tilde diacrítica. Compara tu selección con unos compañeros y explíquense cualquier falta que hayan cometido al colocar las 14 tildes. |

Preguntaste quienes eran los tainos. Pues bien, fueron una oleada de indigenas procedentes del area de lo que ahora es Venezuela, que a lo largo de los siglos fueron poblando las distintas islas del arco antillano. Cuando los primeros navegantes españoles llegaron a las islas del Caribe, los tainos estaban en plena lucha con una etnia rival, los caribes, que habia conquistado las Antillas Menores. En aquel momento la sociedad taina se dividia en varios reinos controlados por caciques a quienes se les pagaba tributo. Segun el libro *Historia general de los indios*, de fray Bartolome de las Casas, en 1508 quedaban unos 60.000 tainos en la isla de La Española, pero para 1531 el numero se habia reducido a unos 600 debido a explotacion y enfermedades.

Para recordar y repasar. Al final de esta unidad no olvides anotar dudas o cosas para repasar.

Los pronombres ↻

¿Recuerdas la función de un pronombre? Escribe su función y da un ejemplo. _____

_____

Repaso: Los pronombres personales

| Actividad 1 | Completa la tabla con los pronombres personales (pronombres que funcionan como sujeto). Se te ha dado el verbo correspondiente para ayudarte. |

Forma singular		Persona	Forma plural	
Pronombre personal	Verbo		Pronombre personal	Verbo
_____	hablo	1ª	__nosotros / nosotras__	hablamos
_____	hablas	2ª	_____	habláis
_____	habla	3ª	_____	hablan
_____	habla	3ª	_____	hablan
_____	habla	3ª	_____	hablan

| Actividad 2 | **Para apreciar:** A diferencia del inglés que necesita el pronombre personal para completar el sentido del verbo (*walk* puede ser *I walk, you walk, we walk, they walk*), en español no hace falta. Solo se usa si se quiere hacer énfasis en la persona o para aclarar. Conecta cada una de las oraciones subrayadas con su traducción. |

_____1. Nunca hacen su tarea.

_____2. Ustedes nunca hacen su tarea.

_____3. Esas chicas son flojas. Nunca hacen su tarea.

Fuera de contexto, ¿hay ocasiones en español en las que también hace falta el pronombre? Sí / No
Explica: _____

_____

a. They (the students) never do their homework.

b. They (the female students) never do their homework.

c. They (the male students) never do their homework.

d. You (you all) never do your homework.

| Actividad 3 | En la siguiente selección, incluye el pronombre personal si es necesario. |

Los árabes estuvieron en la península ibérica por más de ocho siglos. _____ llegaron en 711 y _____ fueron expulsados en 1492. _____ dejaron una fuerte presencia musulmana porque _____ se fundieron con los habitantes de allí. (Los árabes / Ellos) trajeron consigo los arcos, las bóvedas y las cúpulas, y los peninsulares aportaron los estilos románico y gótico.

Ya aprendiste que los pronombres sustituyen un sustantivo. Al hacerlo también evitan la repetición innecesaria (*redundancia*). En particular, los pronombres de objeto directo (*complemento directo*) y objeto indirecto (*complemento indirecto*) se usan mucho con este fin.

Fray Bartolomé de las Casas: Un figura controversial

En general, a través de la historia las políticas de las conquistas han sido debatibles, según la perspectiva y los objetivos de cada historiador y el tiempo que ha transcurrido desde los hechos. En la colonización de las Américas el rol de los religiosos que acompañaron a los colonizadores es un tema que genera polémica.

Un ejemplo claro del debate apasionado que suscita el hablar de la colonización es fray Bartolomé de las Casas. Para algunos este historiador, reformador social y fraile dominicano fue el gran defensor de los indígenas debido a que sus palabras, inflamadas por las atrocidades contra los indígenas de las que fue testigo, lograron que en 1537 el papa Pablo III declarara en una bula papal que a los indígenas, por ser seres humanos con alma, ni se les deberían usurpar sus propiedades ni privarlos de su libertad. No obstante para otros Las Casas es uno de los responsables de la esclavitud en las Américas porque inicialmente abogó en sus escritos para que se importaran esclavos africanos en vez de usar a los amerindios como esclavos.

Aunque fray Bartolomé retractó sus palabras y manifestó que cualquier tipo de esclavitud era infame e iba contra Dios, para aquellos que lo culpan no es suficiente. Sin embargo estos argumentos no son los únicos en torno a Las Casas pues hay quienes ven en él al mayor responsable de la nefasta leyenda negra que a 500 años aún infecta el ánimo de muchos hacia España. Entonces, ¿quién fue realmente este fraile dominicano del siglo XVI: apóstol de los indígenas, promotor de la esclavitud o causante de la leyenda negra? Y, ¿cómo se debe considerar a los religiosos que fueron parte de la colonización americana? ¿Qué piensas tú?

Actividad 1   Lee el siguiente párrafo y subraya los sustantivos. Vuelve a escribir el párrafo usando tu intuición para sustituir los sustantivos redundantes con pronombres.

Con frecuencia leo artículos sobre la influencia europea en las Américas. Normalmente leo artículos en el Internet, pero también voy a la biblioteca para leer los artículos. Encuentro cosas muy interesantes y escribo apuntes en la computadora. Subo los apuntes a un sitio virtual porque me gusta tener los apuntes a mano. Revisando los apuntes he encontrado que hay una gran polémica sobre la influencia europea. Algunos consideran la influencia europea como algo negativo; otros califican la influencia europea como algo positivo.

_____

_____

_____

_____

Actividad 2 Usando tu intuición completa la tabla con los pronombres de objeto directo.

Forma singular	Persona	Forma plural
Pronombre de objeto directo		Pronombre de objeto directo
_____	1ª	_____
_____	2ª	_____
_____ lo _____	3ª	_____
_____	3ª	_____

Actividad 3 Para entenderlos estos pronombres necesitan un referente (sustantivo al que se refieren). Abajo dibuja una raya del pronombre de objeto directo a su referente. Luego escribe si el verbo subrayado indica acción o estado. Sigue el ejemplo.

el verbo indica

1. Aunque luego tomó los votos, en su primer viaje a América Las Casas no los había tomado.

acción

2. Conoció el sistema de la encomienda y luego lo rechazó.   _____

3. Quería a la gente indígena y trató de ayudarla.   _____

4. Las Casas luchó por los indígenas. No obstante, algunos no lo consideran   _____
precursor de los derechos humanos.

5. Pensaba en los indígenas. Con frecuencia decía: "Respétenlos; no los maltraten".   _____

Sintetizar: Refiriéndote a lo que has estudiado, completa la tabla para resumir lo que has aprendido.

- Cierto o falso   Para poder entenderlos, los pronombres de objeto directo necesitan un referente (*una persona o cosa identificada anteriormente*).

- El referente (**tiene / no tiene**) que estar en la misma oración.

- El pronombre de objeto directo (**tiene / no tiene**) que concordar con el referente.

- El pronombre de objeto directo va inmediatamente (**delante / después**) de un verbo personal.

- El pronombre de objeto directo va (**delante y separado de / después y pegado a**) un infinitivo.

- El pronombre de objeto directo va (**delante y separado de / después y pegado a**) un mandato afirmativo, pero (**delante y separado de / después y pegado a**) un mandato negativo.

| Actividad 1 | Lee las siguientes oraciones acerca de fray Bartolomé y los indígenas. Luego escribe la pregunta que relaciona el <u>pronombre</u> de objeto subrayado con el verbo. |

a. ¿qué? ¿quién? (what / whom)

b. ¿para quién? o ¿a quién? se hace algo (to whom or for whom something is done)

1. Había muchas injusticias y Las Casas **las** vio. *vio   qué*

2. **Les** dio ayuda y luchó por sus derechos. *dio   a quién*

3. El Rey **le** ofreció ayuda para imponer justicia.

4. Fueron muchos los que **lo** escucharon cuando habló.

5. Dijo: Muéstren**les** misericordia; no **les** causen la muerte.

6. Quería proporcionar**les** una vida mejor.

Si *lo* y *las* son pronombres de objeto directo, ¿cuáles de los pronombres en las oraciones serán pronombres de objeto indirecto? _____

| Actividad 2 | Usando tu intuición y la siguiente oración como modelo, completa la tabla de pronombres de objeto indirecto. |

Las Casas _____ mandó su libro.

Forma singular	Persona	Forma plural
Pronombre de objeto indirecto		Pronombre de objeto indirecto
_____	1ª	_____
_____	2ª	_____
_____ le _____	3ª	_____

☼ <u>Sintetizar:</u> Refiriéndote a lo que has estudiado, completa la tabla para resumir lo que has aprendido.

- **Cierto o falso**   Para poder entenderse bien, los pronombres de objeto indirecto necesitan un referente en la misma oración o en una cercana.

- El pronombre de objeto indirecto (**tiene / no tiene**) que concordar con la persona para quién o a quién se hace algo.

- El pronombre de objeto indirecto va inmediatamente (**delante / después**) de un verbo personal.

- El pronombre de objeto indirecto va (**delante y separado de / después y pegado a**) un infinitivo.

- El pronombre de objeto indirecto va (**delante y separado de / después y pegado a**) un mandato afirmativo, pero (**delante y separado de / después y pegado a**) un mandato negativo.

- El pronombre de objeto indirecto también se llama pronombre de _____ indirecto.

- **Cierto o falso**   La colocación de los pronombres de objeto directo y de objeto indirecto es igual.

Completa las siguientes oraciones con la información entre paréntesis. Luego decide si el pronombre es directo o indirecto. No te olvides de usar las preguntas de la Actividad 1 de la página anterior.

directo / indirecto

1. (*to them / masc.*) Las Casas _____ escribía cartas pidiendo ayuda. _____

2. (*them / fem.*) _____ encontraron en unos archivos en Sevilla. _____

3. (*him*) En uno de los viajes fray Antonio Montesinos _____ acompañó. _____

4. (*to me)* Un amigo _____ dio un facsímil de una de las cartas del viaje. _____

5. (*to her*) _____ llevé la carta a la biliotecaria para que la exhibiera. _____

6. (*to us*) Tanto a mi amigo como a mí _____ dio las gracias. _____

7. (*to you* familiar) _____ dejé un mensaje para decírtelo. _____

Ahora escribe dos oraciones más como las anteriores e indica si el pronombre es objeto directo o indirecto.

8. (_____) _____ _____

9. (_____) _____ _____

Actividad 4   Completa los siguientes intercambios con el pronombre de objeto correspondiente. Luego compara y explica tus respuestas con la clase.

A. —¿Dónde está fray Bartolomé? No _____ veo.

—No vino pero _____ mandó a usted esta carta.

—No encuentro mis espejuelos. Por favor, léa_____.

—Dice que su petición de mejores tratos ya _____ han aceptado en la Corte.

—¡Por fin llegaron esas noticias! _____ estoy esperando desde hace mucho.

B. —Manolo, cuando llegues a Madrid buscas a fray Francisco y _____ das esto.

—¿Quiere que _____ busque en el convento?

—Sí, y _____ das muchos saludos de parte mía y de fray Antonio.

—¿También _____ entrego la carta o _____ llevo al obispado?

—Por favor _____ llevas al obispado. Allí _____ entregas en la portería.

—¿Sabrán qué hacer con ella o _____ tengo que decir algo a quienes estén allí?

—_____ pides que _____ lleven al secretario.

—¿Debo esperar algún paquete?

—No, no esperes. Me _____ van a mandar directamente a mí.

🎙Tu opinión en un minuto   Imagina que debes dar una presentación sobre fray Bartolomé o los frailes en tierras americanas. Durante un minuto hazle la presentación a un compañero. Incluye cosas que piensas que hicieron bien y otras que podrían haber hecho mejor.

El ayllu: Organización social inca

Un sistema que encontraron los españoles en lo que ahora es Perú fue la forma de comunidad familiar extensa de la región andina: el *ayllu* (palabra quechua o aymara; *aillu* o *aillo* en español). El ayllu era una agrupación de familias con una ascendencia compartida que trabajaba en forma colectiva un territorio de propiedad común. La organización del imperio inca era en ayllus; cada ayllu tenía a su cargo una extensión de tierra que servía para alimentarse. El curaca, o jefe del ayllu, la distribuía y se la asignaba a cada familia. Además de trabajarla para su propio provecho y el de los gobernantes y el ejército, también servía para alimentar a los ancianos y enfermos. A su vez, el estado guardaba comida en caso de que un ayllu sufriera un desastre como inundaciones, epidemias o terremotos. Aparte de comida, el ayllu también proporcionaba hombres para la *mita,* que se encargaba de construir puentes, caminos y edificios públicos. El tener una organización social como el ayllu permitió que los incas no sufrieran hambre y que tuvieran una excelente red de caminos para comunicarse a través del imperio.

Actividad 1 Fíjate en la siguiente secuencia de oraciones y contesta las preguntas al ir leyendo las oraciones.

1. Cada ayllu tenía una extensión de tierra.

Si *extensión de tierra* contesta la pregunta ¿qué tenía?, *extensión* es (un objeto directo / objeto Indirecto).

2. Cada ayllu la tenía.

En esta oración *la* es un (pronombre de objeto directo / pronombre de objeto indirecto) y se refiere a _____.

3. El curaca le daba la tierra a cada familia.

En esta oración, *le* es un (pronombre de objeto directo / pronombre de objeto indirecto) que se refiere a _____. *La* es un (artículo definido / pronombre de objeto directo).

4. El curaca se la daba a cada familia.

En esta oración *la* se refiere a (cada familia / la tierra) y es un (pronombre de objeto directo / pronombre de objeto indirecto). *Se* se refiere a (cada familia / la tierra) y es un (pronombre de objeto directo / pronombre de objeto indirecto).

Actividad 2 Ahora fíjate en estas estructuras que se parecen a la de la oración 4. ¿Cuáles usan *se*? De no estar *se,* ¿qué pronombres de objeto indirecto aparecerían en su lugar?

El curaca me la daba a mí.

El curaca te la daba a ti.

El curaca se la daba a él (ella, usted).

El curaca nos la daba a nosotros.

El curaca os la daba a vosotros.

El curaca se la daba a ellos (ellas, ustedes).

Actividad 3 | En las siguientes oraciones identifica el pronombre de objeto directo e indirecto. Sigue el ejemplo.

1. ¿Las tierras? El curaca se las entregó a las familias.   *se = indirecto   las = directo*

2. ¿La cosecha? No la recojan todavía.   _____

3. ¿El curaca? Nuestro abuelo nos lo presentó.   _____

4. ¿La comida? Debes guardártela por si hay escasez.   _____

5. ¿Los caminos? Están construyéndoselos al Inca.   _____

Sintetizar: Refiriéndote a lo que has estudiado, completa la tabla para resumir lo que has aprendido.

- **Cierto o falso**   Todos los objetos directos e indirectos tienen que ser pronombres; no hay sustantivos que funcionen como objetos directos e indirectos.

- **Cierto o falso**   En una misma oración puede haber pronombres de objeto directo y objeto indirecto.

- Cuando hay dos pronombres de objeto juntos, primero se pone el pronombre de (**objeto directo / objeto indirecto**) y después el pronombre de objeto _____.

- Al juntar *lo, la, los, las* con *le, les* estos últimos se convierten en el pronombre _____.

- Los pronombres de objeto van inmediatamente (**delante / después**) de un verbo personal y (**delante y separado de / después y pegado a**) un infinitivo o gerundio.

- Los pronombres de objeto van (**delante y separado de / después y pegado a**) un mandato afirmativo, pero (**delante y separado de / después y pegado a**) un mandato negativo.

- El pronombre de objeto indirecto también se llama pronombre de _____ indirecto.

Actividad 4 | Abajo escribe cinco oraciones siguiendo el formato de la Actividad 3. Luego compártelas con unos compañeros para que encuentren los pronombres de objeto. No repitas los pronombres.

1. _____   _____

2. _____   _____

3. _____   _____

4. _____   _____

5. _____   _____

Tu turno | Imagina que un amigo tiene problemas con los pronombres. Quiere que le expliques por qué hay dos errores en la siguiente oración: *Tu le das el libro a las muchachos.*

_____

_____

Los verbos *gustar, encantar, interesar, apetecer, preocupar, molestar, doler* son verbos valorativos porque todos comunican que el hablante pasa juicio sobre algo, o sea, le da un valor. Por ejemplo: No me gusta eso; Nos encanta ese libro; Le preocupa lo que dices.

Actividad 1   Lee las siguientes oraciones fijándote en los pronombres subrayados. Luego recordando lo que has aprendido, identifica el tipo de pronombre en cada oración.

1. **Les** interesa mucho la historia precolombina.   objeto directo / objeto indirecto

2. **Le** encantan las historias orales de los pueblos antiguos.   objeto directo / objeto indirecto

3. ¿**Le** molesta buscar entre tantos archivos?   objeto directo / objeto indirecto

Ahora, contesta las preguntas para las oraciones anteriores.

4. **Les** interesa mucho la historia precolombina.

a. Si *les* es un pronombre de objeto indirecto, ¿puede ser un pronombre personal (sujeto)? Sí / No

b. ¿Hay concordancia entre *les* y el el verbo (*interesa*)? Sí / No

c. Si *les* no es un pronombre personal ni concuerda con el verbo, ¿cuál es el sujeto de la oración: mucho / historia / precolombina? (Recuerda que el sujeto tiene que ser un sustantivo o un pronombre.)

5. **Le** encantan las historias orales de los pueblos antiguos.

a. Si *le* es un pronombre de objeto indirecto, ¿puede ser un pronombre personal (sujeto)? Sí / No

b. ¿Hay concordancia entre *le* y el verbo (*encantan*)? Sí / No

c. Si *le* no es un pronombre personal ni concuerda con el verbo, ¿cuál es el sujeto de la oración: historias / pueblos / antiguos?

d. ¿Hay un objeto directo? Sí / No   Si lo hay, escríbelo. _____

6. ¿**Le** molesta buscar entre tantos archivos?

a. Si *le* es un pronombre de objeto indirecto, ¿puede ser un pronombre personal (sujeto)? Sí / No

b. Si *le* no es un pronombre personal, ¿cuál es el sujeto de la oración: buscar / tantos / archivos?

c. *Buscar* es un infinitivo y puede funcionar como sustantivo. Pero como es un verbo no personal, no se le puede atribuir número singular o plural. Entonces, ¿puede un infinitivo tener un verbo plural como su predicado? _____

Sintetizar: Refiriéndote a lo que has estudiado, completa la tabla para resumir lo que has aprendido.

- Los pronombres de objeto indirecto (**pueden / no pueden**) funcionar como sujeto.

- Los verbos valorativos como *gustar, encantar, molestar* usan pronombres de objeto (**directo / indirecto**) para indicar a quién le molesta, encanta, etc. algo.

- Los verbos valorativos tienen como sujeto un sustantivo o pronombre personal que normalmente va (**delante / después**) del verbo, pero (**tienen / no tienen**) un objeto directo.

- El verbo valorativo concuerda con el (**pronombre de objeto indirecto / sujeto**).

- Normalmente la estructura con los verbos valorativos es: (**pronombre indirecto / sujeto**) + verbo + (**pronombre indirecto / sujeto**), pero puede ser sujeto + pronombre indirecto + verbo.

Actividad 2 En las siguientes oraciones, subraya una vez el sujeto y dos veces el pronombre de objeto indirecto. Luego, en el espacio indica si el verbo concuerda con el sujeto. Si no concuerda, tacha el verbo y escribe la corrección encima.

fascina

1. <u>Nos</u> ~~fascinan~~ <u>viajar</u> a diferentes sitios arqueológicos americanos.   __no_____

2. A Luis le encantan las antiguas narraciones indígenas.   _____

3. A Carlos y a Luis les interesan la historia.   _____

4. A mí me cae bien Carlos pero no me agradan Luis y su hermano.   _____

5. Nos queda medio día para investigar la cultura incaíca.   _____

6. ¿A ti te falta más datos para terminar el informe?   _____

7. Me encantó el sistema social del ayllu que visitamos.   _____

8. A todos les fascinaron hablar personalmente con el curaca.   _____

9. ¿Les quedaron ganas de volver en otra ocasión?   _____

10. ¿Te molestó regresar muy temprano?   _____

11. Aprender más de nuestros ancestros indígenas nos gustó mucho.   _____

Tu turno Indica cómo se estructura un verbo valorativo. Usa la siguiente oración en tu explicación e indica el verbo, sujeto, objeto indirecto y la concordancia. *Les encantó el relato.*

_____

_____

_____

_____

Actividad 3 Lee las siguientes preguntas y subraya el sujeto en cada una. Luego contéstalas con oraciones completas. Finalmente, vuelve a tu respuesta, subraya el sujeto y dibuja una raya al verbo para asegurarte que la concordancia sea correcta.

1. ¿A ti te gusta aprender acerca de las culturas precolombinas?

_____

2. ¿A tus amigos les interesa la historia?

_____

3. ¿Alguna vez te apeteció vivir en los tiempos precolombinos?

_____

4. ¿Te sorprenden los conocimientos de astronomía de algunos pueblos precolombinos?

_____

5. ¿Te apetecería trabajar en un sitio de exacavaciones arquelógicas?

_____

Actividad 4 Forma una oración con cada verbo. Luego, intercámbialas con un compañero y edítenlas, prestando atención a la estructura de los verbos valorativos y la ortografía. Una vez que hayan revisado su trabajo, compartan las oraciones con el resto de la clase

1. gustar _____

2. preocupar _____

3. faltar _____

4. caer bien _____

5. quedar _____

6. encantar_____

7. sorprender _____

8. doler _____

9. caer mal _____

10. fastidiar_____

| Lectura | Lee esta selección fijándote en los verbos en negrilla. |

La gastronomía de al-Ándalus

Se conoce como al-Ándalus el territorio peninsular bajo el poder musulmán entre los años 711 y 1492. Allí **convivían** tres culturas: la musulmana, la cristiana y la judía. Como es de esperar la cocina de al-Ándalus **era** un compendio de estas culturas y **se componía** de tres normas dietarias diferentes impuestas por sus religiones.

La cocina musulmana. Para los andalusíes ni la nutrición ni la digestión **podían** ser totalmente sanadoras si no **reinaba** el agrado, el deleite y el apetito en el acto de comer—de allí la importancia que le **daban** a la buena mesa. Era tan grande su afán por hacer las cosas atractivas que cuando en 822 el poeta, músico y gastrónomo árabe Ziyab llegó al califato de Córdoba con recetas de Oriente, pronto las adoptaron y se implementó la costumbre de comer en etapas ordenadas: primero las sopas y caldos, después los entremeses, pescados y carnes, y finalmente los postres. Además con Ziyab se introdujo el uso de las cucharas y las copas de metal en la mesa.

Las especias eran un ingrediente muy preciado en la cocina andalusí, no solo para conseguir una extensa gama de sabores sino también para elaborar escabeches para la conservación de los alimentos. Asimismo los andalusíes **consumían** abundante pan de trigo en sus comidas, costumbre todavía muy arraigada en la cocina española. Introdujeron el arroz y sin duda de su cocina procede el clásico "arroz con leche", cocido con azúcar y canela, que aparece en la mayoría de los recetarios hispanos.

La cocina judía. Los judíos **habitaban** en la península desde mucho antes de la llegada de los moros. Hasta que fueron expulsados en 1492, la cocina judía adquirió todos los elementos autóctonos de la península, pero también dejó huellas. El descanso del *sabbat* no **permitía** cocinar desde el atardecer del viernes hasta el sábado, y esta restricción creó ciertas formas de conservar los alimentos: secar las hortalizas al aire libre, preparar dulce de membrillo (*dulce de bimberío*), mermeladas, etc. El pan se **elaboraba** con una masa cocida dos veces (el lunes y el viernes) y su aspecto era seco; se **guardaba** en jarras y posteriormente se **humedecía** con agua o aceite. También se preparaban *boyos* de pan, *roskitas de gueve* (rosquillas de huevo) y bizcochos. Eran muy habituales la fritura de pescado, los buñuelos de viento (*bimuelos*) y las albóndigas de cordero o pescado. Entre las ollas la más popular era la *adafina* hecha con garbanzos y cordero, y generalmente se usaba mucho ajo. Aunque el uso del tocino **estaba** prohibido por la religión, entre aquellos judíos que se quedaron en España después de 1492 algunos platos acabaron siendo modificados con ingredientes que no fueran *kosher* para evitar la persecución. Incluso se dice que algunos judíos conversos que **mantenían** su religión **cocinaban** comidas con puerco para que el aroma saliera a la calle, pero luego no las **comían**.

La cocina cristiana. Los cristianos eran herederos de las costumbres culinarias de los visigodos, y estos de los romanos. Se sabe que era típico en aquella época comer en escudillas de madera y con los dedos. En el siglo XII se conoció una mejora en la alimentación cuando se pasó a comer dos y aun tres comidas diarias. En un manuscrito de la época, *Manual de mujeres en el cual se contienen muchas y diversas recetas muy buenas*, se menciona la elaboración de mazapanes. Entre las salsas y preparaciones más habituales se **encontraba** el manjar blanco, hecho con pechuga de pollo, almidón de arroz, azúcar, almendras y a veces leche y otros ingredientes.

Actividad 1 Vuelve a la lectura y fíjate en los verbos en negrilla. Luego en la tabla abajo escríbelos junto con su infinitivo correspondiente. Sigue el ejemplo.

verbo	infinitivo	verbo	infinitivo	verbo	infinitivo
convivían	convivir				

Actividad 2 Ahora clasifica los infinitivos según su terminación y conjúgalos como el ejemplo.

Primera conjugación: —ar	
Infinitivo	Conjugación

Segunda conjugación: —er	
Infinitivo	Conjugación

Tercera conjugación: —ir	
Infinitivo	Conjugación
convivir	convivía, convivías, convivía, convivíamos, convivían

¿Sabías que el judeoespañol (también "djudezmo" o "ladino") tiene muchos rasgos del español antiguo? Intenta entender la siguiente información en judeoespañol. "El djudeo-espanyol es la lingua favlada por los sefardim, djudios arronjados de la Espanya en el 1492 i derivada del kastilyano. Es una lingua favlada por 150 000 personas en komunitas en Israel, la Turkiya, antika Yugoslavia, la Gresia, el Marroko, Espanya i las Amerikas, entre otros."

El imperfecto indicativo de los verbos regulares

	Infinitivos con *-ar* usan las terminaciones	Infinitivos con *-er* usan las terminaciones	Infinitivos con *-ir* usan las terminaciones
yo	--aba		
tú			--ías
él, ella, usted			
nosotros		--íamos	
ellos, ellas, ustedes			

El imperfecto: Verbos irregulares

| Actividad | Antes completaste la conjugación de *ser*. Repítela y usando tu intuición completa la conjugación de los otros dos verbos irregulares en el imperfecto de indicativo. |

	yo	tú	él, ella, usted	nosotros	ellos, ellas, Uds.
ser					
ir	iba				
ver					

El imperfecto: Verbos de cambio radical y cambio ortográfico

Mentalmente conjuga los siguientes verbos en el imperfecto: dormirse, sentir, parecer, traer, decir. ¿Has notado algún cambio o siguen las normas de conjugación de los verbos regulares? _____

⚡ Sintetizar: Refiriéndote a lo que has estudiado, completa la tabla para resumir lo que has aprendido.

- Cierto o falso   Dejando a un lado las tildes, no hay verbos de cambio radical o cambio ortográfico en el imperfecto.
- Los tres verbos irregulares son _____, _____ y _____.
- Cierto o falso   Los verbos reflexivos mantienen los pronombres reflexivos en el imperfecto.
- Los verbos de la 1ª (primera) conjugación usan (**b / v**) en su terminación.

Ejercicio mecánico. Usa tu intuición y lo que has aprendido para completar el siguiente ejercicio mecánico. Sigue el ejemplo.

	yo	tú	él, ella, usted	nosotros	ellos, ellas, Uds.
cambiar					
subir					
sentarse					
cansarse					
caerse					
hacer					
distraerse				nos distraíamos	
decir					
detenerse					
dormirse					
repetir	repetía				
cuidar					

Actividad 2 Cambia de presente a **imperfecto** el siguiente párrafo que escribió alguien acerca del siglo XIV. Para comprobar tus cambios, vuelve a la lectura "La gastronomía de las tres culturas de al-Ándalus".

En al-Ándalus **conviven** tres culturas: la musulmana, la cristiana y la judía. Como es de esperar la cocina de al-Ándalus **es** un compendio de estas culturas y **se compone** de tres normas dietarias diferentes impuestas por sus religiones. Para los andalusíes ni la nutrición ni la digestión **pueden** ser totalmente sanadoras si no **reina** el agrado, el deleite y el apetito en el acto de comer—de allí la importancia que le **dan** a la buena mesa. A los judíos el descanso del *sabbat* no les **permite** cocinar desde el atardecer del viernes hasta el sábado así que **elaboran** el pan con una masa cocida dos veces, lo **guardan** en jarras y posteriormente lo **humedecen** con agua o aceite. Los cristianos **comen** con los dedos en escudillas de madera.

_____

_____

_____

_____

_____

_____

_____

_____

_____

_____

Actividad 3 Forma oraciones con las siguientes partículas. Debes conjugar los verbos **en el imperfecto** y hacer que los adjetivos y sustantivos concuerden.

1. Antes / de / el / árabes / no / (haber) / costumbre / de / comer / en / etapas / ordenada

_____

2. El / cristianos / (comer) / con / el / dedos / y / en / vasijas / de / madera

_____

3. El / judíos / a / veces / (cocinar) / con / grasa / de / cerdo / pero / no / (comerse) / lo que / (preparar)

_____

_____

El aspecto verbal

Has aprendido que **el tiempo verbal** se refiere a **cuándo** ocurre una acción o estado: presente, pasado, futuro. Ahora vas a apreciar **el aspecto verbal** que es **cómo** un estado o una acción se **desarrolla** dentro de **un mismo tiempo**, en este caso el pasado.

Actividad 1

Con un compañero rellenen los espacios con la forma correspondiente **del pasado** del verbo. Es posible que haya más de una forma en algunos de los casos.

Los tomates son uno de los alimentos americanos más usados. Los mesoamericanos 1._____ (usar) el tomate cultivado en sus comidas; los aztecas lo 2._____ (adoptar) porque 3._____ (parecerse) al *tomatl*, el tomatillo actual. Los aztecas les 4._____ (llamar) *xitomatl* a los tomates y los 5._____ (usar) en una salsa hecha con chiles y semillas de calabaza pulverizadas. Los marineros 6._____ (llevar) ambos los tomatillos y tomates a España, pero solo los tomates 7._____ (prosperar). Los primeros tomates que 8._____ (ver) los europeos no 9._____ (ser) rojo vivo sino amarillos. Al principio los italianos solo los 10._____ (usar) como decoración, y no 11._____ (ser) hasta mediados del siglo dieciocho que los ingleses los 12._____ (comer).

Actividad 2

Ahora fíjate en la misma selección y las posibles opciones. Luego escribe cada verbo en la tabla según si comunica algo completo o en desarrollo.

Los tomates son uno de los alimentos americanos más usados. Los mesoamericanos usaban (usar) el tomate cultivado en sus comidas; los aztecas lo adoptaron (adoptar) porque se parecía (parecerse) al *tomatl*, el tomatillo actual. Los aztecas les llamaron / llamaban (llamar) *xitomatl* a los tomates y los usaban (usar) en una salsa hecha con chiles y semillas de calabaza pulverizadas. Los marineros llevaron (llevar) ambos el tomatillo y los tomates a España, pero solo los tomates prosperaron (prosperar). Los primeros tomates que vieron (ver) los europeos no eran (ser) rojo vivo sino amarillos. Al principio los italianos solo los usaron/ usaban (usar) como decoración, y no fue (ser) hasta mediados del siglo dieciocho que los ingleses los comieron (comer). ¿Te puedes imaginar la comida italiana sin tomate?

Verbos que comunican una acción o estado **completos**	Verbos que comunican una acción o estado **en desarrollo**
adoptaron—pretérito	usaban—imperfecto

Actividad 3 Hay situaciones en las que se puede usar el pretérito o el imperfecto; todo depende de lo que el hablante quiera expresar. Conecta cada oración con la traducción de lo que comunica el verbo.

____1. Los mesoamericanos usaron el tomate cultivado en sus comidas.

____2. Los mesoamericanos usaban el tomate cultivado en sus comidas.

____3. Los aztecas les llamaron *xitomatl* a los tomates.

____4. Los aztecas les llamaban *xitomatl* a los tomates.

____5. Al principio los italianos solo los usaron como decoración.

____6. Al principio los italianos solo los usaban como decoración.

a. called (did call)

b. used (did use)

c. used to (would) call

d. used to (would) use

Sintetizar: Refiriéndote a lo que has estudiado, completa la tabla para resumir lo que has aprendido.

- **(El tiempo / el aspecto)** verbal se refiere a cuándo algo toma lugar: presente, pasado, futuro.
- **(El tiempo / el aspecto)** verbal se refiere al desarrollo de una acción en un tiempo.
- **(El pretérito / el imperfecto)** comunica una acción o estado completos, o en su inicio o final.
- **(El pretérito / el imperfecto)** comunica una acción o estado en desarrollo, una descripción.

¿Foto o video? Cuando ves una fotografía, ¿qué ves: algo estático o algo en movimiento? Con una mirada ¿puedes apreciar todo lo que ocurrió antes y después? ¿O solo ves el momento /evento en el que se tomó la foto?

Y cuando ves un video, ¿es algo estático o en desarrollo? ¿Describe? ¿Importa más lo que está ocurriendo o interesa más el principio y el final?

Lee las siguientes oraciones y con una raya conéctalas al icono. Luego elige la explicación.

1. Comieron los tomates. El aspecto del verbo es de algo (estático / en desarrollo).

2. Comían los tomates. El aspecto del verbo es de algo (estático / en desarrollo).

Actividad 4 Lee las siguientes oraciones, decide si es lógico usar el pretérito o imperfecto y rellena el espacio en blanco.

Gonzalo Victoria <u>tenía</u> quince años cuando <u>se embarcó</u> rumbo a lo que ahora es México. Allí <u>conoció</u> el cacao con el cual se <u>hacía</u> el chocolate. Primero <u>se cosechaba</u> el cacao, luego se <u>fermentaba</u> y <u>secaba</u>, y después <u>se transportaba</u> a las zonas donde las mujeres <u>asaban</u> y <u>molían</u> los granos en un metate. Finalmente se les <u>añadían</u> especias.

1. Al hablar de la edad de Victoria, ¿es una parte en desarrollo de su vida o es toda su vida? Es lógico usar (pretérito / imperfecto). Gonzalo _____ (tener) años.

2. Cuando se conoce algo por primera vez, ¿es una acción estática porque solo se puede conocer algo por primera vez ? Es lógico usar (pretérito / imperfecto). En la Nueva España el joven _____ (conocer) el cacao para hacer chocolate.

3. Los distintos pasos de la recolección y elaboración del chocolate, ¿son parte de un proceso en desarrollo o algo estático y completo? Es lógico usar (pretérito / imperfecto). Las mujeres _____ (asar) y _____ (moler) los granos de cacao en un metate.

| Actividad 5 | Con las partículas forma una oración en pretérito y otra en imperfecto. Luego explica la diferencia de lo que comunican. |

1. hombres / trabajar / mucho / en / el / campo.

Pretérito: _____

Imperfecto: _____

Diferencia: _____

2. A Gonzalo / le / fascinar / mucho / ver / la / preparación/ de / el / chocolate.

Pretérito: _____

Imperfecto: _____

Diferencia: _____

| Tu turno | Explica la diferencia de aspecto verbal entre el pretéiro y el imperfecto. Usa ejemplos. |

_____

_____

Con un compañero escriban una entrevista con un chef jubilado de cómo **usaba** los tomates y el chocolate en sus comidas. Luego con otro compañero hagan otro diálogo oralmente.

Entrevistador: (Saluda y hace una pregunta.) _____

El chef: (Saluda y responde.) _____

Entrevistador: (Hace una pregunta.) _____

El chef: (Responde.) _____

Entrevistador: (Hace una pregunta.) _____

El chef: (Responde y hace una pregunta.) _____

_____

Entrevistador: (Responde y se despide.) _____

El chef: (Se despide.) _____

Diferencia de significado en el pretérito e imperfecto de ciertos verbos

Actividad 1 **A pensar en inglés.**

Lee las siguientes declaraciones y subraya las respuestas.

1. a. Normally, how many times do you meet someone for the first time on a trip, a party, etc.?
b. After you meet someone, you already know him/her, right? What would you use for *a* (conocí / conocía)? For *b* (conocí / conocía)?

2. a. Normally, you only find out or discover something once, right? b. But knowing something is ongoing, correct? What would you use for *a* (supe / sabía)? For *b* (supe / sabía)?

3. a. Normally, you can want to do something several times, right? b. But if you want something and fail, that is often the end of it, isn't it? c. And when you refuse something, it's pretty permanent, right? What would you use for *a* (quise / quería)? For *b* (quise / quería)? For *c* (no quise / no quería)?

4. a. Normally you can want or not want to do something, but the possibility exists, right? b. And you can actually do it. c. On the other hand you might not be able to and actually not do it. What would you use for *a* (pude / podía)? For *b* (pude / podía)? For *c* (no pude / no podía)?

Actividad 2 Usa tu intuición y lo que razonaste arriba para elegir el verbo apropiado en las siguientes oraciones. Pon una X donde tengas duda.

____1. José (conoció / conocía) al capitán Carrillo en el primer viaje.

____2. Para el segundo viaje ya lo (conoció / conocía).

____3. Antes de salir ya (supo / sabía) que tenía alma de aventurero.

____4. Pero fue en América cuando (supo / sabía) que no iba a volver a España.

____5. Sus amigos (quisieron / querían) convencerlo para que regresara, pero fue inútil.

____6. (Quiso / Quería) quedarse a vivir cerca del agua cristalina.

____7. No (quiso / quería) dejar esas tierras tan bellas.

____8. No (quiso / quería) escuchar los ruegos de sus compañeros.

____9. Sus amigos pensaron que tal vez una carta de su familia (pudo / podía) convencerlo.

____10. Pero ni eso (pudo / podía) hacerlo cambiar de idea; se quedó en tierras americanas.

Sintetizar: Refiriéndote a lo que has estudiado, completa la tabla para resumir lo que has aprendido.

Para expresar *met, tried but failed, refused, succeeded, tried unsuccessfully, found out* uso (**pretérito / imperfecto**).

Para expresar *knew, wanted, did not want, could, could not* uso (**pretérito / imperfecto**).

Traduce las siguientes oraciones usando verbos que reflejen el aspecto verbal.

1. José conoció al capitán Carrillo en el primer viaje.

_____

2. Para el segundo viaje ya lo conocía.

_____

3. Antes de salir ya sabía que tenía alma de aventurero.

_____

4. Pero fue en América cuando supo que no iba a volver a España.

_____

5. Sus amigos quisieron convencerlo para que regresara, pero fue inútil.

_____

6. Quería quedarse a vivir cerca del agua cristalina.

_____

7. No quería dejar esas tierras tan bellas.

_____

8. No quiso escuchar los ruegos de sus compañeros.

_____

9. Sus amigos pensaron que tal vez una carta de su familia podía convencerlo.

_____

10. Pero ni eso pudo hacerlo cambiar de idea; se quedó en tierras americanas.

_____

Actividad 4 Traduce las oraciones de manera que reflejen el aspecto verbal.

1. Cuando José regresó, su hermano se fue.

_____

2. Cuando José regresaba, su hermano se fue.

_____

Oleadas árabes en América

Desde el siglo XVI la identidad de lo que ahora es Latinoamérica se fue conformando por el entrecruzamiento entre la cultura de los pobladores originarios y la de los colonizadores que a su vez era un compendio de otras culturas. A partir del siglo XIX hubo varias oleadas árabes que llegaron a tierras americanas en busca de mejores condiciones económicas y sociopolíticas. A cambio estos inmigrantes trajeron ricas tradiciones y conocimientos que han contribuido a la gran diversidad cultural latinoamericana.

Desafortunadamente como ocurre cuando llegan oleadas migratorias, a veces la gente rechaza a los recién llegados por no entender ni su lengua ni su cultura, y los árabes –a quienes se les conocía bajo el nombre genérico de turcos aunque no lo fueran– no fueron una excepción. Como consecuencia y en su afán por evitar ser conocidos como miembros de una comunidad equivocadamente señalada como inferior, muchos jóvenes empezaron a apartarse de sus tradiciones, y los padres, que también buscaban un mejor porvenir para sus hijos, dejaron de ponerles nombres árabes y enseñarles su lengua. Afortunadamente mucho de la cultura árabe se ha mantenido en las familias y se ha ido transmitiendo de generación a generación, enriqueciendo así la diversidad cultural latinoamericana.

| Actividad 1 | Traduce las siguientes oraciones al inglés. Luego completa la tabla con los verbos.

1. Mi abuelo me **ha contado** que su padre vino del Líbano.

_____

2. Con frecuencia **he tenido** compañeros con apellidos árabes como Medina.

_____

3. **Hemos aprendido** que Zambrano y Alarcón también son apellidos árabes.

_____

4. ¿**Has leído** el artículo sobre la influencia árabe en la literatura latinoamericana?

_____

5. Mis tíos siempre **han vivido** en una casa muy bonita de estilo árabe.

_____

pronombre personal	verbo auxiliar (haber)	participio	conjugación
yo	he	tenido	2a
tú			
él, ella, usted			
nosotros			
ellas, ellos, ustedes			

Usando tu intuición, escribe los siguientes verbos en el presente perfecto.

1. (hablar – yo) _____

2. (andar – yo) _____

3. (aprender – tú) _____

4. (crecer – tú) _____

5. (salir – él) _____

6. (pedir – él) _____

7. (estar – nosotros) _____

8. (ser – nosotros) _____

9. (creer – ellos) _____

10. (traer – ellos) _____

Actividad 3 OJO: Hay varios participios que son irregulares. Con un compañero, completen la tabla de algunos. Luego comprueben sus respuestas con el resto de la clase.

Infinitivo	Participio	Infinitivo	Participio
abrir		morir	
cubrir		poner	
decir		resolver	
escribir		romper	
hacer		volver	
ver		describir	

Sintetizar: Refiriéndote a lo que has estudiado, completa la tabla para resumir lo que has aprendido.

- El presente perfecto se forma con el verbo auxiliar _____ y un _____.

- En el presente, el verbo auxiliar *haber* se conjuga

  yo _____   nosotros _____

  tú _____   vosotros _____

  él, ella, usted _____   ellos, ellas, ustedes _____

- Las terminaciones de los participios regulares son

  1a conjugación _____   2a conjugación _____   3a conjugación _____

- Cierto o falso Hay participios irregulares.

- Cierto o falso Tanto *he* como *eh* son formas del verbo auxiliar *haber*.

Traduce las siguientes oraciones al inglés. Luego completa la tabla con los verbos. Fíjate cómo igual que en inglés el pluscuamperfecto (*past perfect*) se usa en relación a otra acción en el pasado: *By the time you came, I had <u>already</u> done it.*

1. En la clase el profesor ya había mencionado varias oleadas de inmigrantes.

_____

2. Antes de eso ya habíamos escrito varios informes sobre influencias árabes y africanas.

_____

3. Yo ya había hecho uno sobre mi abuelo que vino de Jordania cuando era joven.

_____

4. Mis padres ya me habían dicho que hay herencia árabe en mi familia.

_____

5. Para entonces tú ya habías buscado la genealogía de tu familia, ¿verdad?

_____

pronombre personal	verbo auxiliar (haber)	participio	conjugación
yo	había	hecho	2a
tú			
él, ella, usted			
nosotros			
ellas, ellos, ustedes			

Actividad 5 a. Escribe una oración para cada verbo usando el presente perfecto. b. Luego cambia la oración al pluscuamperfecto.

1. a. romper (yo) _____

   b. _____

2. a. ver (tú) _____

   b. _____

3. a. escribir (usted) _____

   b. _____

4. a. poner (nosotros) _____

   b. _____

5. a. abrir (ellas) _____

   b. _____

1. Cierto o falso   Hay arcaísmos que todavía se usan hoy en ciertas regiones.

2. Cierto o falso Según la región o la situación los arcaísmos no siempre son incorrectos.

3. Las vocales fuertes son _____, _____, _____; las débiles son _____, _____.

4. Cierto o falso Un diptongo es la combinación de una vocal fuerte con una vocal débil.

5. La tilde por hiato (**separa / une**) una vocal débil y una vocal fuerte.

6. La tilde por hiato se coloca en la vocal (**fuerte / débil**).

7. Para evitar el hiato si hay un diptongo acentuado, se coloca la tilde en la vocal (**fuerte / débil**).

Repasar. Pon una ✔ en las palabras que usan la tilde por hiato correctamente.

___1. búeno   ___2. día   ___3. reúno   ___4. geografía   ___5. actúamos   ___6. prohíbo

Mi entendimiento de	Excelente	Bueno	Débil	Para perfeccionar necesito...
lo que es un arcaísmo es...				
las vocales fuertes y débiles y la tilde por hiato es....				

8. El pronombre personal se incluye solo para _____ y _____.

9. El pronombre personal (**es igual / no es igual**) que el pronombre reflexivo.

10. Se usa el (**pronombre personal / pronombre reflexivo**) como el sujeto de una oración.

11. El pronombre que muestra que la acción del verbo vuelve al sujeto es el (**pronombre personal / pronombre reflexivo**).

12. Los pronombres de objeto directo e indirecto (**tienen / no tienen**) que concordar con el referente.

13. Los pronombres de objeto directo e indirecto van inmediatamente (**delante / después**) de un verbo personal y un mandato negativo, pero (**delante y separado de / después y pegado a**) un verbo no personal y un mandato afirmativo.

14. Los pronombres de objeto directo e indirecto también se llaman pronombre de _____ directo o indirecto.

Repasar. Pon una ✔ en las oraciones que usan los pronombres correctamente.

___1. Nos somos estudiantes.   ___2. Le doy el libro a ellas.   ___3. Queremos entregárselo a ellas.

___4. No me los traigas.   ___5. Les dejé mis libros.   ___6. La compré unos pasteles.

Mi entendimiento de	Excelente	Bueno	Débil	Para perfeccionar necesito...
los pronombres es				
la colocación de los pronombres es...				

15. *Gustar, faltar, molestar, importar* son ejemplos de verbo (impersonal / valorativo).

16. Los verbos valorativos como *gustar, encantar, molestar* usan pronombres de objeto (directo / indirecto) para indicar a quién le molesta, encanta, etc. algo.

17. Normalmente los verbos valorativos tienen su sujeto (delante / después) del verbo y (tienen / no tienen) un objeto directo.

18. La concordancia del verbo valorativo es con el (pronombre de objeto indirecto / sujeto).

19. Normalmente la estructura con los verbos valorativos es:

(pronombre indirecto / sujeto) + verbo + (pronombre indirecto / sujeto).

Repasar. Pon una ✓ en las oraciones que usan los verbos valorativos correctamente.

___1. Gustamos esas historias. ___2. Les falta más energía. ___3.Nos importa participar y ganar.

___4. No nos agrada eso. ___5. Te ayudará esos libros. ___6. Me gusta las clases de arte.

Mi entendimiento de	Excelente	Bueno	Débil	Para perfeccionar necesito…
usar verbos valorativos y objetos indirectos es …				

20. Cierto o falso No hay verbos de cambio radical o cambio ortográfico en el imperfecto.

21. Los tres verbos irregulares en el imperfecto son _____, _____ y _____.

22. Cierto o falso Los verbos reflexivos mantienen los pronombres reflexivos en el imperfecto.

23. En el imperfecto, los verbos de la 1ª conjugación usan (b / v) en su terminación.

24. El (tiempo verbal / aspecto verbal) sitúa el verbo en el presente, pasado, futuro.

25. El (tiempo verbal / aspecto verbal) se enfoca en el desarrollo del verbo en un tiempo.

26. Cierto o falso Los tiempos perfectos se forman con el verbo *haber* y un participio.

27. En inglés presente perfecto es _____; pluscuamperfecto es

_____.

Repasar. a. Conecta la traducción con la oración.

___1.Vi el programa de televisión. a. I watched the television program.

___2.Veía el programa de televisión. b. I used to watch the television program.

b. Indica si el verbo está en presente perfecto o plucuamperfecto.

presente perfecto/pluscuamperfecto ¿Has ido? presente perfecto/pluscuamperfecto ¿Habías ido?

c. Escribe el participio del verbo: 1.ver _____ 2. escribir_____

3. romper _____ 4. abrir _____ 5. devolver _____

Mi entendimiento de	Excelente	Bueno	Débil	Para perfeccionar necesito…
cómo formar el imperfecto es...				
la diferencia entre pretérito e imperfecto es...				
cómo formar y usar los tiempos perfectos es...				

Actividad 1 En los siguientes grupos de opción multiple todas las respuestas son correctas pero hay una mejor. Encuentra la mejor y justifica tu respuesta.

1. En la oración *El fierro ha ayudado a hacer la construcción más fuerte* hay

a. una palabra considerada arcaica aunque se sigue usando y un verbo en un tiempo perfecto.

b. un arcaísmo que aún se usa, un verbo en presente perfecto y dos homófonos.

c. un arcaísmo que todavía está en uso, un verbo compuesto y varios homófonos.

2. La palabra *día* es

a. un sustantivo masculino singular con una tilde por hiato.

b. una palabra que lleva una tilde en la vocal débil.

c. un sustantivo masculino a pesar de terminar en a; lleva una tilde.

3. La oración *Él se levanta a las siete* contiene

a. dos pronombres; uno de ellos es personal y es el sujeto de la oración.

b. un pronombre reflexivo y uno personal que es el sujeto de la oración.

c. un pronombre reflexivo en tercera persona singular.

4. La oración *A Luisa le gustan las novelas* contiene

a. un verbo valorativo plural cuyo sujeto es *novelas*.

b. un verbo valorativo con un sujeto y un pronombre de objeto indirecto.

c. un verbo valorativo plural con un sujeto y un pronombre de objeto indirecto.

5. En la oración *Los europeos tuvieron una influencia importante en América*

a. el tiempo verbal es pasado y el aspecto indica una acción completa.

b. el verbo plural es pasado e indica una acción completa.

c. el verbo personal plural en el pasado indica una acción completa.

Actividad 2 En las siguientes oraciones identifica la clase de palabras. Si tienes dudas, busca la palabra en el diccionario en línea de la RAE (rae.es) u otro diccionario.

A los estudiantes les interesaba esa información cultural.

A: _____ los: _____ estudiantes: _____

les: _____ interesaba: _____ esa: _____

información _____ cultural: _____

Los europeos y los árabes impactaron mucho nuestra cultura.

Los: _____ europeos: _____ y: _____

los: _____ árabes: _____ impactaron: _____

mucho: _____ nuestra: _____ cultura: _____

Actividad 1 Entre las tres palabras subrayadas busca el error. Si no lo hay elige "Sin error".
OJO: Si el uso es correcto, no es un error aunque haya otras posibilidades.

1. ¿El libro de <u>historia</u>? Luis <u>lo</u> me dio <u>esta</u> tarde.   <u>Sin error</u>. _____
            (a)   (b)   (c)   (d)

2. Al <u>profesor</u> Díaz le <u>dijieron</u> que <u>vi</u> un video de la influencia árabe.   <u>Sin error</u>. _____
      (a)   (b)   (c)   (d)

3. <u>El</u> calor era tan <u>intenso</u> que <u>construyeron</u> calles estrechas.   <u>Sin error</u>. _____
  (a)   (b)   (c)   (d)

4. Me <u>encanta</u> las <u>construcciones</u> que <u>mezclan</u> las dos culturas.   <u>Sin error</u>. _____
     (a)   (b)   (c)   (d)

Actividad 2 Busca un error entre las seis opciones subrayadas y escríbela en el espacio.
Luego escribe la forma correcta en el espacio "Corrección".

1. España **poseia** un alto grado de madurez arquitectónica, en parte gracias a las **aportaciones** de la cultura árabe. Hay que recordar que por **más** de ocho siglos, desde 711, había habido una fuerte **presencia** musulmana en toda la península ibérica. Gracias a esta **fusión** entre los árabes y españoles se originó el arte **mudéjar**: Los árabes trajeron los arcos, las bóvedas y las cúpulas, y los peninsulares **aportaron** los estilos románico y gótico.

Palabra equivocada: _____   Corrección: _____

2. El otro día escuché a unas personas **hablando** y pensé: ¿por qué dicen "vide" y "la calor"? No es que quisiera criticar su manera de hablar, sino que me interesó saber **cuándo** y **porqué** **se** pasó a decir "el calor" y "vi". Ya antes había visto palabras **semejantes** al leer textos de la Edad Media y los siglos XVI y XVII, pero no me **había tomado** el tiempo para pensar en ello.

Palabra equivocada: _____   Corrección: _____

Actividad 3 Busca y subraya cuatro errores en la selección. Luego completa la tabla.

Para los andalusíes ni la nutrisión ni la digestión podían ser totalmente sanadoras si no reinaba el agrado, el deleite y el apetito en el acto de comer. Era tan grande su afán por a ser las cosas atractivas que cuando Ziyab llegó a el califato de Córdoba se implementó la costumbre de comer en etapas ordenadas y se introdució el uso de cucharas y copas de metal.

error	corrección	error	corrección

El legado asiático y africano

Antes de leer
¿Qué sabes de los antepasados de tu familia? ¿Sabes de dónde vinieron? ¿Cuándo llegaron? ¿Qué les impulsó a venirse de su lugar de origen? Si te miras atentamente al espejo, ¿encuentras algunos rasgos de otras razas?

Lectura

Lo asiático y africano en nuestra herencia

¿Sabías que casi el 1 por ciento de la población de América Latina es de ascendencia asiática? Y quizás aún sea mayor. En Perú aproximadamente el 5 por ciento de la población es de ascendencia asiática, pero una fuente dice que se estima que el número de peruanos con algo de sangre china es del 15 por ciento. En cuanto a los latinoamericanos de ascendencia japonesa, la mayoría reside en Brasil, Perú y Argentina, mientras que Chile, Brasil, Paraguay, México, Argentina y Guatemala son hogar a varias comunidades coreanas. Y cada día aumenta el número de latinoamericanos procedentes de la India.

Pero ¿ha sido reciente esta inmigración asiática? Muy al contrario. Están de acuerdo los  expertos en que los primeros americanos vinieron de Asia, pero exactamente cómo es motivo de discusión. La teoría más aceptada es que los primeros humanos migraron de Asia a las Américas hacia 14.000 a.e.c., o sea en la era del hielo. Cruzaron el Istmo de Bering, que ahora está cubierto por el Estrecho de Bering, y con el paso del tiempo migraron hacia el sur y el este. Otra teoría es que la migración fue del noroeste de Asia, luego por la costa del Pacfíco al oeste de lo que ahora es EEUU. Nuevos descubrimientos parecen apoyar esta última teoría que se ha expandido para sugerir que navegantes del sudeste de Asia quizás fueron uno de los primeros grupos en llegar a las costas de América del Norte. No obstante los primeros latinoamericanos asiáticos —ya existían las colonias españolas— fueron los filipinos que llegaron en el siglo XVI como marineros, prisioneros, esclavos, aventureros y soldados durante la época colonial. Por más de dos siglos navegaron en galeones españoles que surcaban los mares. Muchos de estos marineros nunca regresaron a Filipinas y sus descendientes se encuentran mayormente en Baja California, Sonora y el D.F.

Si bien se ha reconocido la importancia asiática en la población del continente americano, el aporte africano a nuestra cultura es quizás entre todos el que ha tenido el menor reconocimiento. Según algunos estudiosos los primeros humanos que pisaron el continente americano fueron de raza negra y llegaron hace unos cien mil años. Estos estudiosos postulan que sin duda los antiguos olmecas en México vinieron del oeste de África. Se basan en la similitud entre las cabezas colosales olmecas y los africanos de la zona de Ghana, en los parecidos religiosos y en la lengua mende que aparece escrita en unos monumentos olmecas y que todavía se habla en partes de África occidental y el Sahara*. Otra prueba que han presentado es el hallazgo de algodón africano en América del Norte, el cual solo pudo llegar de manos de habitantes primitivos.

Cabeza colosal olmeca

* Se aceptan tanto Sahara como Sáhara.

Varios investigadores están tratando de determinar la ascendencia de los primeros habitantes americanos por medio de estudios genéticos. Han recolectado ADN de indígenas de todos los continentes y actualmente están combinando los datos con información arqueológica, lingüística e histórica. Con ello pretenden determinar cómo la raza humana pobló la Tierra. Sin duda, pronto aparecerán nuevos e interesantes datos que nos ayudarán a entender mejor quiénes somos.

Actividad Según la lectura, elige la mejor opción para contestar cada pregunta.

1. ¿En cuál de los siguientes países reside la mayoría de latinoamericanos de ascendencia japonesa?
a. Perú
b. Chile
c. México

2. ¿Cuál de los siguientes grupos étnicos aumenta su número en Latinoamérica?
a. De Corea
b. De la India
c. Del Japón

3. En cuanto a los primeros americanos, ¿en qué hay acuerdo entre los expertos?
a. Cruzaron el Estrecho de Bering.
b. Su llegada es reciente.
c. Procedieron de Asia.

4. ¿De dónde vinieron los primeros hispanoamericanos asiáticos?
a. China
b. Filipinas
c. Japón

5. ¿Qué grupo ha recibido el menor reconocimiento por su aporte cultural?
a. Asíatico
b. Olmeca
c. Africano

6. Según unos estudiosos, ¿cuándo llegaron los primeros africanos al continente americano?
a. Hace unos cien mil años.
b. Con los exploradores españoles
c. Cuando se empezó a traer a los esclavos

7. El grupo indígena americano que se cree que vino del oeste de África es los
a. mayas
b. aztecas
c. olmecas

8. ¿En qué basan los estudiosos la teoría de la procedencia africana?
a. La lengua mende
b. La ropa hecha de algodón
c. La forma de la manos

9. Además de datos genéticos, ¿qué se estudia para determinar la ascendencia de los primeros habitantes americanos?
a. La tierra
b. Los indígenas
c. La arqueología

10. ¿Qué tipo de pronombre es se en la cláusula "última teoría que se ha expandido"?
a. Personal
b. Reflexivo
c. Objeto directo

11. ¿Qué clase de palabra se encuentra en la frase "por más de dos siglos navegaron en galeones españoles"?
a. Artículo
b. Conjunción
c. Sustantivo

12. Si tuvieras que clasificar el artículo que leíste, ¿cómo lo clasificarías?
a. Persuasivo
b. Ficticio
c. Expositivo

La lengua: *Por* y *para*

¿Recuerdas las cláusulas de propósito (*purpose clause*) que estudiaste con el modo subjuntivo?
Con una equis, indica cuál de las siguientes oraciones contiene una cláusula de propósito.

_____ *a. No voy a ir al concierto sin que vayas.* _____ *b. Voy a ir al concierto para que vayas.*

Si contestaste *b* acertaste porque *para* (para que) indica propósito.

Actividad 1 Conecta las oraciones con el significado que comunica el uso de *por* o *para*.

USO:

por se refiere a
  a. causa o motivo
  b. duración de tiempo
  c. lugar donde ocurre algo
  d. medio de hacer algo
  e. sustitución o intercambio
  f. agente (quién o qué hace algo)

para se refiere a
  g. un objetivo
  h. destinatario o destino
  i. fecha para cumplir un plazo
  j. agente empleador

_____1. Se cree que **para** 14.000 a. e. c. migraron de Asia.

_____2. Vendrían **para** buscar un clima mejor.

_____3. Viajaron **por** mar.

_____4. Navegaron **por** varios meses.

_____5. Vinieron **por** el Istmo de Bering.

_____6. Luego se fueron **para** zonas más cálidas.

_____7. Cambiaron su hogar **por** uno nuevo.

_____8. Son el foco de muchos estudios **por** haber sobrevivido.

_____9. Esa teoría fue elaborada **por** varios profesores.

_____10. Varios de ellos trabajan **para** la universidad.

Actividad 2 Elige *por* o *para* en las siguientes oraciones. En el espacio, escribe la letra del uso que aparece en la lista de la Actividad 1, pero OJO en una puedes usar ambas. Marca las oraciones que te causen duda.

1. (Para / Por) _____ el siglo XVI ya había latinoamericanos asiáticos.

2. Estos vinieron (para / por) _____ barco como marineros.

3. (Para / Por) _____ más de dos siglos navegaron en galeones españoles.

4. Los soldados y marineros trabajaban (para / por) _____ el gobierno español.

5. Muchos se fueron (para / por) _____ / _____ la zona mexicana.

6. Estas tierras se convirtieron en hogar (para / por) _____ muchos.

7. Entraron (para / por) _____ la costa y pasaron (para / por) _____ diferentes áreas.

8. Algunos lo hicieron (para / por) _____ aventureros; otros (para / por) _____ otras razones.

9. Estos pensaban que era la única manera (para / por) _____ conseguir una vida mejor.

Actividad 3   Traduce las siguientes oraciones según lo que comunica el uso de *por* o *para*.

1. Durante seis meses trabajó para su hermano.

_____

2. Durante seis meses trabajó por su hermano.

_____

3. Navegaba para la costa del Pacífico.

_____

4. Navegaba por la costa del Pacífico.

_____

Actividad 4   **OJO:** Ten cuidado de evitar la siguiente interferencia del inglés.

1. <u>They looked for</u> a new home. → **Buscaron** un nuevo hogar.   buscar ~~por~~

2. <u>They searched for</u> their friend. → **Buscaron a** su amigo.

3. <u>He was waiting for</u> the ship. → **Esperaba** el barco.   *esperar ~~po~~

4. <u>He used to await</u> his family. → **Esperaba a** su familia.

5. They <u>asked for</u> help. → **Pidieron ayuda**.   pedir ~~por~~

*Al hablar de duración de tiempo, sí se puede usar *esperar por*, por ejemplo *Te esperé por (durante) cuatro horas*.

Sintetizar: Refiriéndote a lo que has estudiado, completa la tabla para resumir lo que has aprendido.

- Se usa (**por / para**) al comunicar causa, periodo de tiempo, lugar donde ocurre algo, medio de hacer algo, sustitución o intercambio, agente (quién o qué hace algo).

- Se usa (**por / para**) al comunicar un objetivo, destinatario o destino, fecha de plazo, agente empleador.

- (**Se usa / No se usa**) por o para con *to look for, to wait for*, *to ask for*.

Actividad 5   Forma tres oraciones con *para*, dos oraciones con *por* y una oración para cada uno de los verbos: *buscar, esperar* y *pedir*. Luego comparte tus oraciones con la clase.

1. _____

2. _____

3. _____

4. _____

5. _____

6. (buscar) _____

7. (esperar) _____

8. (pedir) _____

La ortografía: *ch / ph / th* → C, QU / F / T; Las consonantes dobles

Actividad 1 Lee en voz alta las palabras de la primera columna. Escribe las palabras correspondientes en inglés. Luego indica por qué hay diferencia en español.

En español	En inglés	Diferencia: Sí / No
1. arcaico	archaic	No se usa *ch* porque se pronuncia /k/; se usa la ce.
2. carácter		
3. carisma		
4. anarquía		
5. arquitecto		
6. alfabeto		
7. periferia		
8. foto		
9. elefante		
10. apóstrofo		
11. teléfono		
12. ortografía		
17. termómetro		
18. tesauro		
19. tesis		
20. tórax		

Actividad 2 En las siguientes listas, elige el cognado bien deletreado.

1. photographer	fotógrapho fotógrafo photógrapho photógrafo
2. theatre	teatro theatro
3. characteristic	característico característico

4. asphalt	asphalto asfalto
5. patriarchal	patriarchal patriarcal patriarqal
6. archaeology	archeología archaeología arqueología arqeología
7. Athens	Athenas Athénas Atenas Aténas
8. amphibious	anphibio anfibio
9. bibliography	bibliografía bibliographía
10. chemical	químico quimico chímico chimico

Actividad 3 Lee en voz alta las palabras de la primera columna. Luego escribe las palabras correspondientes en inglés e indica por qué hay diferencia en español.

En español	En inglés	Diferencia: Sí / No
1. abreviar	*abbreviate*	*No se usa bb; solo se pueden duplicar r, c, n.*
2. gramática		
3. oculto		
4. adicional		
5. inmediato		
6. asistencia		
7. diferencia		
8. sílaba		
9. ocasión		
10. oportunidad		

Actividad 4 Fíjate en las siguientes palabras que usan la doble consonante correctamente.

acciones   carretera   callejón   connotar

Aplica estas nociones y pon una *x* en las palabras que están bien deletreadas.

___ 1. immigración   ___ 4. perenne   ___ 7. corrección   ___ 10. massivo

___ 2. asesor   ___ 5. fricción   ___ 8. inteligente   ___ 11. innovador

___ 3. necessario   ___ 6. aplicar   ___ 9. carrera   ___ 12. fracciones

Para recordar y repasar. Al final de esta unidad no olvides anotar dudas o cosas para repasar.

La *a* personal

La *a* es una letra con muchas funciones. En esta sección vas a estudiar algunos usos de la *a personal* como preposición. Fíjate en el término *personal*. ¿A quién crees que se va a aplicar: a personas / cosas / animales?

La leyenda de la marimba

Una leyenda mexicana cuenta que un día un árbol le habló a un joven indígena y le dijo que si cortaba su madera en piezas de diferentes tamaños haría un instrumento cuya música lograría que su pueblo olvidara sus penas y miseria. El instrumento que fabricó el joven fue la marimba.

Aunque es muy linda la leyenda, algunos estudiosos piensan que posiblemente los esclavos trajeron la idea de la marimba de África (allí existe un instrumento parecido llamado *balafón*), mientras que otros postulan que llegó con expediciones africanas anteriores a 1492 que procedían del oeste africano. Sea cual sea su origen, es indudable que la marimba de hoy es el resultado del encuentro entre las culturas mesoamericanas y la población traída de África. Su extensión a través de las Américas es amplia, pues igual se escucha en Ecuador que en el Caribe que en México, y con cada nota que emite celebra un sincretismo étnico que es parte fundamental del continente americano.

Actividad 1 Lee con cuidado las siguientes oraciones en voz alta. Subraya una vez el verbo de la oración y dos veces el objeto directo (la palabra que recibe la acción del verbo).

	persona / cosa	a personal
1. El joven <u>vio</u> un árbol.	cosa	no
2. El árbol vio a un jóven.		
3. Los esclavos trajeron la idea de la marimba.		
4. Los negreros trajeron a los esclavos.		
5. Mi abuelo conoce el origen del instrumento.		
6. Mi abuelo conoce a un fabricante de marimbas.		

Actividad 2 En las siguientes oraciones subraya el objeto directo si lo hay. Luego decide si la *a* en las oraciones es personal o no.

	Sí No
1. Escuché **a** mi abuelo cuando contó la leyenda.	sí
2. Fui **a** buscar más leyendas **a** la biblioteca.	/
3. Me acerqué **a** su casa para llevarle otra leyenda.	
4. De paso saludé **a** mis primos.	
5. Después me fui **a** mi casa para leer más.	

Abajo hay más usos de la *a* personal, aunque no son todos. Conecta cada oración con el uso correspondiente.

____1. Buscó al joven que habló con el árbol.

____2. Desafortunadamente no encontró a nadie.

____3. Pero sí halló a Hércules, un gato hermoso.

____4. Y abrazó a la perrita que cuidaba al joven.

____5. Después convocó a la empresa que construiría la marimba.

Se usa la *a* personal ante el objeto directo si

a. designa grupos formados por personas.

b. es el nombre propio de una persona o un animal.

c. es un pronombre indefinido (*alguien, alguno, etc.*) que se refiere a una persona.

d. es una persona conocida.

e. se quiere mostrar afecto hacia un animal.

Actividad 4

Hay situaciones en las que no se debe usar la *a* personal con un objeto directo. Abajo hay unas de las más comunes. Conéctalas a la oración correspondiente.

No se usa la *a* personal

a. ante un objeto inanimado.

b. con el verbo haber.

c. ante una persona desconocida.

d. con el verbo tener. (*OJO:* Hay algunas excepciones con *tener.*)

_____ 1. Había un joven que habló con un árbol.

_____ 2. Decidió hacer un instrumento musical.

_____ 3. Tenía un abuelo que le ayudó.

_____ 4. Necesitaba una persona, cualquier persona, que les ayudara.

Sintetizar: Refiriéndote a lo que has estudiado, completa la tabla para resumir lo que has aprendido.

Se usa la "a" personal ante un objeto directo que

• nombra a una persona (**conocida / consabida / no conocida**). Ej. _____

• es el nombre (**común / propio**) de animales o personas. Ej. _____

• (**muestra / no muestra**) afecto hacia un animal. Ej. _____

• se refiere a un colectivo formado por (**personas / animales**). Ej. _____

• es un pronombre (**definido / indefinido**) que se refiere a una persona. Ej. _____

• Cierto o falso Si "a" va delante de un infinitivo es una *a* personal.

No se usa la "a" personal

• con los verbos _____ y _____

• si el objeto directo es (**animado / inanimado**).

• si se refiere a una persona (**conocida o existente / desconocida o no existente**); se usa el subjuntivo en la cláusula subordinada.

¡OJO! Recuerda que <u>a + el</u> tiene que formar *al;* pero a + él no se contrae.

Actividad 5 Decide si las siguientes oraciones necesitan una a personal. Si es no, elige ∅.

1. ¿Conoces (a / ∅) algunas leyendas interesantes?

2. ¿Sabes (a / ∅) tocar la marimba?

3. Busco (a / ∅) alguien que forme parte de la banda.

4. Lo siento pero no conozco (a / ∅) nadie que la toque tan bien como tú.

5. Tengo (a / ∅) un amigo que las fabrica.

6. Necesito (a / ∅) otro miembro que <u>ayude</u> al grupo.

7. Voy a llamar (a / ∅) mi amigo Carlos por si sabe de alguien.

8. Llevaré (a / ∅) la banda en una gira artística por el Caribe.

9. También voy a llevar (a / ∅) mi gatita, Celeste, conmigo.

10. Y hay (a / ∅) miembros de mi familia que también van a ir con nosotros.

Actividad 6 Escribe <u>tres</u> oraciones <u>con la *a* personal</u>. Debajo de cada una escribe la razón por la cual se usa. Luego escribe <u>dos</u> oraciones <u>sin la a personal</u> y da la razón.

1. _____

Razón: _____

2. _____

Razón: _____

3. _____

Razón: _____

4. _____

Razón: _____

5. _____

Razón: _____

🎤 **Tu opinión en un minuto** Imagina que estás delante de una tienda dedicada solamente a productos para las mascotas; al lado hay otra que provee comida a las familias que necesitan ayuda alimenticia. En la ventana de esta última hay un cartel pidiendo donaciones. Llevas $20 para comprarle un regalito a la mascota de tu novio/a. ¿Qué harías: donar o comprar? En un minuto explica lo que harías y por qué? Sé sincer@.

Gramática: Repaso del subjuntivo

Antes de seguir con el imperfecto de subjuntivo, merece la pena recordar los usos del subjuntivo en el presente.

PARA RECORDAR...

- Si el hablante indica o hace **declaraciones objetivas** se comunica en modo **(indicativo / subjuntivo / imperativo)**.

- Si el hablante expresa algo no objetivo, comunica **necesidades o acciones que no han ocurrido y quizás no ocurran o se refiere a algo desconocido o inexistente**, se comunica en modo **(indicativo / subjuntivo / imperativo)**.

El subjuntivo con deseos, emociones, reacciones, posibilidades, juicios, dudas...

Actividad — Rellena los espacios con la forma correcta del verbo entre paréntesis. Fíjate en el verbo de la cláusula principal. Luego contesta las preguntas.

1. <u>Espero</u> que el concierto _____ (ser) con marimbas.

2. <u>Ojalá</u> que los músicos _____ (tocar) música caribeña.

3. Todos <u>dudan</u> que (tú) _____ (llegar) a tiempo.

4. <u>Es formidable</u> que Luis _____ (ofrecerse) para comprar las entradas.

5. Me <u>entristece</u> que (ustedes) no _____ (poder) acudir.

a. ¿Dónde aparece el verbo que indica emoción, reacción, duda, posibilidad, juicio, etc.: en la cláusula principal o subordinada? _____

b. ¿Qué palabra aparece delante de la cláusula subordinada? _____

c. ¿En qué modo está el verbo de la cláusula principal: indicativo / subjuntivo?

d. ¿En qué modo está el verbo de la cláusula subordinada: indicativo / subjuntivo?

e. ¿Son iguales los sujetos de las cláusulas principal y subordinada: sí / no?

Sintetizar: Refiriéndote a lo que has estudiado, completa la tabla para resumir lo que has aprendido.

Si el verbo de la cláusula principal comunica deseos, emociones, reacciones, posibilidades, juicios, dudas o negaciones

- se usa el **modo subjuntivo** en la cláusula subordinada si el sujeto de las dos cláusulas es **(el mismo / diferente)**.

- se usa el **infinitivo** si el sujeto de las dos cláusulas es **(el mismo / diferente)**.

- el verbo de la <u>cláusula principal</u> usa el modo **(indicativo / subjuntivo)**.

El subjuntivo para referirse a lo no conocido, no seguro o inexistente

Actividad 1   Pon una ✓ en las oraciones que se refieren a lo <u>no conocido</u> o <u>inexistente</u>.

_____ 1. Será fenomenal comprar un libro que hable de la influencia africana.

_____ 2. Será fenomenal comprar un libro que habla de la influencia africana.

_____ 3. Tengo un amigo que sabe mucho de los primeros habitantes americanos.

_____ 4. No tengo un amigo que sepa mucho de los primeros habitantes americanos.

_____ 5. Busco un investigador que entienda mucho de este tema.

_____ 6. Busco a un investigador que entiende mucho de este tema.

_____ 7. Conozco a alguien que ha dedicado su vida a investigar los monumentos olmecas.

_____ 8. No conozco a nadie que haya dedicado su vida a investigar esos monumentos.

a. ¿Qué es un referente: algo mencionado / algo con el mismo sonido?

b. En estas oraciones ¿cuál es el enfoque: el verbo de la cláusula principal o el referente?

c. ¿Qué palabra inicia la cláusula subordinada? _____

d. ¿En qué modo está el verbo de la cláusula principal: indicativo / subjuntivo?

e. Si el referente es conocido, ¿en qué modo está el verbo de la cláusula subordinada: indicativo / subjuntivo?

f. Si el referente es desconocido o no existe, ¿en qué modo está el verbo de la cláusula subordinada: indicativo / subjuntivo?

Actividad 2   Según si la cláusula subordinada se refiere a algo conocido o desconocido / existente o no existente, elige el verbo apropiado entre paréntesis.

1. Necesito cualquier solución que (satisface / satisfaga) todos los requisitos del proyecto.

2. Mi hermano es una persona que (entiende / entienda) bien la influencia asiática.

3. Las opiniones que (ofreces / ofrezcas) no se basan en datos concretos.

4. No hay nada que me (gusta / guste) tanto como la investigación cultural.

5. La manera en la que se pobló la Tierra (ofrece / ofrezca) muchas opciones de estudio.

6. ¿Conoces a alguien que (es / sea) de ascendencia asiática o africana?

Sintetizar: Refiriéndote a lo que has estudiado, completa la tabla para resumir lo que has aprendido.

- Si la cláusula subordinada se refiere a un antecedente [cosa o persona] que sí existe o se conoce, se usa el modo (**indicativo / subjuntivo**).

- Si la cláusula subordinada se refiere a un antecedente [cosa o persona] que no existe o se desconoce, se usa el modo (**indicativo / subjuntivo**).

El subjuntivo con acciones que aún no han ocurrido: contingencia y propósito

Actividad 1   Conecta cada término con su definición.

_____ 1. contingencia

a. Depende de una condición (*unless, provided that*)

_____ 2. propósito

b. Tiene una meta o intención (*so that, in order to*)

Actividad 2   Decide si la cláusula indica algo que depende de una acción o si indica una meta.

contingencia / propósito   1. **A menos que** respetes otras culturas, no las vas a apreciar.

contingencia / propósito   2. Algunos rechazan su herencia **para que los demás los acepten.**

contingencia / propósito   3. **Con tal de que** pueda terminar sus estudios, lo hará.*

contingencia / propósito   4. **En caso de que** quieras saber más, te presto este libro.

contingencia / propósito   5. Voy a consultar a mi profesor **a fin de que** mi artículo sea bueno.

a. ¿Qué son *para que, con tal de que, a fin de que, etc.:* conjunciones / verbos / sustantivos?

b. En estas oraciones ¿cuál es el enfoque: la conjunción que introduce la cláusula subordinada o el verbo de la cláusula principal?

c. ¿Cuándo ocurre la acción de la cláusula subordinada: (antes / después) de la acción de la cláusula principal?

d. ¿En qué modo está el verbo de la cláusula principal: indicativo / subjuntivo?

e. ¿En qué modo está el verbo de la cláusula subordinada: indicativo / subjuntivo?

* *Con tal de que puede comunicar propósito o contingencia, según el sentido que le dé el hablante.*

Actividad 3   Elige el verbo apropiado entre paréntesis.

1. No van a escucharnos sin que (tomar / tomamos / tomemos) en cuenta la diversidad.

2. Sin (aceptar / aceptas / aceptes) quién eres, no vas a ser feliz.

3. Para que todo (salir / sale / salga) bien, hay que invitar a muchos investigadores.

Sintetizar: Refiriéndote a lo que has estudiado, completa la tabla para resumir lo que has aprendido.

- Cierto o falso Sin que, con tal de que, a menos de que, en caso de que son conjunciones que introducen una situación que depende de otra (*contingencia*).

- Cierto o falso Para que, con tal de que y a fin de que son conjunciones que introducen una situación que se pretende conseguir (*propósito*).

- Estas conjunciones van delante de la cláusula (**principal / subordinada**).

- Sin, con, para son (**conjunciones / preposiciones**) y van seguidas de (**un infinitivo / una cláusula**).

¿Con qué tiempo relacionas el imperfecto: presente, pasado, futuro? _____

Igual que los verbos en el presente de subjuntivo pueden ser regulares, de cambio radical e irregulares, también lo son en el imperfecto de subjuntivo, pero la oración está en pasado.

Actividad 1 Lee la selección del recuadro y observa los verbos subrayados. Luego fíjate en los ejemplos de las tablas y, basándote en tus observaciones, complétalas.

Primera conjugación: —AR

Mi amigo <u>quería</u> que **opinara** que la herencia no <u>era</u> importante para que tú **pasaras** menos tiempo analizando datos. Además <u>quería</u> que **consideráramos** que es innecesaria. <u>Prefería</u> que las personas **estudiaran** sin contexto cultural y que nadie **dudara** lo que dijera.

Era mejor que...	opinar	pasar	dudar	considerar	estudiar
yo	opinara				
tú		pasaras			
él, ella, usted			dudara		
nosotros				consideráramos	
ellos , ellas, Uds.					estudiaran

Segunda conjugación: —ER

<u>Era</u> formidable que con la cultura **aprendiéramos** tanto. Por suerte tu novia no se <u>quejó</u> de que **leyeras** mucho en vez de estar con ella. Al principio <u>dudé</u> que todos **creyeran** que yo lo haría, y hasta mi amigo <u>temió</u> que yo **cediera**; pero al final no <u>quedó</u> nada que él **temiera**.

Era mejor que...	aprender	temer	leer	creer	deber
yo			leyera		
tú					debieras
él, ella, usted		temiera			
nosotros	aprendiéramos				
ellos , ellas, Uds.				creyeran	

Tercera conjugación: —IR

Mi familia <u>deseaba</u> que **<u>viviera</u>** cerca de ellos, pero nadie creía que me **<u>persuadieras</u>** a hacerlo. Lo que no <u>querían</u> era que **<u>compartiéramos</u>** los gastos de vivir lejos y que luego alguien **<u>fingiera</u>** que ya no <u>había</u> dinero para que tú **<u>decidieras</u>** hacerte cargo del alquiler.

Era mejor que...	vivir	persuadir	compartir	fingir	decidir
yo	viviera				
tú					decidieras
él, ella, usted		persuadiera			
nosotros			compartiéramos		
ellos , ellas, Uds.				fingieran	

> **Actividad 2**   Ahora, completa esta tabla de verbos en el imperfecto de indicativo y el imperfecto de subjuntivo. Regresa a las tablas anteriores cuando tengas dudas.

	Pretérito del indicativo	Imperfecto del indicativo	Imperfecto del subjuntivo Era mejor que	Imperfecto del indicativo	Imperfecto del subjuntivo Era mejor que
		hablar	hablar	comer	comer
yo		hablaba	hablara		
tú					
él, ella, usted					
nosotros					
ellos , ellas, Uds.	hablaron	hablaban		comían	
	Pretérito del indicativo	vivir	vivir	dudar	dudar
yo					
tú					
él, ella, usted					
nosotros				dudábamos	dudáramos
ellos , ellas, Uds.	vivieron				

¿Qué observaste? El imperfecto del subjuntivo puede usar la conjugación de la 3a persona (singular / plural) del pretérito de indicativo como base para formar el imperfecto de subjuntivo.

Sintetizar: Refiriéndote a lo que has estudiado, completa la tabla para resumir lo que has aprendido.

El imperfecto de subjuntivo

	Infinitivos con -ar usan las terminaciones	Infinitivos con -er usan las terminaciones	Infinitivos con -ir usan las terminaciones
yo	--ara		
tú			--ieras
él, ella, usted			
nosotros		--iéramos	
ellos, ellas, ustedes			

Actividad 3   **Ejercicios mecánicos.** Completa la siguiente tabla de verbos para asegurar tu conjugación de los verbos regulares en el imperfecto de subjuntivo.

	Pretérito **ellos**	yo	tú	él, ella, usted	nosotros	ellos, ellas, Uds.
bailar	bailaron	bailara				
cambiar						
dejar						
mandar						
correr						
romper						
temer						
abrir						
recibir						
subir	subieron		subieras			

El imperfecto de subjuntivo: Verbos irregulares y de cambio radical

<table>
<tr><td>Actividad 1</td><td>Usando tus conocimientos de la 3a persona plural (ellos, ellas, ustedes) en el pretérito de indicativo y lo que has aprendido del imperfecto de subjuntivo, completa estas tablas.</td></tr>
</table>

Era mejor que...	ir	hacer	saber	poner	andar
yo		hiciera			
tú		hicieras			
él, ella, Ud.				pusiera	
nosotros	fuéramos				
ellos, ellas, Uds.					anduvieran

Era mejor que...	estar	tener	poder	decir	traer
yo					
tú					
él, ella, Ud.		tuviera			
nosotros					
ellos, ellas, Uds.				dijeran	

Era mejor que...	dar	caber	venir	prevenir	haber (hay)
yo		cupiera			
tú					
él, ella, Ud.	diera				
nosotros				previniéramos	
ellos, ellas, Uds.					

| Actividad 2 | Basándote en lo aprendiste de los verbos de cambio radical y fijándote en el patrón de los verbos de la tabla, completa las conjugaciones en el subjuntivo que faltan. |

—ar: p<u>e</u>nsar y alm<u>o</u>rzar		—er: p<u>e</u>rder y at<u>e</u>nder		—ir: s<u>e</u>ntir y m<u>o</u>rir	
(*yo*) pensara _____	(*nosotros*) pensáramos _____	(*yo*) perdiera atendiera	(*nosotros*) perdiéramos _____	(*yo*) **sintiera** _____	(*nosotros*) **sintiéramos** _____
(*tú*) pensaras almorzaras	(*vosotros*) pensarais _____	(*tú*) perdieras	(*vosotros*) perdierais	(*tú*) **sintieras** _____	(*vosotros*) **sintierais** _____
(*él, ella, Ud.*) pensara _____	(*ellos, ellas, Uds.*) pensaran	(*él, ella, Ud.*) perdiera _____	(*ellos, ellas, Uds.*) perdieran	(*él, ella, Ud.*) **sintiera** muriera	(*ellos, ellas, Uds.*) **sintieran** _____

¿Recuerdas los verbos de cambio radical en el pretérito en la 3a conjugación: **mentir = mintieron**; **sentir = sintieron**; **dormir = durmieron**. ¿Qué relación hay entre estos verbos del pretérito de indicativo y los verbos de cambio radical en el imperfecto de subjuntivo?

_____

| Actividad 3 | **Ejercicio mecánico.** Completa este ejercicio en el imperfecto de subjuntivo. |

Era mejor que...	yo	tú	él, ella, usted	nosotros	ellos, ellas, Uds.
forzar					
atravesar					
quebrar					
jugar					
cocer					
entender					
descender					
rep<u>e</u>tir (i)					
p<u>e</u>dir (i)					
inf<u>e</u>rir (i)					

El imperfecto de subjuntivo: Verbos reflexivos

Debes recordar que el hecho de que el verbo sea reflexivo <u>no</u> va a afectar la conjugación del verbo; solo usa el pronombre correspondiente para señalar que la acción regresa al sujeto.

Actividad 1 Usando lo que has aprendido de verbos reflexivos y el subjuntivo, completa la siguiente tabla.

Era mejor que...	irse	hacerse	apresurarse	reponerse	salirse
yo		me hiciera			
tú			te apresuraras		
él, ella, Ud.				se repusiera	
nosotros	nos fuéramos				
ellos, ellas, Uds.					se salieran

Sintetizar: Refiriéndote a lo que has estudiado, completa la tabla para resumir lo que has aprendido.

RECUERDA:

El infinitivo reflexivo tiene _____ al final.

- Los verbos reflexivos indicativos o subjuntivos requieren un pronombre reflexivo inmediatamente (**delante / detrás**) del verbo personal (conjugado).

- Los verbos reflexivos indicativos o subjuntivos tienen (**la misma / otra**) conjugación [en el modo correspondiente] que los no reflexivos.

Actividad 2 **Ejercicio mecánico.** Usa tu intuición y lo que has aprendido para completar el siguiente ejercicio mecánico. Aunque todos los verbos son reflexivos, hay mezcla de regular, irregular y cambio radical. Debes identificar la clase de verbo que es antes de conjugarlo en el **subjuntivo.** Sigue el ejemplo.

	Clase de verbo	yo	tú	él, ella, usted	nosotros	ellos, ellas, Uds.
cambiarse	regular reflexivo	me cambiara				

	Clase de verbo	yo	tú	él, ella, usted	nosotros	ellos, ellas, Uds.
subirse						
sentarse						
cansarse						
caerse						
hacerse						
distraerse			te distrajeras			
decirse						
detenerse						
dormirse						
repetirse		me repitiera				
cuidarse						

Tu turno Piensa en las dudas o dificultades que tuviste al conjugar los verbos reflexivos de la tabla. Escribe *1* junto al tipo que te causó más dificultad; *2* al siguiente; *3* al que menos. En la raya escribe una estrategia para evitar estas dificultades.

___ irregular ___ cambio radical ___ diferenciar las terminaciones de presente e imperfecto

_____

_____

_____

Sintetizar: Refiriéndote a lo que has estudiado, completa la tabla para resumir lo que has aprendido.

- Cierto o falso La formación del imperfecto de subjuntivo se puede basar en la 3a persona plural del pretérito de indicativo (ellos, ellas, ustedes).

- Cierto o falso Con raras excepciones solo los verbos de la 3a conjugación tienen cambio radical en el imperfecto de subjuntivo; es lo mismo que en el pretérito de indicativo. (Recuerda que esta norma no aplica a los verbos irregulares).

Actividad 3 Vas a escuchar seis oraciones acerca de la herencia cultural. Mientras las escuchas, decide si usan el presente o imperfecto de subjuntivo. Después las volverás a escuchar y las escribirás en la columna *Oraciones* para comprobar si acertaste.

Oraciones	Presente	Imperfecto
1.		
2.		
3.		
4.		
5.		
6.		

Actividad 4 Lee atentamente las siguientes oraciones y luego indica si el verbo de la cláusula principal está en **presente** o **pasado**.

_____ 1. Queremos que vayas con nosotros a la conferencia.

_____ 2. Mi profesor insistió en que sacara dos entradas más.

_____ 3. Mi hermano me llamó para que pasara por él.

_____ 4. Piensa ir con tal de que tú te animes a ir, también.

_____ 5. Hoy ya no quedaba ningún boleto que no estuviera vendido.

Actividad 5 Ahora coloca los verbos de las oraciones de arriba en la tabla.

Verbo de la cláusula principal en el presente	Verbo de la cláusula subordinada en _____	Verbo de la cláusula principal en el pasado	Verbo de la cláusula subordinada en _____
Queremos		insistió	

Primero subraya la o las palabras que obligan a usar el subjuntivo; luego completa las oraciones con el imperfecto de subjuntivo del verbo entre paréntesis.

1. Anoche vimos una película de la influencia africana y nos <u>sorprendió</u> que

_____*hubiera*_____ (haber) tanta información que no conocíamos antes de ver la película.

2. Desde luego, verla nos sirvió para que _____(darse—*nosotros*) cuenta de lo importante que es en nuestra herencia.

3. Mi tío es de Veracruz y sin que nadie le _____ (hablar) de las inscripciones en mende en unos monumentos olmecas, pudo contestar nuestras preguntas.

4. Al principio dudé que _____(saber—*él*) mucho sobre el tema, pero me equivoqué.

5. Nos contó que era posible que los primeros africanos _____(entrar) a este continente hace unos 100.000 años.

6. Fue impresionante que nos _____(explicar—*él*) que existió un imperio zingh africano que posiblemente _____(tener) algo que ver con Atlantis.

7. Le preocupó que algunos _____ (dudar) de lo que decía, pero no por eso se intimidó.

8. Ojalá que _____ (saber—*yo*) la mitad de lo que él sabe.

9. Cuando se lo conté a mi profesor, me recomendó que _____(ir) al Departamento de Antropología para ver si hay cursos que me _____ (poder) interesar.

10. Quería que _____(enterarse—*yo*) si ofrecían becas para hacer investigación.

11. También me sugirió que cuando _____ (viajar—*yo*) a ver a mi tío, _____(permanecer—*yo*) suficiente tiempo para visitar la zona olmeca.

Sintetizar: Refiriéndote a lo que has estudiado, completa la tabla para resumir lo que has aprendido.

- Con expresiones de duda, emoción, reacción, deseo, negación, juicio, si el verbo de la cláusula principal está en pasado, el verbo de la cláusula subordinada estará en **(presente / imperfecto)** de subjuntivo.

- Con un referente no conocido o no existente, si el verbo de la cláusula principal está en pasado, el verbo de la cláusula subordinada estará en **(presente / imperfecto)** de subjuntivo.

- Con conjunciones de contingencia o propósito, si el verbo de la cláusula principal está en pasado, el verbo de la cláusula subordinada estará en **(presente / imperfecto)** de subjuntivo.

El imperfecto de subjuntivo: Conjunciones de tiempo

Actividad 1 En las siguientes oraciones indica cuál de las dos acciones (la de la cláusula principal o la subordinada) ocurre primero. Luego contesta las preguntas.

        2   1

1. Nos iremos cuando llegues.

Todo está en el futuro. Primero llegarás y luego quizás nos vayamos. Pero como ocurre en el futuro, no se puede asegurar.

2. Vamos a entregar la película tan pronto como la veamos.

3. No nos vamos a ir a Veracruz hasta que recibamos la beca.

4. En cuanto nos manden la carta, vamos a hacer los preparativos.

Ahora compara estas oraciones con la siguiente.

5. Nos **fuimos** cuando llegaste.

   a. La cláusula principal en esta oración ¿está en presente o en pasado?

   b. ¿Qué acción ocurrió primero: la de la cláusula principal o la de la subordinada?

   c. Si primero ocurrió la acción de la cláusula subordinada pero la cláusula principal está en el

      pasado, ¿hay alguna duda que la acción subordinada (*llegaste*) haya ocurrido?

   d. ¿En qué modo está el verbo de la cláusula subordinada: indicativo / subjuntivo?

Actividad 2 Identifica el tiempo verbal en las siguientes oraciones.

1. Fuimos a entregar (futuro / presente / pasado) la película tan pronto como la vimos (presente de indictivo / pasado de indicativo)

2. No nos fuimos (futuro / presente / pasado) a Veracruz hasta que nos entregaron (presente de indicativo / pasado de indicativo) la beca.

3. En cuanto nos mandaron (futuro / presente / pasado) la carta, hicimos (presente de indicativo / pasado de indicativo) los preparativos.

4. Nos fuimos (futuro / presente / pasado) a Monte Albán después de que nos dijeron (presente de indicativo / pasado de indicativo) que el dinero de la beca estaba en el banco.

Sintetizar: Refiriéndote a lo que has estudiado, completa la tabla para resumir lo que has aprendido.

- Con las conjunciones de tiempo como *cuando, después de que, hasta que, en cuanto, tan pronto como,* si el verbo de la cláusula principal está en presente o futuro, el verbo de la cláusula subordinada está en (**presente / imperfecto**) de (**indicativo / subjuntivo**).

- Con las conjunciones de tiempo como *cuando, después de que, hasta que, en cuanto, tan pronto como,* si el verbo de la cláusula principal está en pasado, el verbo de la cláusula subordinada está en (**presente / pasado**) de (**indicativo / subjuntivo**).

OJO: *hasta que* y *después de que* son conjunciones y pueden introducir una cláusula subordinada. **PERO** *hasta* y *después de* son preposiciones y <u>NO pueden</u> introducir una cláusula.

No lo voy a hacer <u>hasta que me den</u> permiso.   Lo voy a hacer <u>después de que me den</u> permiso.

No lo voy a hacer <u>hasta recibir</u> permiso.   Lo voy a hacer <u>después de tener</u> permiso.

Actividad 3   Ahora compara las siguientes oraciones e indica qué acción ocurre primero.

1. Nos vamos a ir cuando llegues.

2. Nos vamos a ir antes de que llegues.

    a. ¿Cuál de las dos acciones ocurre primero en la oración 1: la de la cláusula principal o la subordinada? _____ ¿en la oración 2?_____

    b. ¿En qué tiempo está el verbo principal? _____

3. Nos fuimos cuando llegaste.

4. Nos fuimos antes de que llegaras.

    a. ¿En qué tiempo está el verbo de la cláusula principal de estas oraciones?_____

    b. ¿En qué modo está el verbo de la cláusula subordinada de la oración 3?

    _____ ¿de la oración 4? _____

    c. ¿Por qué es lógico que el verbo de la cláusula subordinada de la oración 4 esté en el modo subjuntivo?

    _____

Sintetizar: Refiriéndote a lo que has estudiado, completa la tabla para resumir lo que has aprendido.

- Con *antes de que* si el verbo de la cláusula principal está en presente o futuro, el verbo de la cláusula subordinada está en (**presente / imperfecto**) de subjuntivo.

- Con *antes de que* si el verbo de la cláusula principal está en pasado, el verbo de la cláusula subordinada está en (**presente / imperfecto**) de subjuntivo.

- Cierto o falso *Antes de que* sigue el mismo patrón temporal que las otras conjunciones de tiempo como *cuando, hasta que, después de que, tan pronto como,* etc.

Actividad 4   Escribe una oración **en el pasado** con la conjunción que aparece.

1. **tan pronto como** _____

2. **cuando** _____

3. **antes de que** _____

Actividad 5 Cambia las siguientes oraciones del presente al pasado. Sigue el ejemplo.

1. Quiero que estudiemos más sobre la influencia asiática.

   _____ *Quería que estudiáramos más sobre la influencia asiática.* _____

2. Es increíble que haya un puente de tierra entre Rusia y Alaska.

   _____

3. No creo que los vikingos sean los primeros europeos en llegar a este continente.

   _____

4. Es una lástima que falten pruebas más concretas.

   _____

5. Necesito encontrar una persona que me pueda ayudar con los datos.

   _____

6. Es importante que (*yo*) aprenda más de mis antepasados.

   _____

7. Dudo que nadie tenga un solo tipo de sangre de herencia.

   _____

8. Ojalá que lo de mi ascendencia sea una realidad.

   _____

9. Es posible que por parte de mi madre tengamos sangre turca.

   _____

10. Con tal de que conozcamos nuestra ascendencia, voy a seguir buscando.

    _____

11. No voy a poder hacer nada sin que me ayudes a buscar.

    _____

12. Voy a buscar un libro que hable de mis apellidos.

    _____

13. Cuando sepa algo, te lo comunico.

    _____

14. Hasta que no encuentre algunas respuestas, no voy a parar.

    _____

15. Antes de que regreses a tu casa, voy a encontrar algo.

    _____

Gramática: El condicional y futuro

Unos blogs: La china poblana ¿Qué significa para ti la palabra condicional? ¿Conlleva cierta inseguridad o dependencia de otra cosa? ¿Se presta a ser algo hipotético?

> **Actividad 1** — Lee los siguientes blogs, fijándote en los verbos subrayados.

★ Por favor, ¿me **podrían** ayudar con la leyenda de la china poblana? Tengo que llevar un resumen muy breve a clase mañana y no tengo tiempo para investigarlo. **Luisa**

Maricruz

Hola, Luisa. Aquí te va. Como soy mexicana y de Puebla, desde siempre he conocido muy bien la leyenda. Espero que te ayude.

Sin duda el traje más típico mexicano es el de la china poblana. Según la leyenda, una princesita mogol fue raptada de sus padres y eventualmente llegó a Puebla, México, donde una familia adinerada sin hijos la compró como esclava aunque la crio como hija. En casa de su familia adoptiva aprendió a hablar español, a cocinar y a hacer hermosos bordados, pero se negó a aprender a leer o escribir. Con los años se transformó en una hermosa y elegante joven que ganó la admiración de todos. Al morir su padrastro, quedó en libertad y optó por seguir una vida ascética. Con el tiempo empezó a tener visiones místicas, y aunque al principio unos la tuvieron por loca, luego fue respetada e incluso venerada.

Lalo

Luisa, No hagas caso de lo que dice Maricruz. Si no fuera porque dice que es de Puebla, **pensaría** que ni siquiera es mexicana. Mira, esta es la verdad sobre la china poblana.

   Maricruz se refiere a Catarina de San Juan, una mujer entregada a la vida religiosa que no tuvo nada que ver con la coquetería y el colorido de la vestimenta de las chinas poblanas. Estas florecieron en México en el siglo XIX, casi dos siglos después de Catarina. Además la palabra china es sudamericana; en quechua significaba *muchacha*.

Paquita

Lalo, **Deberías** medir mejor las palabras y tener un poco de respeto. Es verdad que lo que ha contado Maricruz es una leyenda, pero lo que tú has dicho tampoco se **podría** decir que es acertado. De hecho, mi padre es catedrático y según sus investigaciones las chinas mexicanas eran mestizas conocidas por su belleza, la cual realzaban luciendo un traje coqueto y pintoresco, por no decir provocativo. Después de desaparecer de la capital estuvieron en Puebla, y de allí el nombre del traje, china poblana. Otros dicen que eran mujeres de pueblo y por eso lo de *poblana*.

Silvano

Tendría que añadir que ya en el siglo XVI un sacerdote, Tomás Gage, habló de la coquetería de las negras y mulatas diciendo que llevaban trajes "lascivos" que dejaban ver el meneo de las caderas.

Qué interesante lo del meneo, Silvano; no lo sabía. Bueno, creo que a pesar de nuestras diferencias, todos **estaríamos** de acuerdo que es innegable que el traje de china poblana es una auténtica manifestación del rico legado cultural mexicano: chino, africano, indígena, mestizo.

Almudena

Oye, guapa. Sé que te refieres a los mestizos, pero ¿no **sería** mejor incluir español ya que mestizo no solamente alude a la mezcla de indígena y español sino a muchas? Mira que nos tenéis manía.

Paquita

Disculpa no fue mi intención dejar fuera a nadie. La verdad no les tengo manía alguna a los españoles, pero dejémoslo allí antes de que esto se pueda volver político.

Muchas gracias a todos. Mi maestro se quedó impresionado cuando mencioné las diferentes perspectivas que me ofrecieron porque solo conocía la leyenda de la princesa mogol y que el Imperio mogol era de la India. Le aseguré que les **daría** las gracias, y cumplo con ello.

Luisa

Actividad 2 Abajo están las oraciones de los blogs que usan el condicional. Tradúcelas.

1. ¿Me **podrían** ayudar con la leyenda de la china poblana?

_____

2. Si no fuera porque dice que es de Puebla, **pensaría** que ni siquiera es mexicana.

_____

3. **Deberías** medir mejor las palabras y tener un poco de respeto.

_____

4. Lo que tú has dicho tampoco se **podría** decir que es acertado.

_____

5. **Tendría** que añadir que ya en el siglo XVI un sacerdote habló de la coquetería de la mujer.

_____

6. Todos **estaríamos** de acuerdo que es innegable el rico legado cultural mexicano.

_____

7. ¿No **sería** mejor incluir español?

_____

8. Le aseguré que les **daría** las gracias.

_____

Usando tu intuición y los verbos de las oraciones anteriores, completa la siguiente tabla de verbos en el condicional. **OJO:** Los **infinitivos en rojo** tienen un condicional irregular; solo son algunos porque hay más.

	hablar	ser	vivir	pensar	deber	estarse
yo						
tú						
él, ella, usted						
nosotros						
ellos, ellas, Uds.						
	poder	tener	salir	hacerse	saber	querer
yo						
tú						
él, ella, usted						
nosotros						
ellos, ellas, Uds.						

Sintetizar: Refiriéndote a lo que has estudiado, completa la tabla para resumir lo que has aprendido.

- Cierto o falso El condicional comunica inseguridad y se refiere a cosas que dependen de que otra cosa ocurra.
- Para formar el condicional de los verbos regulares se toma (**el infinitivo / la raíz**) y se le añade la terminación de los verbos de la (**1a / 2a**) conjugación en el imperfecto de indicativo.
- Cierto o falso Los verbos irregulares tienen la misma terminación que los verbos regulares.

Actividad 4 Elige el verbo en el **condicional** en las siguientes oraciones.

1. De haber investigado (sabía / sabría) que *china* no era porque tenía el pelo rizado.

2. Me pregunto si la joven (pedía / pediría) su libertad.

3. (Quería / Querría) saber cuál es el verdadero origen del traje.

4. Creo que hoy en día toda mujer (aprendía / aprendería) a leer y escribir si pudiera.

5. No sé si (había / habría) muchas leyendas en aquella época.

Actividad 5 Vuelve a leer los blogs de la china poblana. Luego contesta este cuestionario.

Situaciones hipotéticas: ¿Lo harías?	sí	no
1. Si **fuera** Maricruz, le **diría** a Lalo que es un maleducado y un pedante.		
2. **Preferiría** callarme si **tuviera** que decirle a alguien que es un ignorante.		
3. No **defendería** a una persona si **insultara** a otra.		
4. Si alguien me **dijera** que no sé de qué hablo, me **enojaría**.		
5. Si **tuviera** una amiga como Paquita, **estaría** agradecida.		

Actividad 6 Compara las siguientes oraciones y decide cuál es más probable que ocurra.

¿Cuál indica más posibilidad de ocurrir?	posible	improbable
1. Si puedo, le contesto a Lalo.		
2. Si pudiera, le contestaría a Lalo.		
3. No me callo si tengo que decirle a alguien que es un ignorante.		
4. No me callaría si tuviera que decirle a alguien que es un ignorante.		

Sintetizar: Refiriéndote a lo que has estudiado, completa la tabla para resumir lo que has aprendido.

- Para expresar que algo posiblemente ocurra uso

Si + (presente de indicativo / imperfecto de subjuntivo) + (presente de indicativo / condicional)

o

(Presente de indicativo / condicional) + si + (presente de indicativo / imperfecto de subjuntivo).

Ejemplo: Iré si _____ (poder). Si _____ (poder), iré.

- Para expresar que algo es hipotético (no probable) uso

Si + (presente de indicativo / imperfecto de subjuntivo) + (presente de indicativo / condicional)

o

(Presente de indicativo / condicional) + si + (presente de indicativo / imperfecto de subjuntivo).

Ejemplo: Iría si _____ (poder). Si _____ (poder), iría.

Actividad 7 Usando las siguientes partículas si / poder (yo) / estudiar / más forma una oración que exprese probabilidad y otra que exprese improbabilidad.

1. probabilidad _____

2. improbabilidad _____

Relación de la conjugación del condicional y el futuro

Actividad 1 Usando tu intuición y lo que aprendiste del condicional, completa la siguiente tabla de verbos en el condicional y el futuro. **OJO:** con los **infinitivos en rojo**.

	hablar		ser		vivir	
	condicional	futuro	condicional	futuro	condicional	futuro
yo	hablaría	hablaré				
tú						
él, ella, usted						
nosotros						
ellos, ellas, Uds.						

	poder		tener		salir	
	condicional	futuro	condicional	futuro	condicional	futuro
yo						
tú						
él, ella, usted						
nosotros						
ellos, ellas, Uds.						

	hacerse		saber		querer	
	condicional	futuro	condicional	futuro	condicional	futuro
yo						
tú						
él, ella, usted						
nosotros						
ellos, ellas, Uds.						

Sintetizar: Refiriéndote a lo que has estudiado, completa la tabla para resumir lo que has aprendi-

Cierto o falso Salvo en la terminación, el condicional y el futuro tienen estructuras parecidas.

⚡ **Sintetizar:** Refiriéndote a lo que has estudiado, completa la tabla para resumir lo que has aprendido.

El condicional y el futuro

	Futuro —ar, -er, –ir	Condicional —ar, -er, –ir
yo		—ía
tú	--ás	
él, ella, usted		
nosotros		
ellos, ellas, Uds.		

Actividad 2 Cambia las oraciones del presente de indicativo a condicional y futuro.

1. Es interesante aprender sobre los trajes regionales.

condicional: _____

futuro: _____

2. Las costumbres culinarias son parte del legado cultural.

condicional: _____

futuro: _____

3. Sin duda, la música también pertenece a lo cultural.

condicional: _____

futuro: _____

4. ¿Cuántos latinoamericanos de ascendencia china conoces?

condicional: _____

futuro: _____

5. Leticia se dedica a estudiar la literatura filipina.

condicional: _____

futuro: _____

6. Nos encanta la música afrocubana que toca tu banda.

condicional: _____

futuro: _____

1. Cierto o falso   Si el hablante indica o hace declaraciones objetivas se comunica en modo indicativo.

2. Cierto o falso   Si el hablante expresa algo no objetivo, que no ha ocurrido y posiblemente no ocurra o que es desconocido se comunica en modo subjuntivo.

3. El modo subjuntivo normalmente se usa en la cláusula (principal / subordinada).

4. Si la cláusula principal comunica un deseo, una reacción, un juicio, una negación o una duda, el verbo de la cláusula subordinada está en el modo (indicativo / subjuntivo).

5. Si a la cláusula subordinada le precede una conjunción de contingencia (*sin que*) o propósito (*para que*), se usa el (indicativo / subjuntivo) en la cláusula subordinada.

6. Con una conjunción de tiempo, si la acción de la cláusula subordinada no ha ocurrido y no es habitual, se usa el (indicativo / subjuntivo) en la cláusula subordinada.

7. Se usa el subjuntivo en la cláusula subordinada cuando el antecedente es una persona o cosa (conocida / desconocida / existente / no existente). [Tacha las que no corresponden.]

Repasar. Según lo que has estudiado, subraya el verbo que completa la oración correctamente.

1. No iremos sin que (vienen / vengas).
2. Estoy seguro que todos (están / estén).
3. Lo hará para que (sale / salga) bien.
4. Tengo un libro que (es / sea) muy interesante.
5. Lo haremos cuando (llegan / lleguen) mañana.
6. No es bueno que lo (piensas / pienses).

8. Cierto o falso   Salvo raras excepciones, los verbos de cambio radical en el imperfecto de subjuntivo y el pretérito de indicativo solo ocurren en la 3a conjugación.

9. Como base para formar el imperfecto de subjuntivo se puede usar la (1a / 2a / 3a) persona plural del pretérito de indicativo.

10. Si el verbo de la cláusula principal está en pasado, se usa el imperfecto de subjuntivo en la cláusula subordinada con todos los mismos usos del subjuntivo que en el presente MENOS las conjunciones de _____.

11. *Antes de que* (siempre / nunca) va seguido del modo subjuntivo.

Repasar. Según lo que has estudiado, subraya el verbo que completa la oración correctamente.

1. Nos fuimos en cuanto (llegaras / llegaste).
2. Siempre lo hacía para que (vinieras / venías).
3. Lo dijimos antes de que se (fue / fuera).
4. Me lo dijo sin que se lo (pedí / pidiera).
5. Nadie te mandó que lo (hicieras / hiciste).
6. No fue posible que lo (completara / completó).
7. Jamás había algo que (sirviera / sirvió).
8. Siempre lo hacía cuando (llegaba / llegara) a casa.

12. Para expresar que algo posiblemente ocurra se usa si + (presente de indicativo / imperfecto de subjuntivo) + (presente de indicativo / condicional).

13. Para expresar que algo es hipotético (no probable) se usa si + (presente de indicativo / imperfecto de subjuntivo) + (presente de indicativo / condicional).

Repasar. Según lo que has estudiado, subraya el verbo que completa la oración correctamente.

1. Iré si (puedo / podré / pueda / pudiera).
2. Si puedo lo (haré / haría).
3. Iría si (puedo / podré / pueda / pudiera).
4. Si pudiera lo (hare / haría).

Actividad 1 En cada una de las siguientes oraciones hay tres palabras subrayadas. Busca la palabra que tiene un error. Si no hay error, usa la opción "Sin error".

1. Se fue <u>cuando</u> <u>llegaran</u> <u>los</u> muchachos.   <u>Sin error</u>. _____
        (a)   (b)   (c)   (d)

2. Antes de que <u>llegaras</u>, ya <u>había</u> ayudado <u>a</u> mi mamá.   <u>Sin error</u>. _____
                  (a)   (b)   (c)   (d)

3. <u>Si</u> <u>pudiera</u> llegar más temprano, lo <u>haré</u>.   <u>Sin error</u>. _____
  (a)   (b)   (c)   (d)

Actividad 2 Elige la palabra equivocada entre las **ocho** opciones subrayadas. Corrígela.

1. Hay **acuerdo** entre los expertos que los primeros americanos **vinieron** de Asia, pero exactamente **cómo** es motivo de **discusión**. La teoría **más** aceptada es que los primeros humanos **cruzaron** de Asia a las Américas **hasia** 14.000 a.e.c., o **sea** en la era del hielo.

Palabra equivocada: _____   Corrección: _____

2. El aporte **africano** a nuestra cultura es **quizás** entre todos el que **ha** tenido el menor reconocimiento. Según algunos estudiosos los primeros **humanos** que pisaron el continente **americano** fueron de raza negra y llegaron hace unos **cien** mil años. Estos estudiosos postulan que sin duda los antiguos **Olmecas** en México vinieron de **África**.

Palabra equivocada: _____   Corrección: _____

Actividad 3 Busca y subraya cuatro errores en cada seleccion. Luego completa las tablas.

Es indudable qué la marimba de hoy es el resultado de el encuentro entre las culturas mesoamericanas y la población traida de África. Su extensión es amplia pues igual se escucha en Ecuador que en México; con cada nota que emite celebra un sincretismo étnico Americano.

error	corrección	error	corrección

Una princesita fue raptada y eventualmente llegó a Puebla donde una familia adinerada la crio como hija. Allí aprendio a hablar español, a cosinar y a hacer hermosos bordados, pero se negó a aprender a leer o escribir. Llegó hacer una jóven que se ganó la admiración de todos.

error	corrección	error	corrección

Un repaso final

Haz este repaso de materias que has estudiado en el libro. Al final se te dan las respuestas.

A. Lee cada palabra en voz alta. Luego en los espacios escribe la letra de la clasificación de la palabra y la razón por qué necesita o no necesita tilde.

_a_ _g_ 1. tú   a. aguda   d. Termina en vocal, n, s.

_b_ _e_ 2. difícil   b. llana   e. Termina en consonante **no** n, s

_a_ _d_ 3. escuchara   c. esdrújula   f. Es esdrújula.

_c_ _f_ 4. increíble

_a_ _d_ 5. formidable   g. La tilde es diacrítica.

_b_ _g_ 6. última   h. Es tilde por hiato.

B. Lee las oraciones en voz alta. Luego elige la palabra bien deletreada.

1. No le hagas (caso / cazo) a nadie.

2. Manuela (a / ah / ha) dicho que todo está bien.

3. Por favor (pagen / paguen / pagüen) la cuenta.

4. Es mejor que (empieces / empieses / empiezes) cuanto antes.

5. La (immigración / inmigración) es un tema controversial.

C. Usa la oración para escribir un ejemplo para cada clase de palabra.

El fin de semana él y su novia corren mucho.

Adjetivo _su_   Adverbio _mucho_   Sustantivo _él y su novia_ Verbo _corren_

Conjunción _y_   Preposición _de_   Artículo _el_   Pronombre _él_

D. Identifica la palabra como cognado, cognado falso, cognado parcial, "en transición", préstamo, calco.

1. béisbol _préstamo_   4. troca _préstamo_

2. teléfono _Cognado parcial_   5. embarazada _Cognado falso_

3. arena _Cognado falso_   6. llamar para atrás _Calco_

E. En cada oración subraya el pronombre o artículo y escribe el tipo: ~~objeto directo, objecto indirecto, personal, reflexivo;~~ definido, indefinido.

reflexivo 1. Lo voy a leer.   _indefindo_ 4. Le llamó.

definido 2. Tú dijiste que no.   _personal_ 5. Me levanto.

definido 3. La mujer llegó.   _objecto directo_ 6. Tengo un libro.

F. Indica si la comparación es de igualdad, desigualdad o superlativa.

igualdad / desigualdad / (superlativa) 1. Es el examen más fácil de todos.

(igualdad) / desigualdad / superlativa 2. He estudiado más que tú.

igualdad / desigualdad / (superlativa) 3. Por eso tengo menos dudas que tú.

igualdad / (desigualdad) / superlativa 4. Voy a sacar una nota tan buena como la tuya.

G. Indica si las oraciones necesitan una "a" personal. Si es no, elige ∅.

1. ¿Conoces (a / ∅) algunas leyendas interesantes?

2. ¿Sabes (a / ∅) tocar la marimba?

3. Veo (a /∅) los músicos que forman parte de la banda.

4. Lo siento pero no conozco (a /∅) nadie que la toque tan bien como tú.

5. Tengo (a /∅) un amigo que las fabrica.

H. En cada oración 1) **ponles un círculo** a los verbos personales, 2) **identifica** la cláusula subrayada, 3) **elige** la clase de oración, 4) **identifica** cada oración como declarativa, exclamativa o interrogativa.

	Tipo de cláusula	Clase de oración	Tipo de oración
1. ¿Es el español la lengua más común en Estados Unidos después del inglés? (a)	independiente principal subordinada	simple compuesta compleja	declarativa exclamativa interrogativa
2. Los anglicismos no son exclusivos del español, (a) sino que han sido integrados a otros idiomas. (b)	a. independiente principal subordinada b. independiente principal subordinada	simple compuesta compleja	declarativa exclamativa interrogativa
3. ¡Mi abuelo exige que hables español en casa! (a) (b)	a. independiente principal subordinada b. independiente principal subordinada	simple compuesta compleja	declarativa exclamativa interrogativa

I. Indica el tiempo verbal de cada oración.

presente / pasado / futuro 1. La herencia cultural es interesante e informativa.

presente / pasado / futuro 2. Todos estarán en la reunión.

presente / pasado / futuro 3. Nadie me lo dijo.

presente / pasado / futuro 4. Trajeron todo el material para el proyecto.

presente / pasado / futuro 5. No podré hacerlo.

J. Traduce las oraciones de manera que se aprecie el aspecto verbal (pretérito vs. imperfecto).

a. Comí mucho.   b. Comía mucho.

a. _____

b. _____

K. Indica la conjugación de los siguientes verbos (1a, 2a, 3a), el tiempo (pretérito, etc.) y el modo.

	Conjugación	Tiempo	Modo
1. respondieron			
2. alcanzaran			
3. saldríamos			

L. Usa *almorzar—yo* para completar las oraciones en el tiempo y modo indicados.

1. Normalmente _____ en el centro estudiantil. (**presente, indicativo**)

2. Pero ayer _____ en un nuevo restaurante. (**pretérito, indicativo**)

3. Antes siempre _____ en uno cerca de casa. (**imperfecto, indicativo**)

4. Nunca_____ sola con tu hermana. (**futuro, indicativo**)

5. Si quisiera _____ con alguien más. (**condicional, indicativo**)

6. Sin duda _____ con ella y contigo. (**presente perfecto, ind.**)

7. Nunca _____ con alguien tan agradable. (**pluscuamperfecto, ind.**)

8. Es mejor que pronto_____ contigo y tu hermana. (**presente, subjuntivo**)

9. Ojalá que todos los días_____ contigo. (**imperfecto, subjuntivo**)

10. Es increíble que no _____ con Uds. (**presente perfecto, subjuntivo**)

11. Era increíble que no _____ con Uds. (**pluscuamperfecto, subjuntivo**)

M. Conecta cada uso del subjuntivo con la oración correspondiente.

____1. No iremos a fin de que puedas ir.

____2. A menos que llames, no saldrá.

____3. Posiblemente estén en casa ahora.

____4. Estaré listo cuando pases por mí.

____5. No hay nada que te pueda decir.

a. Duda, juicio, negación, reacción, probabilidad

b. Antecedente no conocido o no existente

c. Acción hipotética que depende de otra

d. Acción hipotética que tiene un propósito

e. Acción hipotética que quizás no ocurra

N. Elige el verbo apropiado según el contexto.

1. Esperó hasta que (llegaran / llegaron).

2. Antes de que me (fui / fuera) me llamaste.

3. Pienso que usted (tiene / tenga) razón.

4. Si (puedo / pudiera), iré al cine contigo.

5. Lo (terminarían / terminarán) si pudieran.

6. No tenía nada que (valía / valiera) la pena.

O. Decide si se debe usar *ser* o *estar*. Luego elige la razón.

Luisa _(1)_ cirujana y ahora _(2)_ en un hospital prestigioso. Ayer recibió una oferta excelente y su jefe _(3)_ muy contento porque ella no piensa irse. Sabe que _(4)_ una oportunidad excelente pero _(5)_ feliz en esta ciudad y además su familia _(6)_ en una ciudad cercana.

1. es / está   identifica / mudable

2. es / está   inherente / localiza

3. es / está   inherente / mudable

4. es / está   identifica / mudable

5. es / está   inherente / mudable

6. es / está   inherente / localiza

P. En las siguientes oraciones a) subraya el sujeto y b) elige el verbo correspondiente.

1. Creo que les (falta / faltan) prestar más atención.

2. Nos (gusta / gustan) ir al cine cuando hace frío.

3. Les (molesta / molestan) las cosas que dices.

4. No me (cayó bien / cayeron bien) los comentarios de tu hermano.

Q. En cada una de las siguientes selecciones encuentra y corrige <u>seis</u> errores.

Desde el siglo XVI la identidad de lo qué ahora es latinoamérica se fue conformando por el entrecruzamiento entre la cultura de los pobladores originarios y la de los colonizadores que a su ves era un compendio de otras culturas por qué a partir de el siglo XIX hubo varias oleadas árabes que llegaron a tierras Americanas.

error	corrección	error	corrección

Guinea Ecuatorial es uno de los paises más pequeños del continente africano; tiene una población de poco menos de dos millones de habitantes. Los portugüeses (la primer nación europea que llegó y exploró esa zona) le puzieron el nombre de "Formosa". Sabes que significa? Sí, es *hermosa.*

error	corrección	error	corrección

Ay muchas manneras de definir lo que es espanglish o *Spanglish.* Algunos lo definen como una version del español fuertemente influenciada por el ingles. Otros aluden a la mezcla de dos lenguas que ha existido desde la época dela Conquista pero qué ahora con el incremento de hispanohablantes en EEUU, es más prominente.

error	corrección	error	corrección

R. Identifica los países del mapa.

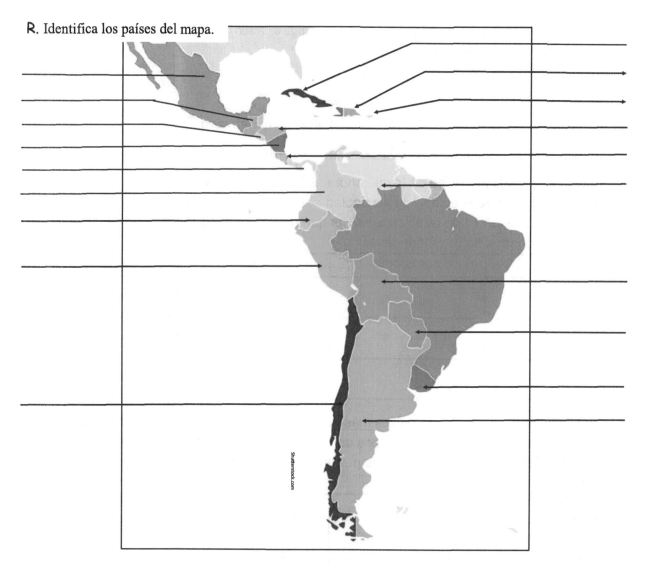

Respuestas. A.1.a,g; 2.b,e; 3.b,d; 4.b,h; 5.b.a,c; 6.c,f **B.**1.caso; 2.ha; 3.paguen; 4.empieces; 5.inmigración **C.**adjetivo: su; adverbio: mucho; sustantivo: fin, semana, novia; verbo: corren; conjunción: y; preposición: de; pronombre: él **D.**1.préstamo; 2.cognado; 3.cognado parcial; 4.cognado en transición; 5.cognado falso; 6.calco **E.**1.lo: pronombre objeto directo; 2.tú: pronombre personal; 3.la: artículo definido; 4.le: pronombre obejto indirecto; 5.me: pronombre reflexivo; 6.un: artículo indefinido **F.**1.superlativa; 2.desigualdad; 3.desigualdad; 4.igualdad **G.**1.∅; 2.∅; 3.a; 4.a; 5.∅ **H.**1.independiente, simple, interrogativa; 2.a.independiente, b.independiente, compuesta, declarativa; 3.a.principal, b.subordinada, compleja, exclamativa **I.**1.presente; 2.futuro; 3.pasado; 4.pasado; 5.futuro **J.**a.I ate a lot; b.I used to eat a lot, I was eating a lot. **K.**1.2a, pretérito, indicativo; 2.1a, imperfecto, subjuntivo; 3.3a, condicional, indicativo; **L.**1.almuerzo; 2.almorcé; 3.almorzaba; 4.almorzaré; 5.almorzaría; 6.he almorzado; 7.había almorzado; 8.almuerce; 9.almorzara; 10.haya almorzado; 11.hubiera almorzado; **M.**1.d; 2.c; 3.a; 4.e; 5.b; **N.**1.llegaron; 2.fuera; 3.tiene; 4.puedo; 5.terminarían; 6.valiera **O.**1.es, identifica; 2.está, localiza; 3.está, mudable; 4.es, identifica; 5.está, mudable/es, inherente; 6.está, localiza **P.**1.falta, prestar; 2.gusta, ir; 3.molestan, cosas; 4.cayeron bien, comentarios **Q.**qué→que; latinoamérica→ Latinoamérica; ves→vez; por qué→porque; de el→del; Americanas→americanas // paises→países; portügueses →portugueses; primer→primera; puzieron→pusieron; Sabes→¿Sabes; que→qué // Ay→ Hay; manneras→ maneras; version→versión; ingles→inglés; dela→de la; qué→que. **R.** Mapa (sentido contrarreloj): México, Guatemala, El Salvador, Nicaragua, Panamá, Colombia, Ecuador, Perú, Chile, Argentina, Uruguay, Paraguay, Bolivia, Venezuela, Costa Rica, Honduras, Puerto Rico, la República Dominicana, Cuba.

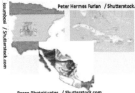

Peter Hermes Furian / Shutterstock.com

Peace PhotoHunter / Shutterstock.com

Ahora leerás más cosas de interés de nuestra geografía y cultura hispana. Esta sección es de España, México y las islas caribeñas: Cuba, la República Dominicana y Puerto Rico.

LA BUENA MESA HISPANA

• La gastronomía de **España**, que oscila entre el estilo rural y costero y se ve enriquecida por las aportaciones de las diversas regiones, paisajes y climas que componen el país, alberga una gran variedad de ingredientes y técnica culinarias. Ello se debe al legado tanto de los pueblos que la conquistaron como de los pueblos que posteriormente conquistó y colonizó.

Entre los platillos y delicadezas más conocidos de la cocina española se encuentran el jamón serrano, la tortilla española y la paella, plato originario de la región de Valencia. El cotizado aceite de oliva español y la exelente variedad de vinos españoles han recibido y siguen recibiendo reconocimiento internacional.

• La cocina **mexicana** es un conjunto de platos derivados de la cocina mesoamericana y de otras culturas como la española, africana, asiática y del Oriente Medio. Hoy en día la base de la comida mexicana sigue siendo esencialmente igual a la de la época prehispánica con prevalencia del maíz, frijoles, chiles, jitomates, diversas aves y hierbas, además de insectos y condimentos mexicanos.

Casi cada estado mexicano tiene sus propias tradiciones culinarias pero algunas son emblemáticas de la cocina mexicana. Entre ellas están el mole, el menudo, el pozole y la cochinita pibil. Cabe notar que el cocinar en México es una actividad muy importante que cumple funciones rituales y sociales determinantes, como el rito de los guerreros aztecas de beber chocolate antes de ir a combate.

• La colorida y sabrosa **cocina caribeña** es testimonio de su mezcla de razas. Sin duda la yuca, los frijoles y el plátano son protagonistas, pero al ser islas los frutos del mar hacen presencia. En los platos de la **República Dominicana** también abundan el ñame, la batata, el chicharrón, empanadas, pasteles salados y frituras. Aunque sin duda Estados Unidos ha influido en la gastronomía de **Puerto Rico,** su cocina retiene mucha influencia africana y taína: frijoles, arroces, pasteles salados y tostones (rebanadas fritas de plátano macho). La alcapurria, una especie de fritura hecha a base de un relleno con carne condimentada, su versión de "ropa vieja" y el bacalaíto son otras delicias. Hay que destacar los "cuchifritos", lugares auténticos donde se puede disfrutar la cocina local diariamente. En **Cuba** también se saborea la influencia africana, taína y española. Además del plátano de freír, la yuca, el ñame, la malanga, la batata y el arroz (el congrí), las especies marinas como el manjuarí, la cherna, la biajaca y algunos tipos de reptiles y tortugas están presentes. El maíz, la calabaza y el quimbombó, venido de África, también son ingredientes importantes.

| Actividad 1 | Haz el siguiente crucigrama. Todas las pistas están en inglés Al traducir y escribirlas, fíjate bien en cómo se deletrean. |

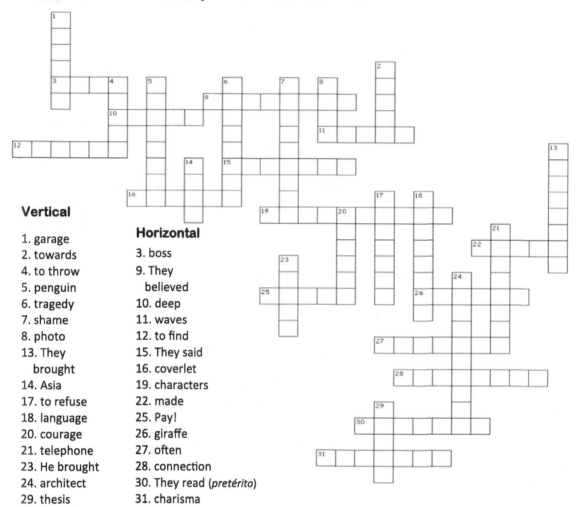

Vertical

1. garage
2. towards
4. to throw
5. penguin
6. tragedy
7. shame
8. photo
13. They brought
14. Asia
17. to refuse
18. language
20. courage
21. telephone
23. He brought
24. architect
29. thesis

Horizontal

3. boss
9. They believed
10. deep
11. waves
12. to find
15. They said
16. coverlet
19. characters
22. made
25. Pay!
26. giraffe
27. often
28. connection
30. They read (*pretérito*)
31. charisma

| Actividad 2 | Lee las siguientes oraciones y decide cuál de las traducciones es la mejor. |

1. The book states that in Medieval Spain Christians, Moors, and Jews used to live in harmony.
a. El libro dijo que en la España medieval cristianos, moros y judios vivieron en armonía.
b. El libro dice que en la España medieval cristianos, moros y judios vivieron en armonía.
c. El libro dice que en la España medieval cristianos, moros y judios vivían en armonía.

2. It is thought that people from Asia crossed the Bering Isthmus.
a. Se cree que gente de Asia cruzó el Istmo de Bering.
b. Se creía que gente de Asia cruzó el Istmo de Bering.
c. Se cree que gente de Asia cruzaba el Istmo de Bering.

3. When Columbus started his voyage the Incas had already built a great empire.
a. Cuando Colón inició su viaje los incas construyeron un gran imperio.
b. Cuando Colón iniciaba su viaje los incas construyeron un gran imperio.
c. Cuando Colón inició su viaje los incas ya habían construido un gran imperio.

Actividad 3 Abajo traduce los siguientes fragmentos.

1. En la apertura del Primer Congreso Internacional de la Lengua Española el premio Nobel Gabriel García Márquez ofreció su discurso "Botella al mar para el dios de las palabras". Recordando que los mayas conocían tan bien el poder de la palabra que tenían un dios especial de la palabra, pasó a decir que al entrar en el tercer milenio la lengua española tiene que preparase para "un porvenir sin fronteras" por su vitalidad y fuerza de expansión.

2. Desde el siglo XVI la identidad de lo que ahora es Latinoamérica se fue conformando por el entrecruzamiento entre la cultura de los pobladores originarios y la de los colonizadores que a su vez era un compendio de otras culturas. A partir del siglo XIX llegaron varias oleadas árabes en busca de mejores condiciones económicas y sociopolíticas. A cambio trajeron ricas tradiciones y conocimientos que han contribuido a la gran diversidad cultural latinoamericana.

1. _____
_____
_____
_____
_____
_____

2. _____
_____
_____
_____
_____

Traduce lo que escribiste a español y compara tu traducción con el original. No necesitan ser iguales.

1. _____
_____
_____
_____
_____

2. _____
_____
_____
_____
_____

A INVESTIGAR... Ve al Internet y busca información sobre la literatura chicana. ¿De dónde viene el nombre? ¿Quiénes son algunos de los autores chicanos más conocidos? Apunta otra información interesante que encuentres.

_____

_____

_____

Antes de leer

Rolando Hinojosa-Smith, novelista, ensayista, poeta y catedrático, nació en el Valle del Río Grande en el sur de Texas en una familia con fuertes lazos hispanos y anglosajones. Su lengua principal fue el español hasta el séptimo año escolar cuando empezó a usar más el inglés pero sin olvidar su español. Hoy prefiere escribir en español y ha traducido varios de sus libros. No obstante también escribe en inglés.

Hinojosa-Smith ha dedicado la mayoría de su carrera de escritor a la serie *Klail City Death Trip Series* situada en el Valle. Fue el primer autor chicano en recibir el prestigioso premio Casa de las Américas. También tiene en su haber el tercer y último Premio Quinto Sol y el Ivan Sandrof Lifetime Achievement Award otorgado por el National Book Critics Circle.

Lectura

A continuación tienes una selección de los años setenta que muestra la maestría con la que Hinojosa-Smith maneja el diálogo y la sutileza con la que censura el trato norteamericano de los hispanos.

1. ¿A qué se refiere con "Feliz cumpleaños E.U.A."?

2. ¿Qué tono hay en lo que cuenta el narrador: jovial, pesimista, amargado?

3. ¿Qué registro usa el narrador: formal o informal?

Feliz cumpleaños E. U. A.

Doscientos años de vida y muerte tiene este país... Y, según ellos, doscientos años de independencia... ¡Je! Y cómo se la recargan cada rato... sí, in-de-pen-den-cia, pero no para todos, raza, y que no sean tan hipócritas... Y que tampoco me digan que hicieron la independencia ellos solos... Costó sangre, raza, y mucha de esa sangre fue nuestra... miren, aquí donde me ven, tengo ochenta y siete años y el que me vea dirá que no valgo sorbete... 'ta bien, pero yo también anduve en Francia durante la Primera Mundial... así nomás, igualito que el Maistro Castañeda, sí, señor... ¿y qué? ¿que nunca pertenecimos al 'merican Legion? ¿Y eso qué? ¿A poco por eso no somos veteranos? Lo que pasa es que no somos encimosos, eso es todo...

¿Y los Santoscoy? ¿Se acuerdan del difunto Andrés? ¿Aquel viejito que murió de tis'? Bueno, ese viejito, don Andrés Santoscoy y su hermano Pablo junto con Práxedis Cervera, viejo, guerrearon en Cuba a fines del otro siglo... Fíjense... ¿qué negocio tenían allá? P's casi nada diría yo, pero fueron y sirvieron... a ver, ¿cuánta bolillada del Valle fue pa'llá? Pos Dios sabrá, ¿y quién se lo va a preguntar a Él? ¿Verdá? Nada, nada... el ejército vino desde San Antonio buscando vaqueros y esos tres muchachos se dieron de alta así, de un día pa' otro, sí señor... Eso es tener hombría, no vayan ustedes más allá...

¿Independencia? ¡Jodencia, palomilla!... Si ellos no fueron los únicos, la raza también supo cumplir como cualquiera... Que ahora anden con eso del *wélter* pa'cá y del *wélter* pa'llá y que las estampillas y todo lo demás... ¿Qué? ¿Ya no se acuerdan cuando la crisis de los años treinta? Los bolillos eran los primeros que iban a la casa de corte en Klail City para recibir la comida y la ropa de mezclilla. ¿Y la raza? Poca, palomilla, poca, porque nos daba pena y porque éramos muy brutos también... si la comida y la ropa eran para todos... pero no, miento, no era pa' todos... ni la independencia fue pa todos... Las familias viejas que sostenían tierra aquí en el Valle y tierra adentro, allá por Flads, por Clayton, y por Tierra Blanca, allí por esos lugares... bueno, esa gente también derramó sangre cuando la guerra de los sediciosos el siglo pasado... ¡Je! pa que ya no hubiera esclavitud... ¿Qué esclavitud? P's sería la nuestra, porque negritos aquí no había... nada, nada, los negritos no vinieron aquí hasta este siglo cuando se los trajo el ejército... y sí, señor, allí andaba la raza, en el ejército de la Unión unos, y con los confederados otros... guerreando como si tal cosa...

En todo andamos; hasta en la Revolución... Allá fue otro montón de raza de acá, de este lado... que con Madero, que con Villa, y otros que con Obregón y así... ¡Otra independencia!...

Ahorita que les hablaba de la crisis del treinta... ¡je! tan fregados esos tiempos y comoquiera que sea allí andaba la raza, juntando dinero para mandarlo a México para que el país pagara las cuentas que se les debía a las compañías extranjeras por eso de la expropiación petrolera... ¡Qué cosas! no tiene ni qué... nosotros vivimos dando a los dos lados... pero eso no importa... es dinero y eso vuela con el tiempo...

Vamos a ver, ayer, como quien dice, en la Segunda Mundial... ¿fue la raza? Hell, yes... y hubo mucha que fue y que nunca volvió: allí están Chanito Ortega en la invasión de Francia, el Amador Mora en Okinawa, y antes de eso: Clemente Padilla, prisionero de los japoneses, que tampoco volvió... hubo otros que sí volvieron, como Vale Granjeno y José María Anzaldúa... ¿Y los heridos? ¿Qué me dicen? Los hubo de a montón, como si fueran uvas, Raza...

¿Independencia? ¡Je! ¡Mamalones hipócritas! A ver, ¿cuántos jóvenes perdimos en Korea? Muchachos como Chale Villalón, David «el tío», Pepe Vielma y muchos más como aquel chaparrito Garcés que volvió medio zonzo... ¡Independencia! No la frieguen... El costo de sostenerla también lo ha pagado la raza; con creces, gentes, con creces... no me ande a mí con eso de la independencia...

¿Se acuerdan de los tiempos de la Segunda Mundial?... sí, h'mbre, ¿cuando la bolillada no quiso sepultar a Tito Robledo en el cementerio de Ruffing? Bien pudo morir en África, ¿que no? y bien pudo caber en el ataúd y en el barco en que lo devolvieron... ¿verdá? p's sí... pero no cabía en el cementerio de Ruffing...

4. ¿Quiénes serán la "palomilla" y "la raza"?

5. ¿Cuál será la "guerra de los sediciosos"?

6. ¿A qué revolución se refiere el narrador?

7. ¿Cuáles serán "los dos lados"?

8. ¿Por qué mencionará el sepelio de Tito Robledo?

9. ¿Qué contraste hace el narrador entre los *bolillos* y *la raza*?

Sí, sí... aquí mismo en Belken County, Raza... Que era mexicano, tú... ¿apoco no lo sabían cuando me lo mandaron pa' África? ¡qué bonito, chingao!... Sí, y como dije, después vino Korea y de repente, como si tal cosa, vino el Vietná... y allí va la raza de nuevo... ah, y esta vez muchos de los bolillos rehusaron ir-sí, raza- que no iban y no iban y no fueron... ¿qué tal si la raza no hubiera ido, eh? Se pueden imaginar.

10. ¿Por qué dice que la independencia la tienen que probar cada día igual que los papeles?

Sí, en Vietná nos llevaron a los niños otra vez, como en las cruzadas de hace mil años; recién salidos del cascarón y a la guerra... ¡Independencia! Bonita palabra... eso de independencia es algo que nosotros tenemos que probar cada rato igual que cuando teníamos que mostrar papeles para probar que éramos ciudadanos de acá, de este lado... nosotros, h'mbre, nosotros los que regamos surcos enteros con sudor teníamos que probar que nacimos aquí... nosotros que desenraizamos cuánto huizachal y mezquital que había por allí... ¡je! linda la palabra...

11. ¿Por qué prefiere la palabra *Libertad*?

No, a nadie le dan ganas de morir, raza, a nadie... y sin embargo este país parece que se propone matar las cosas duraderas, las cosas de valor... ¡qué falta de tradiciones, raza! ¡Qué falta de respeto! ¿Y ellos? Ah, p's ellos creen que van muy bien... sí señor, que van en rieles, como quien dice... ¡Independencia! ¡Mecachis en la palabra! ¡Libertad es lo que deben decir! Y si no la entiende, ¡que se lo pregunten a la raza! Libertad, sí, ésa es la palabra... Independencia, no, independencia es una palabra hueca, la libertad es otra cosa... es algo serio... es algo personal...

Esteban Echevarría, originario de Flora, Texas, y vecino de Klail City, cuenta con 87 años y es uno de los pocos ancianos que se hayan escapado de una Nursing Home; vive solo, vive en paz, y como dice él, vive en plena libertad.

Aplicación en la lectura

1. ¿Qué aspecto verbal predomina en los dos primeros párrafos? _____

2. Busca y escribe un verbo para cada uno de los siguientes tiempos del indicativo.

presente _____   pretérito _____

imperfecto _____   pluscuamperfecto _____

3. Vuelve a la lectura y escribe un ejemplo para cada una de las siguientes tildes.

palabra aguda _____   por hiato _____

palabra esdrújula _____   diacrítica _____

4. Busca un ejemplo para una oración simple y una compuesta:

_____

_____

Escritura: La organización del párrafo narrativo

Para escribir bien es importante que tu escrito esté organizado y no contenga faltas. En esta sección trabajarás con la organización y la buena escritura.

Actividad 1   Imagina que alguien te pide que escribas un párrafo sobre tu infancia o la de algún pariente. Completa la siguiente actividad para organizar tu párrafo de ocho oraciones.

1. Oración temática. Introduce el tema.

_____

2. Detalle concreto acerca del tema.

_____

3. Comentario. Ofrece la perspectiva del autor sobre la información que presenta.

_____

4. Comentario. Sigue / expande el comentario anterior.

_____

5. Segundo detalle concreto acerca del tema.

_____

6. Comentario. Ofrece la perspectiva del autor sobre la información que presenta el segundo detalle.

_____

7. Comentario. Sigue / expande el comentario anterior.

_____

8. Conclusión. Cierra el párrafo y reitera brevemente la información anterior.

_____

Actividad 2   Vuelve a las oraciones; identifica el tipo de oración y si el verbo es de acción o es copulativo (*ser / estar*).

Número de la oración	Tipo de oración: simple, etc.	¿Verbo activo o copulatvio?	Número de la oración	Tipo de oración: simple, etc.	¿Verbo activo o copulativo?
1			5		
2			6		
3			7		
4			8		

Recuerda:

- Compara el tipo de oraciones que has usado. Debes tener una variedad.
- Compara la primera palabra de cada oración. ¿Las repites? ¿Siempre empiezas con un sustantivo, pronombre, etc.? Reestructura tus oraciones para que haya variedad.
- Fíjate en tus verbos. ¿Son activos o tiendes a usar "ser", "estar", "haber"? ¿Son precisos? Por ejemplo en vez de "fue", ¿podrías haber usado: *caminó, corrió, se lanzó*?
- Fíjate en tus pronombres. ¿Tienen un antecedente claro? ¿Has usado los pronombres personales innecesariamente? Recuerda que tu verbo incluye el pronombre y solo lo quieres usar cuando haga falta aclarar.

| Actividad 3 | Escribe tu párrafo abajo usando palabras que conecten las oraciones entre sí. Léeselo a un amigo y luego juntos revisen cada oración para evitar faltas de ortografía, gramática o puntuación. Finalmente, intercámbialo con otro compañero. |

_____

_____

_____

_____

_____

_____

_____

_____

_____

_____

_____

_____

Editar   Usa la tabla abajo para editar tu párrafo.

☐ Tiempo y modo verbales	☐ Variedad de oraciones (simples, compuestas y complejas)
☐ Conjugaciones	☐ Uso de registro formal
☐ Concordancia (sustantivo / adjetivo) (verbo / sujeto)	☐ Puntuación
☐ Ortografía	☐ Claridad del contenido
☐ Tildes	☐ Organización

La historia oral y la narración

La historia oral es una forma invaluable de preservar los legados culturales. No solo ofrece perspectivas interesantes de hechos, sino que con frecuencia ofrece datos que de otra manera se hubieran perdido. A la vez sirve de fuente para la narrativa porque las personas o eventos a los que se refiere el narrador de la historia oral están vivos en su relato.

Hay varios elementos que deben aparecer en cualquier narración de una historia oral.

Abajo se te dan varias versiones de una historia oral. En la columna que están a su lado aparecen los elementos que debe contener. Con un compañero marquen los que encuentren en cada versión.

VERSIÓN A

Indica si la narración contiene los componentes.

Crecí en la calle B Street hasta los ocho años, pero mi papá grande dijo que no necesitábamos ayuda de nadie así que nos llevaron a Juárez. La vida era difícil en Juárez, y para sobrevivir tuve que ponerme a trabajar; ya no pude ir a la escuela. Todo era puro trabajar. Mis hermanos se regresaron a El Paso y mi abuelito se murió. Nada más cruzar el puente, me agarraron para el ejército pero me atropelló un carro y perdí el brazo izquierdo. Ya no pude ir a esa guerra, pero me tocó vivir mi propia guerra porque nadie quería darme trabajo: apenas podía leer, casi ni escribía y encima no tenía brazo. Sí, fue muy duro. Hasta estuve tentado de meterme a la mala vida, pero el recuerdo de mi papá grande no me dejó hacerlo.

Sí	No	
☐	☐	¿Cuándo ocurre lo que se narra?
☐	☐	¿Dónde toma lugar?
☐	☐	Es un relato personal o se trata de otra(s) persona(s)?
☐	☐	¿Predomina el tiempo pasado?
☐	☐	¿Sigue un orden cronológico?
☐	☐	¿Hay una conclusión?
☐	☐	¿Hay suficientes detalles para entender lo que ocurre?
☐	☐	¿Ha usado un tono y formato apropiados?

Abajo, apunten los componentes que le faltaron.

_____

_____

_____

_____

Indica si la narración contiene los componentes.

Sí	No	
☐	☐	¿Cuándo ocurre lo que se narra?
☐	☐	¿Dónde toma lugar?
☐	☐	Es un relato personal o se trata de otra(s) persona(s)?
☐	☐	¿Predomina el tiempo pasado?
☐	☐	¿Sigue un orden cronológico?
☐	☐	¿Hay una conclusión?
☐	☐	¿Hay suficientes detalles para entender lo que ocurre?
☐	☐	¿Ha usado un tono y formato apropiados?

VERSIÓN B

Crecí en la calle B Street hasta los ocho años. pero mi papá grande dijo que no necesitábamos ayuda de nadie así que nos llevaron a Juárez. La vida era difícil en Juárez, y para sobrevivir tuve que ponerme a trabajar; ya no pude ir a la escuela. Todo era puro trabajar. Mis hermanos se regresaron a El Paso y mi abuelito se murió. Nada más cruzar el puente, me agarraron para el ejército pero me atropelló un carro y perdí el brazo izquierdo. Ya no pude ir a esa guerra, pero me tocó vivir mi propia guerra porque nadie quería darme trabajo: apenas podía leer, casi ni escribía y encima no tenía brazo. Sí, fue muy duro. Hasta estuve tentado de meterme a la mala vida, pero el recuerdo de mi papá grande no me dejó hacerlo.

La vida ha sido muy dura para mí. Mis hermanos murieron en la guerra, mis primos estaban pobres y apenas tenían para darle de comer a su familia así que no pude arrimarme con ellos. Ahora solo me queda esperar a reunirme con mi abuelito, mis papás y mis hermanos. Algunos temen la muerte.

¿Qué componentes tiene esta versión que no tuvo la versión A?_____

_____

_____

_____

¿Qué le faltó a esta versión? _____

_____

Crecí en la calle B Street hasta los ocho años. En ese entonces había una gran depresión aquí en Estados Unidos, y para mí fue muy difícil porque no tenía papá ni mamá. Solo éramos mi papá grande y yo porque mi mamacita murió cuando yo tenía un año y mi papá poco después. En esa época el presidente era Roosevelt, no Teddy sino Franklin, el de la Segunda Guerra Mundial. Bueno, cuando entró como presidente dijo que nos iba a dar comida y ropa, pero mi papá grande dijo que no necesitábamos ayuda de nadie. Desafortunadamente como no quiso agarrar ayuda del gobierno, nos llevaron a Juárez junto con tres hermanos mayores que ya ni siquiera vivían con mi abuelito.

La vida era difícil en Juárez, y para sobrevivir tuve que ponerme a trabajar; ya no pude ir a la escuela. Todo era puro trabajar. Mis hermanos se regresaron a El Paso. Eso fue en mil novecientos treinta y dos. Diez años más tarde, seguíamos mi abuelito y yo en Juárez porque él tenía miedo de regresar. Pero se murió en el cuarenta y dos y entonces decidí volver a El Paso a buscar a mis hermanos. Nada más cruzar el puente, me agarraron para el ejército porque había nacido en El Paso y los Estados Unidos estaban en guerra. El 12 de octubre tenía que haber salido para el campamento, pero el día anterior me atropelló un carro y perdí el brazo izquierdo.

Ya no pude ir a esa guerra, pero me tocó vivir mi propia guerra porque nadie quería darme trabajo: apenas podía leer, casi ni escribía y encima no tenía brazo. Sí, fue muy duro. Hasta estuve tentado de meterme a la mala vida, pero el recuerdo de mi papá grande no me dejó hacerlo. La vida ha sido muy dura para mí. Mis hermanos murieron en la guerra, mis primos eran pobres y apenas tenían para darle de comer a su familia así que no pude arrimarme con ellos. Anduve rodando varios años hasta que por fin encontré chamba. No fue gran cosa pero me dio para comer y vivir, y allí seguí hasta que me jubilé.

Ahora, pues solo me queda esperar a reunirme con mi abuelito, mis papás y mis hermanos. Algunos temen la muerte. Yo no porque sé que he sido un buen hombre. Lo único que me faltó fue poder estudiar. Y es una lástima porque cuando era chiquito, las maestras decían que era de los mejores estudiantes de la escuela. Pero así es la vida, no siempre sale como queremos.

Sí	No	
☐	☐	¿Cuándo ocurre lo que se narra?
☐	☐	¿Dónde toma lugar?
☐	☐	Es un relato personal o se trata de otra(s) persona(s)?
☐	☐	¿Predomina el tiempo pasado?
☐	☐	¿Sigue un orden cronológico?
☐	☐	¿Hay una conclusión?
☐	☐	¿Hay suficientes detalles para entender lo que ocurre?
☐	☐	¿Ha usado un tono y formato apropiados?

¿Le faltó algún elemento? ¿Cómo se podría mejorar está narración? _____
_____

En la comunidad

La historia oral es la recolección y compilación de información histórica de individuos, familias, acontecimientos importantes o de la vida cotidiana. Generalmente incluye grabaciones de entrevistas con personas que participaron en o vivieron el momento de un acontecimiento y cuyas memorias y perspectivas de lo que ocurrió se conservan como un archivo oral para futuras generaciones. Dentro de sus metas, un propósito de la historia oral es conseguir información desde diferentes puntos de vista, muchos de los cuales no se encuentran en fuentes escritas. Al pasarlas a forma escrita, ayudan a llenar ese vacío.

Vas a realizar una entrevista para recolectar información para una historia oral. Luego usarás tus apuntes para escribir una narración en primera persona. Debes imaginarte que tu material va a formar parte de un archivo oral y escrito de los hispanos en EE UU.

Paso 1. Repasa las actividades de la organización del párrafo narrativo y los ejemplos de la historia oral.

Paso 2. Decide qué enfoque le quieres dar a tu entrevista: experiencia personal, experiencia de familia o grupo, enfrentamiento cultural, suspenso, romántico, de acción, etc.

Enfoque: _____

Paso 3. Decide quién va a ser el público que podrá usar el material que has recopilado: ¿niños, jóvenes, adultos, hispanos, etc.?

Mi público: _____

Paso 4. Piensa a quién debes entrevistar: familiar, amigo, compañero de trabajo, etc.

Entrevistado(s): _____

Paso 5. Piensa qué tipo de preguntas te proporcionará la información que necesitas: personales, de un acontecimiento, objetivas, etc.

Tipo de
preguntas:_____

Paso 6. Escribe por lo menos diez preguntas y revísa cuidadosamente la claridad, vocabulario, gramática, ortografía, etc.

1. _____

2. _____

3. _____

4. _____

5. _____

6. _____

7. _____

8. _____

9. _____

10. _____

Paso 7. Realizar la entrevista. ¿Vas a grabar la entrevista? ¿La vas a hacer en persona, por teléfono, por Skype?

_____

Paso 8. Mientras o después de hacer la entrevista, escribe apuntes que te serán útiles para tu narración.

_____

_____

_____

_____

_____

_____

_____

Paso 9. Vuelve a los ejemplos de la historia oral y fíjate en los componentes. ¿Cómo los puedes incluir en tu narración? ¿Quién va a ser el narrador? ¿Vas a dar su nombre o se va a mantener anónimo? ¿Tienes toda la información que necesitas o debes volver a ponerte en contacto con esta persona?

Paso 10. Escribe tu borrador. Luego léeselo en voz alta a un compañero y pídele que te diga las cosas que no quedan claras. Haz las correcciones necesarias. Después repasa la gramática y la ortografía.

Paso 11. Escribe tu versión final. Asegúrate de seguir todas las normas que te haya dado tu instructor para el formato.

Usen esta hoja para ayudarse a producir una excelente historia oral al dar y recibir retroalimentación de lo que han escrito.

HOJA DE RETROALIMENTACIÓN—LA HISTORIA ORAL _____

Retroalimentación para _____ realizada por _____

	Excelente	Bien	Débil	Sugerencias para mejorar
La introducción incluye				
Cuándo ocurre				
Detalles de cuándo ocurre				
Dónde toma lugar				
Detalles de dónde ocurre				
El cuerpo				
Contiene detalles del narrador				
Describe a los otros personajes				
Sigue un orden cronológico				
Enlaza bien la historia				
Ofrece detalles de los eventos				
La conclusión				
Cierra la historia				
Puede incluir una reflexión				
Vocabulario				
Variado, no redundante				
Transmite un tono personal				
Es descriptivo				
Usa verbos activos				
Gramática y oraciones				
Conjugación correcta				
Concordancia correcta				
Ortografía correcta				
Oraciones variadas				
Usa conectores para enlazar				
Formato correcto				

Para recordar y repasar

Usa esta sección para anotar dudas que tengas mientras vas estudiando. Luego vuelve a este sitio para repasar lo que apuntaste y saber si ya lo has entendido o necesitas más repaso.

página	Cosas que necesito recordar y repasar

página	Cosas que necesito recordar y repasar

Index